SUCCESS AND HAPPINESS

सफलता और ख़ुशियों के दस सवाल

एपी दुबे

इन्विन्सिबल पब्लिशर्स

भारत में वर्ष 2020 को सबसे पहली बार प्रकाशित

ISBN: 978-93-89600-56-8

इन्विन्सिबल पब्लिशर्स

201A, SAS Tower, Sector 38, Gurgaon-122003
Phone: +91-124-4034247, +919355675555
www.i-publish.in

एक दूसरे के खून के नहीं, एक दूसरे के प्यासे बनो।

रचना-क्रम

प्रस्तावना

इस किताब को लिखने के पहले मैं ये माना करता था कि एक लेखक किताब लिखता है, पर इस किताब के पूरा होते-होते मुझे ये समझ आ गया कि लेखक सिर्फ ज़रिया होता है और हर किताब ख़ुद ही ख़ुद को लिखती है।

किताब लिखना एक ऐसा सपना है जो मैंने २००८ में पहली बार देखा था, फिर इस सपने को पूरा करने के लिए एक किताब को लिखने की कोशिश करी और तब से ले कर अब तक उस किताब को जाने कितनी बार मिटा चुका हूँ, मेरे अंतर्मन में दबी वो क़िताब अब तक बाहर नहीं आई है, लेकिन एक रात करीब १२.३५ पर एक विडियो के लिए एक स्क्रिप्ट लिखने बैठा और २००० शब्दों में खत्म होने वाली वो स्क्रिप्ट अपने आप ही एक ख़ूबसूरत किताब में बदल गई। तो इसी लिए कहूँगा की इस किताब ने ही खुद को लिखा है, मै तो बस एक ज़रिया बना हूँ।

यहाँ ये भी जरूर बताना चाहूँगा के पिछले कुछ सालों से मेरा एक ही मिशन है कि मैं जिसकी भी लाइफ को टच करूँ वो मुझ से मिलने के बाद थोड़ा बेहतर ज़रूर हो जाए।मुझे भरोसा है कि ये किताब मेरे मिशन और विजन को आगे बढ़ाएगी और तब भी बढ़ाती रहेगी जब मै अपना वक्त पूरा कर के इस दुनिया से दूर जा चुका हूँगा। साथ ही ये भी वादा कर सकता हूँ कि इस किताब को पढ़ने और समझने के बाद आपकी जिन्दगी में खुशियाँ और सफलता हर दिन बढ़ेंगी।

यहाँ दो बातें कह सकता हूँ, अगर आप पढने का ज़रा भी शौक रखते हैं तो एक बार आप ने किताब उठाई तो उसे खत्म किये बिना रखेंगे नहीं और दूसरी बात ये है कि अगर आप ने एक चेप्टर भी पढ़ लिया तो आप कुछ ना कुछ ऐसा जरूर सीखेंगे जो आप को ज़िन्दगी भर हर दिन बेहतर होने में मदद करेगा।

और ये किताब पूरी हुई है आप सभी के प्यार की वजह से तो उसके लिए दिल से शुक्रिया।

आभार

"सफलता और ख़ुशियों के लिए दस सवाल" बहुत ही ख़ूबसूरत नाम है पर यकीन जानिये इस किताब का पहला टाइटल, पहला नाम जो मैंने सोचा था वो था, "एक दूसरे के खून के नहीं, एक दूसरे के प्यासे बनो", किताब का दूसरा पन्ना पढ़ते-पढ़ते आप समझ जायेंगे ऐसा क्यों, लेकिन उसके बाद कई सवाल आते गए और किताब खत्म होने के बाद इसका नाम भी बदल गया। पर मूल नहीं बदला है और मूल है पति और पत्नी के रिश्ते की ख़ूबसूरती को अनोखा और प्यारा बनाना। और यहाँ इस रिश्ते को अनोखा बनाने का मतलब ये नहीं है कि इस रिश्ते में कभी एक दुसरे से विरोध नहीं होगा, पति पत्नी के रिश्ते में वो तो होगा लेकिन ज़रूरी ये है कि उसके बाद भी ये रिश्ता और ख़ूबसूरत, और मजबूत होता रहे, एक दुसरे में प्यार बढ़ता रहे, एक दुसरे के लिए सम्मान बढ़ता रहे और एक दुसरे का साथ बना रहे उम्र के आखरी पड़ाव तक।

मैं यही रिश्ता चाहता हूँ मेरी पत्नी नीलम से और उसे धन्यवाद कहना चाहूंगा क्योंकि उसके बिना ये किताब मुमकिन हो ही नहीं सकती थी। हम दोनों ने ही बहुत बुरा वक्त देखा, साथ में उस वक्त को जिया, उसे सहा और फिर भी आगे बढ़ते रहे। ये साथ ही था जिसने हमें सफलता और खुशियों को पाने के काबिल बनाया, तो मेरी पत्नी नीलम को शुर्किया कहे बिना मैं आगे बढ़ ही नहीं सकता।

मै बार-बार यही कहता हूँ कि हम पूरी ज़िन्दगी को नहीं जीते सिर्फ कुछ पलों को ही जीते हैं और कुछ पल ही होते हैं जो हमें हमारी ज़िन्दगी को बदलने के लिए एक दिशा देते हैं। ऐसा ही एक पल था मेरी बेटी की एक मासूम मांग जिसे मैं पूरा नहीं कर पाया था। उस पल ने मुझे भी पूरी तरह से बदल दिया और अगर आज मै इस किताब को लिखने के काबिल बना हूँ तो उसमें

भी एक बड़ा क्रेडिट मेरी बेटी को जाता है, तो अगला धन्यवाद है मेरी बेटी मुस्कान के लिए।

एक सन्तान के बारे में लिखते हुए दुसरे, या कहूं कि पहली सन्तान के बारे में ना लिखना न्याय नहीं होगा और अगला धन्यवाद है मेरे छोटे भाई गणेश के लिए जो कि मेरे लिए मेरी पहली सन्तान ही है। वो इसलिए क्योंकि माँ और पिताजी के पहले वो मेरी गोद में आया था और यहाँ धन्यवाद इस लिए कहूँगा क्योंकि पिताजी के जाने के बाद उसने हर रिश्ते को सम्भाला और मैं रिश्तो से दूर अपनी बिखरी हुई ज़िन्दगी को सम्भालने की कोशिश करता रहा।

और जब छोटे भाई की बात करूँ तो दो और भाईयों के बारे में बात करना ज़रूरी हो जाता है जिनसे खून का तो नहीं लेकिन प्यार का रिश्ता है। इनमें एक है नरेश जिससे रिश्ता बना था सिर्फ चंद बातों से, फिर हमने साथ काम किया, दोस्ती हुई और आज वो छोटे भाई की तरह मेरी सफलता को अपनी सफलता मान कर खुशियाँ मनाता है और इस किताब को लिखने में आई कई अड़चनों को नरेश ने ही सम्भाला है तो नरेश भाई शुक्रिया।

नरेश की ही तरह एक और रिश्ता बना था विजय से जो छोटे भाई की तरह प्यार और सम्मान तो करता ही है, साथ ही मेरा मैनेजर बन कर उसने ही मेरे काम को भी काफी कुछ सम्भाल रखा है। उसके साथ के बिना इतनी आज़ादी से मैं ये किताब लिख ही नहीं पाता, तो अगला धन्यवाद है मेरे मेनेजर और छोटे भाई विजय अम्बवानी को।

धन्यवाद का ये सिलसिला दो ख़ास दोस्तों को धन्यवाद दिए बिना खत्म नहीं हो सकता जिनमें पहला नाम है आर्यमन सिंह का जिसने पिछले १५ सालों में हर अच्छे-बुरे मौके पर मेरा साथ दिया। वो मेरे लिए मेरा सब से बड़ा सपोर्ट सिस्टम है। दूसरा नाम है मुदासिर खान का जो कि पिछले १५ सालों से मेरे साथ रहा है और मुझे हर हाल में बेहतर करने के लिए मोटिवेट करता ही रहता है।

मैंने अपने २५ साल लम्बे करियर में जो कुछ हासिल करा है उसमे मेरे मेंटर्स का बहुत बड़ा योगदान रहा है और ऐसे ही मेंटर्स में से एक हैं मेरे बॉस

अविनाश सेठी, जिनके नीचे मैंने ९ साल काम किया, उनसे बहुत कुछ सीखा और खुद को बेहतर बनाया। हालांकि पिछले सात सालों से ज़्यादा वक्त से उनसे बात नहीं कर पाया हूँ लेकिन आज मै जो कुछ हूँ उसमें अविनाश सेठी जी का बहुत बड़ा योगदान है और ये किताब उनके दिए विजडम के बिना पूरी नहीं हो पाती तो उनको दिल से धन्यवाद।

और मेरे मेंटर्स में जो दूसरा नाम है वो है अनुराग ऋषि जी का। उन्होंने कभी खुद को मेरा मेंटर नहीं माना लेकिन वो हमेशा मुझसे बेहतर कराने की कोशिश में लगे होते हैं, वो हमेशा ऐसी बातें समझाते हैं जो एक मेंटर ही आप को समझा सकता है और इस किताब का आखरी चेप्टर उनके बिना पूरा हो ही नहीं सकता था। तो अनुराग सर को भी बहुत-बहुत धन्यवाद।

इसी के साथ धन्यवाद करना चाहूँगा इनविंसिबल पब्लिशर की पूरी टीम का। इनमे भी एक बड़ा धन्यवाद है अजय सेतिया को जिन्होंने बड़े सब्र के साथ मेरा साथ दिया। चाँदनी माथुर जी को जो की एडिटर इन चीफ हैं को उनकी हरसंभव सहायता और साथ के लिए। साथ ही शाम्भवी विजय को भी बहुत धन्यवाद क्योंकि जब मैंने पहला ड्राफ्ट तैयार किया था तो उसमे ढेरों छोटी-छोटी गलतियां थी जिसे शाम्भवी ने अपनी काबिलियत से दूर किया। इस किताब के ख़ूबसूरत कवर को सत्या ने डिजाईन किया है तो उनको भी दिल से धन्यवाद।

और इन सभी के साथ एक बड़ा धन्यवाद उन सभी साथियों के लिए जिन्होंने YouTube पर कॉमेंट्स के ज़रिये, मेल के ज़रिये और सामने से मुझे मोटिवेट किया ताकि इस किताब को मैं पूरा कर सकूं।

रिलेशनशिप को बेहतर बनाने के नियम

आज मैं आपको एक किस्सा बताना चाहता हूँ जिसका मेरी लाइफ बदलने में बहुत बड़ा योगदान है। आज से 6 साल पहले की बात है, मैं ट्रेन में एक कपल से मिला जो लेट 40s में रहे होंगे। वो दोनों ही काफी अच्छे कपल थे, उनकी जोड़ी बहुत ख़ूबसूरत लग रही थी और वो दोनों एक दूसरे के साथ काफी ख़ुश भी थे। आप उनको देखकर ये कह सकते थे कि उनका प्यार उतना ही जवान था जितना एक नए-नवेले जोड़े का होता है।

एक पल के लिए तो मुझे ये भी लगा की कहीं ये इन लोगों की दूसरी शादी तो नहीं है और मैं अपनी आदत का गुलाम हूँ, तो मैंने उनसे पूछ ही लिया कि, "सर अगर आप बुरा ना मानें तो आपसे एक सवाल पूछना था।"

वो बोले, "हाँ, पूछो," और उनकी हाँ सुनते ही मैंने सवाल किया, "सर, क्या आप लोगों की अभी-अभी शादी हुई है?"

मेरी बात सुनकर वो हँसे और बोले, "नहीं-नहीं हमारी शादी को तो 20 साल हो चुके हैं और हमारे दो बच्चे हैं जिनमें से बेटा IIT से बीटेक कर रहा है और बेटी 12वीं में है।"

मैंने कहा, "क्या बात है!" और फिर मैंने आगे कहा, "तो एक सवाल और है, अगर आप बुरा ना मानें तो पूछूँ?"

उन्होंने कहा, "बिल्कुल पूछो," और मैंने सवाल किया कि, "आपकी उम्र तक आते-आते तक कई जोड़े एक दूसरे के ख़ून के प्यासे हो जाते हैं जबकि आपको देखकर ऐसा लगता है कि आप सिर्फ एक दूसरे के प्यार के प्यासे हो। ऐसा हुआ कैसे?"

उन्होंने मेरी बात को सुना। अब तक मेरी आँखों में आँसू आ चुके थे जो शायद उन्होंने देख भी लिए थे तो उन्होंने मुझे अपने पास बुलाया, बड़े प्यार से पास बैठाया, थोड़ा पानी पीने को दिया और फिर जो बातें उन्होंने मुझे बताईं उसने मेरी लाइफ को पूरी तरह से बदल दिया।

उन्होंने अपनी पूरी कहानी सुना दी थी जिसे मैं उनके ही शब्दों में आपके सामने रख रहा हूँ। उन्होंने बोलना शुरू किया, "जब आप शादी के बंधन में बंधते हैं तो आप चाहतें हैं कि आप हमेशा ख़ुश रहें और आप अपने लाइफ-पार्टनर को भी हमेशा ख़ुश रखें। आपके इरादे भी इस मामले में पूरी तरह से नेक होते हैं लेकिन कई बार आपकी चाहतें सच्चाई में बदल नहीं पाती हैं। कई बार शादी के कुछ सालों बाद आपके रिश्तों में कड़वाहट घुल जाती है और आप एक-दूसरे के प्यासे होने की जगह एक दूसरे के ख़ून के प्यासे होने लगते हैं।

आपका प्यार कहीं ख़त्म हो जाता है और एक-दूसरे के बीच काफी कड़वाहट भी आने लगती है। चूंकि हम भारत में हैं, तो हमारे यहाँ तलाक तो कम होते हैं लेकिन रिश्ते की जो ख़ूबसूरती है वो पूरी तरह से ख़त्म हो जाती है और लोग शादी के इस ख़ूबसूरत रिश्ते को बोझ की तरह खींचते रहते हैं।"

उन्होंने फिर कहा, "हमारे केस में भी ऐसा हो चुका था, शादी के कुछ सालों के बाद हम एक-दूसरे से लगभग नफ़रत करने लगे थे। हम दोनों के दिलों में प्यार तो था लेकिन हालातों के चलते हम उस प्यार से दूर हो चुके थे। हम समझ नहीं पा रहे थे की क्या करें और उस बीच हमें मेरे कॉलेज के सबसे ख़ास प्रोफेसर साहब का इनविटेशन मिला। वो दो साल पहले रिटायर हो चुके थे और अपने पुश्तैनी गाँव में रहते थे। वहीं उन्होंने अपने पैसे से बच्चों के लिए एक शानदार स्कूल बनाया था और उसके उद्घाटन के मौके पर मुझे भी बुलाया था।

हालांकि प्रैक्टिकल होकर देखता तो मेरे हालात ऐसे नहीं थे की मैं जा सकूँ, शादी हो चुकी थी, बेटा हो चुका था, मुझे घर बनाना था, परिवार की जिम्मेदारियाँ थीं, घर में आपस में ही लड़ाई चलती रहती थी, नौकरी में भी बहुत ज़्यादा प्रेशर था तो मुझे ये भी नहीं पता था कि छुट्टी लेनी चाहिए या नहीं और छुट्टी ली तो वापस आने पर मेरी नौकरी बचेगी या नहीं।

लेकिन सच ये भी था कि तिवारी सर के इनविटेशन को ना करने की मुझमें हिम्मत भी नहीं थी और चाहत भी नहीं थी।

अगर तिवारी सर न होते तो शायद मैं अपने कॉलेज को पूरा ही नहीं कर पाता क्योंकि मेरे घर के नकारात्मक हालातों को समझ कर उन्होंने ही बिना पैसे प्राइवेट हॉस्टल में मुझे जगह दिलवाई थी, उन्होंने ही मेरी फीस कम करवाई थी। उन्होंने ही अपने दोस्तों से कह कर मेरे लिए बिना पैसे के किताबों की व्यवस्था कराई थी और उनकी वजह से ही मुझे पार्ट टाइम काम मिला था जिसके चलते मैं अपनी पढ़ाई पूरी कर पाया था। तो उनके अहसान इतने थे कि उनके इनविटेशन को ना नहीं कर सकता था और उन्होंने जितने अहसान किये थे वो तो कभी उन्होंने जताए भी नहीं लेकिन प्यार खूब जताया था, खूब दिल खोलकर।

और जितना प्यार मुझे तिवारी सर से मिला था उससे कहीं ज़्यादा प्यार उनकी पत्नी से मिला था। तिवारी सर और तिवारी मैम के दिल में उनके सभी स्टूडेंट्स के लिए बहुत जगह थी, हम जब चाहें तब उनके घर जा सकते थे, लिविंग रूम और स्टडी तो ठीक है, हम पूरे घर में आज़ादी से घूम सकते थे। हमें उन्होंने कभी रोका नहीं, बस तिवारी मैम की एक ही शर्त थी कि कोई भी उनके किचन में और पूजा घर में नहीं जा सकता। और कई बार तो ये रेस्ट्रिक्शन तीवारी सर पर भी होता था, ख़ासकर कि तब जब वो नहाए बिना किचन या पूजाघर में जाने की कोशिश करते थे या फिर बाहर से अंडे खा कर आये होते थे।

और जब तिवारी सर को ही उनके घर की रसोई में जाने की रोक थी, तो हमें इस बात का बुरा नहीं लगता था कि आखिर मैम ने हमें इन जगहों से दूर क्यों रखा है। सभी स्टूडेंट उनकी भावनाओं को समझते भी थे और कभी किसी ने उस लक्ष्मण रेखा को पार करने की कोशिश नहीं की। लेकिन मेरे लिए उस लक्ष्मण रेखा को और मैम से रिश्ते को एक दिन उन्होंने ख़ुद ही ख़त्म कर दिया था और एक नया रिश्ता बना दिया जो आज भी बना हुआ है।

हुआ ये था कि रविवार का दिन था, हॉस्टल के मेस का रसोइया छुट्टी पर था और हम कंगले लोगों के पास इतने पैसे नहीं थे की हम बाहर जाकर खाना खा सकें। लेकिन भूख तो लगी थी, तो हममें से कुछ लोगों ने तय किया कि

चलो तिवारी सर के घर चलते हैं और वहाँ पर मैम के हाथों की दाल-बाटी खायेंगे। ये पहली बार नहीं था जब हमने ऐसा किया था। रविवार के दिन अक्सर ही हम सर के यहाँ चले जाते थे, वहाँ दाल बाटी खाते थे, खाते हुए बातों ही बातों में से कोई बात निकलती थी, कोई सवाल आता था तो वहाँ सर की क्लास शुरू हो जाती थी और ज़िंदगी की किताब के किसी एक सब्जेक्ट का पन्ना इतना खुल करके हमें समझने को मिलता था जो पूरी ज़िंदगी को बदलने के लिए काफी हो सकता था। तो हॉस्टल से ही मैम को फोन करके उनकी परमिशन ली और उन्होंने तुरंत ही हाँ कर दी।

हम जब उनके घर पहुँचे तो तिवारी सर गार्डन में थे। हम सभी को ड्रिल पहले से ही पता थी कि कुछ लोगों को शेड से जाकर कंडे लेकर आना था, कुछ लोगों को टिन उठा कर लाना था जिस पर बाटियों को सेंका जा सके और कुछ लोगों को वहीं रुक कर तिवारी सर की मदद करनी थी। उसके अलावा कुछ लोगों को अंदर जाकर तिवारी मैम की मदद करना थी ताकि किचन से गार्डन तक बना हुआ आटा और बाकी का सामान लाया जा सके और बाटियों को बना कर सेंकने के लिए कंडों पर डाला जा सके। बाटी बनाने का काम सर का होता था और दाल बनाने का काम मैम का।

तो कुछ लोग बाहर रुक गए और कुछ लोग अंदर चले गए। घर के अंदर जाने वालों में से एक मैं भी था। तो मैं और बाकी के लड़के घर के अंदर गए, हमने घर के बाहर अपने चप्पल जूते उतारे, घर के बाहर लगे नल पर अपने हाथ पैर साफ किये और पैर पोंछे, नल के पास लटके हुए टॉवेल से हाथ पोंछे और लिविंग रूम से होते हुए हर बार की तरह हम सब किचन के गेट के बाहर जाकर खड़े हो गए। मैम किचन में आटा गूंध रही थीं और हमारे आने की आहट सुनकर मैम ने हमको देखा, हमें देखकर मुस्कुराईं और बोलीं अभी आटा बनने में थोड़ा वक़्त लगेगा।

मैम की मुस्कुराहट इतना सुकून देने वाली होती थी लगता मानो कोई देवी मुस्कुरा रही हैं और उस देवी को मुस्कुराते हुए देखते रहो। उनकी आँखों में जो वात्सल्य, जो प्यार हुआ करता था उसे देखकर माँ की याद आ जाती थी और जब वो किचन में होती थीं, तो यही लगता था कि माँ अन्नपूर्णा ख़ुद

अपने हाथों से खाना बना रही हैं। तो जब उन्होंने कहा की थोड़ा वक़्त लगेगा, तो जैसे किसी स्कूल में छोटे बच्चे एक साथ प्रार्थना करते हैं वैसे ही हम सभी ने एक सुर में कहा, कोई बात नहीं मैम, हम यहीं इंतज़ार कर लेंगे।

उन्होंने हमारी बात सुनी और फिर मेरा नाम लेते हुए बोलीं, "अच्छा गोविन्द सुनो।"

मैंने कहा, "जी मैम," तो वो बोलीं, "ये बताओ तुम आज सुबह नहाये थे की नहीं?"

मैंने कहा, "आज तो दो बार नहाना हो गया मैम, सुबह तो नहाया था अभी आने के पहले भी नहा कर आया हूँ।"

मैम ने मेरी तरफ देखा और मुस्कुराते हुए बोलीं, "हॉस्टल वाले लड़के भी दो बार नहाते हैं, ये तो पहली बार सुन रही हूँ।"

मैं मैम की बात को सुनकर थोड़ा सा शर्मा गया लेकिन मैं कुछ बोलता उसके पहले ही मेरा रूम पार्टनर वासू बोला, "हाँ मैम ये हम हॉस्टल वालों के नाम पर बट्टा लगाता रहता है। यहाँ हम हफ्ते में दो बार नहा लें तो बड़ी बात है और ये कई बार दिन में दो बार नहा लेता है।"

वासू की बात से हम सब हंसने लगे। मैम भी खिलखिला कर हंस दीं। फिर मैम हँसते हुए ही बोलीं, "और आज कुछ ऐसा-वैसा तो नहीं खाया तुमने?" मैम का मतलब अंडों से था। मैंने ना में सर हिला दिया और मैं मुँह से कुछ बोलता उससे पहले ही वासू फिर बोला, "मैम इसने उस मामले में भी हम हॉस्टल वालों का नाम मिट्टी में मिला रखा है। ये कुछ ऐसा-वैसा खाता ही नहीं है।" माहौल में फिर से हंसी की लहर दौड़ गई।

फिर मैम बोली, "गोविन्द तुम एक काम करो, तुम किचन में आ जाओ, पर बस तुम आओगे और कोई नहीं और अंदर आकर ये जो सामान बाहर ले जाने के लिए मैंने अलग से निकाल कर रखा हुआ है, उसको एक-एक करके इन लोगों को दे दो और तुम मेरी मदद करने के लिए यहीं रुक जाओ।"

ये सुनकर मुझे अपने कानों पर भरोसा नहीं हो रहा था, और मेरी अंदर जाने की हिम्मत भी नहीं हो रही थी पर मैम ने फिर से कहा, “घबराओ मत, मैं ख़ुद तुम्हें कह रही हूँ कि अंदर आ जाओ और आज से मेरे घर के साथ किचन के दरवाज़े भी तुम्हारे लिए खुले रहेंगे। बस नहाए बिना अंदर आना मना है, समझे?”

उनकी बातों को सुनकर मैंने हाँ में सर हिला दिया। उस वक़्त मेरे पास कहने के लिए ना ही शब्द थे और ना ही रुंधे हुए गले में इतनी ताकत कि मैं कुछ कह पाता। लेकिन मेरी आँखों ने मेरे दिल की बात ज़रूर कह दी थी और मेरी आँखों से कुछ बूंदे निकल कर मेरे गालों पर आ चुकी थीं और कुछ बूंदों ने मेरी कत्थई रंग की प्लेन शर्ट पर गिर कर उस पर अपनी पहचान छोड़ दी थी। मेरी इस हालत को मैम ने भी देख लिया था, उन्होंने तुरंत आटे से अपना हाथ हटाया, सिंक में जल्दी-जल्दी हाथ धोया और पल्लू से हाथ पोंछते हुए मेरे पास आ गईं। मैं अभी भी दरवाजे पर खड़ा हुआ था, उन्होंने मेरा हाथ पकड़ा और मुझे किचन के अंदर ले गईं।

ये होने के बाद मेरी आँखों से और ज़्यादा आँसू बहने लगे। ये देखकर मैम ने एक माँ की तरह अपनी साड़ी का पल्लू लिया और मेरी आँखों को पोछने लगीं, पर कुछ बोलीं नहीं।

वो ऐसा पल था जब मैं रो रहा था, किचन के बाहर जो लड़के खड़े थे, उनकी आँखों से भी आँसू गिरने लगे और इन आंसुओं में दर्द नहीं था, सिर्फ प्यार था, ख़ुशियाँ थी और एक अनोखी अनुभूति थी। इस बारे में बाद में वासू ने मुझसे ये भी कहा था की उस वक़्त ऐसा लग रहा था मानो माता यशोदा अपने कान्हा के ऊपर प्यार बरसा रही हैं और हम सब ग्वालों की तरह दूर खड़े, उस प्यार के स्वर्गिक अनुभव को महसूस करके ख़ुश हो रहे हैं और साथ जल भी रहे थे कि ये प्यार हमें क्यों नहीं मिला।

थोड़ी देर बाद मेरे आँसू रुके तो मैम बोली, “बस अब मत रोना, और जाओ ये बर्तन और पानी जाकर उनको दे दो, नहीं तो थोड़ी देर से सब भूख से परेशान हो जाओगे।” और फिर मैम वासू से बोली, “तुम ये सब बर्तन रखने

के बाद वापस आना, तब तक आटा तैयार हो जायेगा तो वो भी ले जाना बाटी बनाने के लिए। ये कह कर मैम फिर से आटा गूंधने लगीं और मैं एक-एक करके सभी को बर्तन देने में लग गया।

जब मैंने बर्तन दे दिए तो मैम बोलीं, "अच्छा गोविन्द सुनो, आज से तुम मुझे मैडम नहीं कहोगे।'

मैंने उनकी बात सुनी और कहा, "तो क्या मैं आपको माँ कह सकता हूँ?"

और जवाब मिला, "नहीं, बिल्कुल नहीं।"

मैंने उनकी तरफ प्रश्नवाचक नज़रों से देखा तो वो बोलीं, "अगर मैंने तुम्हें माँ कहने का अधिकार दे दिया तो तीन हवाई जहाज अमेरिका से उड़ेंगे और एक अहमदाबाद से और चारों तुम्हारे सीने पर ही लैंड होंगे और चार लोग मिलकर तुम्हारा जीना दुश्वार कर देंगे।"

मैं ये तो समझ चुका था की मैम अपने चारों बच्चों की बात कर रही थीं, जिसमें से दो बेटे और एक बेटी अमेरिका में रहते थे और एक और बेटा आयआयएम अहमदाबाद से एमबीए कर रहा था। कुछ महीने पहले ही वे चारों तिवारी सर और मैम की शादी की सालगिरह के मौके पर आये थे तब उनसे मुलाक़ात हुई थी। उन चारों के लिए मैं यही बात कह सकता हूँ कि वो चारों, दो पैरों पर चलते हुए दिल हैं। तो जब मैम ने कहा की जीना दुश्वार कर देंगे तो मुझे कुछ समझ नहीं आया।

मेरी आँखों में फिर से सवाल थे और मेरे सवालों को समझते हुए मैम बोली, "तुम जानते हो न मेरे चार बच्चे हैं?"

मैंने कहा, "हाँ, आपकी सालगिरह के मौके पर मिला भी था उनसे। उनके दिल में प्यार के सिवा कुछ है ही नहीं तो वो जीना दुश्वार कैसे करेंगे ये बात समझ नहीं आई।"

मैम फिर बोलीं, "हाँ वो बात तो है, और तू भी उनकी तरह ही एक चलता-फिरता दिल है। पर बात ये नहीं है।"

मैम फिर आगे बोलीं, "तुमने ध्यान दिया था क्या कि उनमें से तीन बड़े बच्चे तो मुझे माँ कहते हैं, लेकिन छोटा वाला माँ नहीं कहता मम्मी कहता है।"

मैंने कहा, "हाँ, और तब मैंने ये भी नोटिस किया था कि अगर अक्षर भैया आपको माँ कहते थे तो अनन्त और अर्णव भैया के साथ ही पार्वती दीदी भी अक्षर भैया पर गुस्सा करते थे और कहते थे कि माँ सिर्फ हम कह सकते हैं तू माँ नहीं कह सकता, तू सिर्फ मम्मी बोल।"

मैम बोली, "हाँ, सही कहा तुमने और ऐसे ही मम्मी कहने का अधिकार सिर्फ सबसे छोटे अक्षर के पास है, बाकी तीनों मुझे माँ तो कह सकते हैं, लेकिन मम्मी नहीं।"

मैंने सवाल किया, "ऐसा क्यों?"

मैम बोली, "वो इसलिए क्योंकि जब अक्षर होने वाला था तो अनन्त, अर्णव और पार्वती थोड़े बड़े हो चुके थे और उनको ये डर लगता था की हमारी माँ का प्यार बंट जायेगा। इसलिए अक्षर के होने के पहले ही ये फैसला हो गया था की अब मुझे और कोई माँ नहीं कहेगा, माँ कहने का अधिकार सिर्फ इन तीनों का रहेगा।" तो तुम समझ सकते हो कि जो अधिकार उन्होंने अक्षर को नहीं लेने दिया तो तुम्हें कैसे लेने देंगे।

"और अक्षर भैया तो अनन्त भैया, अर्णव भैया और पार्वती दीदी की आँखों के तारे हैं। अक्षर भैया में तो इन तीनों की जान बसती है।" मैंने कहा।

मैम बोलीं, "और आज से नहीं जब से अक्षर हुआ है तब से ही यही हाल है, पर फिर भी माँ कहने का अधिकार अक्षर के पास नहीं है।"

ये सुनकर मैंने कहा था, "अब मैं समझ गया की मैं आपको माँ क्यों नहीं कह सकता, पर सवाल ये है कि माँ नहीं कह सकता और मैम मैं भी कहना नहीं चाहता, तो क्या कहूँ?"

जवाब मिला, "तू मुझे बुआ बोल सकता है।"

उन्होंने फिर मेरी तरफ देखा और बोलीं, "मेरा कोई भाई नहीं है और मैं बचपन से जब छोटे भाई के बारे में सोचती थी तो दिमाग में जो तस्वीर बनती थी वो तेरे जैसी ही होती थी। उसके बाद मेरे बच्चे हो गए तो मैं सोचने लगी अगर मेरा भाई होता तो उसका भी कोई बच्चा होता, जो मुझे बुआ कहता और मैं उसको अपना पूरा प्यार देती। अब तुझे भाई तो बना नहीं सकती, तू

तो अक्षर से भी छोटा है लेकिन तेरी बुआ तो बन सकती हूँ, और हमारे यहाँ भाई के बेटे को भी राखी बाँधी जाती है तो तुझे राखी बाँध कर वो कमी भी पूरी कर लूँगी।"

मैंने कहा, "मेरे लिए इससे बड़ी बात क्या होगी, मुझे तो बिना मांगे ही स्वर्ग मिल गया है।" पर कहते हैं ना कि जब आपको थोड़ा मिलता है तो लालच भी बढ़ जाता है। मेरा भी लालच बढ़ गया था और मैंने अपना लालच दिल में नहीं रखा। मैंने कहा, "मुझे स्वर्ग मिल गया है, और जैसे अक्षर भैया अपना स्वर्ग किसी के साथ नहीं बांटते, मैं भी मेरा स्वर्ग किसी को नहीं बांटना चाहता।"

और मुझे जवाब मिला, "ठीक है मुझे बुआ कहने का अधिकार सिर्फ तुझे होगा और किसी को नहीं।"

हमारी इस बातचीत के बीच वासू जाने कब किचन के दरवाजे पर आकर खड़ा हो गया, पर बोला कुछ नहीं था। जाने कैसी समझदारी थी उस लड़के में जो मैं अब तक नहीं सीख पाया। लोग उसे बड़बोला कहते थे लेकिन वो ये जानता था कि चुप कब होना है और कब बिना सोचे समझे बोल देना है। वो तब कुछ बोला नहीं और हमें उसके होने का पता तब चला जब आटा तैयार हो गया। असल में वो हमारी पूरी बात सुन रहा था, वासू की आँखों में आँसू थे लेकिन उसके चेहरे पर एक ऐसा सुकून था जो मैंने पहले कभी महसूस नहीं किया था।

और जब तिवारी मैम यानी की मेरी बुआ किचन के काउंटर से गुंधा हुआ आटा लेकर वासू को देने के लिए किचन के दरवाजे तक आईं, तो वासू उनके सामने साष्टांग लेट गया। बुआ बोलीं, "वासू ये क्या कर रहे हो? उठो।" तो वो बोला, "देवी के चरणों में आने के बाद बिना आशीर्वाद के नहीं उठ पाऊंगा।"

तब तक मैं आ गया और मैंने बुआ के हाथों से आटा ले लिया क्योंकि वो काफी भारी था लेकिन बोला मैं भी कुछ नहीं।

बुआ के हाथ खाली हुए तो उन्होंने झुक कर वासू को उठाने की कोशिश की, लेकिन वो अपनी जगह से हिलने को तैयार नहीं था। बोला, "आपने गोविन्द को अपना भतीजा बना लिया है, मुझे भी बनाओ नहीं तो मैं यहाँ से नहीं उठूंगा। जब आप, तुम करके बात करती हो तो परायापन लगता है, मुझे भी आप से तू वाला अपनापन चाहिए। आपने गोविंद को दिया है तो मुझे भी दो और बुआ बोलीं, "मैं तेरी बुआ तो नहीं बन सकती लेकिन तू उठ तो जा फिर तुझे कुछ कहूं।"

वासू की आँखों में अभी भी आँसू आ रहे थे और इन आँसुओं में एक अनोखी शांति थी। मेरी आँखों से भी आँसू गिरना शुरू हो चुके थे लेकिन इनमें शिकायत नहीं थी सिर्फ सुख था, सुकून था और पाने का अनुभव था।

बुआ वासू से बोलीं, "तू ज़िद्दी है, बिल्कुल वैसे जैसे भांजे ज़िद करते हैं तो तुझे मैं अपना भांजा बना लेती हूँ। आज से तू मुझे मामी कहना! अब खुश?"

और बुआ की बात सुनकर वासू बोला, "गोविन्द को तो सिर्फ स्वर्ग मिला है और मुझे उसका स्वर्ग चाहिए भी नहीं। मुझे तो वो अधिकार मिल गया है जो अक्षर भैया को भी नहीं है। मैं आपको माँ कह सकता हूँ, मामी में भी तो माँ है। मेरे जैसे अनाथ के लिए तो ये दुनिया मिलने से भी बड़ा वरदान है।" अब तक बुआ की आँखों से भी आँसू आने लगे थे और बुआ रोते हुए ही बोलीं, "ठीक है, ठीक है, अब नाटक मत कर, किचन में तो तुझे अभी भी नहीं घुसने दूँगी।"

ये सुनकर हम तीनों ही रोते-रोते हंसने लगे।

और उसके बाद मैंने वासू से कहा, "चल ये आटा ले और बाहर जाकर बाटियाँ बनवा।" 'बाहर' पर मैंने जानबूझ कर ज़ोर दिया था, ये जताने के लिए कि किचन के अंदर तो मैं ही आ सकता हूँ, तू नहीं। पर उस बात में ना कोई घमंड था, ना कोई दिखावा, ना कोई बैर या अलगाव की भावना। कुछ था तो सिर्फ पाने की ऐसी अनुभूति जो या तो मैं समझ पाया था या वासू।

वासू जब आटा लेकर बाहर चला गया, तो बुआ बोलीं, “चल, चल, पहले ही बहुत टाइम चला गया है, अब दाल भी बनानी है तो चल मेरी मदद कर और मिर्च काटना शुरू कर दे। और तू कहता था ना की मैं तुझे दाल बनाना सिखाऊँ तो ध्यान से देखना दाल कैसे बनाना है।”

बुआ के घर खाने में लस्सन प्याज नहीं पड़ता था लेकिन खाना इतना स्वादिष्ट होता था कि हम सब उंगलियाँ चाट जाया करते थे। तो प्याज काटना नहीं था और मुझे कई महीनों से मिर्च काटने की आदत हो चुकी थी तो मैं मिर्च काटने में लग गया और ध्यान देने लगा कि बुआ क्या कर रही हैं। बुआ ने किचन के कोने में रखे एक बड़े बर्तन से बहुत सारी दाल निकाली और उसे एक बड़े से कुकर में ले लिया। उसके बाद किचन के काउन्टर के पास आईं और काउंटर के नीचे से एक जर्मन डब्बे को बाहर की तरफ खींचकर खोला और उसमें से दो कटोरी दाल और ली और उसे भी कुकर में डाल दिया।

ये बात मुझे अजीब लगी क्योंकि दोनों एक जैसी दाल थीं, तो मैंने पूछ लिया कि दो अलग अलग दाल क्यों? बुआ बोलीं, “नहीं दोनों एक ही दाल हैं और बिल्कुल एक जैसी हैं।”

मुझे बात समझ नहीं आई तो मैंने पूछ ही लिया, “आप हमेशा ऐसा करती हैं क्या की पूरी दाल उस डब्बे से और 2 कटोरी इस डब्बे से?”

जवाब मिला, “नहीं, हमेशा इस डब्बे से एक कटोरी होती है लेकिन कभी कुछ मौकों पर तीन कटोरी भी हो जाती है और ऐसा क्यों करती हूँ वो वक़्त आने पर तुझे समझा दूँगी, तो परेशान मत हो, चल दाल बनाने में मेरी मदद कर।”

उसके बाद मैं मिर्च काटने लगा और बुआ ने दाल को कुकर लगाकर गैस पर रख दिया और ख़ुद बाकी की तैयारी करने लगीं।

जब तक कुकर में दाल पकी तब तक बुआ पूरी तैयारी कर चुकी थीं और मैं बहुत सारा टमाटर और ककड़ी काट चुका था। लेकिन बुआ की तैयारी में मैंने एक बात नोटिस की थी की उन्होंने हर मसाला दो अलग अलग डिब्बों से लिया था जिसमें से एक छोटा हिस्सा छोटी मसाला दानी से आया था और

बड़ा हिस्सा बड़े बड़े डिब्बों से। पर मैंने इस बारे में तब और सवाल नहीं किया था क्योंकि मुझे बुआ ने कहा था कि वक़्त आने पर वो ख़ुद समझा देंगी।

उसके बाद मुझे बुआ ने दाल में तड़का लगाकर दाल बनाना सिखाई, उन्होंने ये भी बताया की अगर दाल में लस्सन या प्याज डालना हो, तो कब डालना है और क्या करना है।

क्या गज़ब का दिन था वो, हमें ऐसा खाना मिला था जो शायद स्वर्ग के देवताओं को भी नहीं मिल सकता था। अपने दोस्त के साथ मेरा रिश्ता और मज़बूत हो चुका था, कुछ लोगों को ऐसा सुकून मिला था जो शायद भगवान कृष्ण के लिए माँ यशोदा के प्यार को देखने वाले ग्वालों को ही मिला होगा। वासू को मामी मिल गई थीं, जिसने उसकी माँ की कमी को पूरा कर दिया था और मुझे बुआ मिल गई थीं, जिनसे तब बनाया हुआ रिश्ता आज भी कायम है।

उस दिन से तिवारी मैम मेरे लिए बुआ बन गई थीं और तब से आज तक उन्होंने बुआ होने का हर फ़र्ज़ निभाया था। राखी तो हमेशा आती ही है, मेरी शादी पर मुझे काजल उन्होंने ही लगाया था, तिवारी सर को मैंने कभी फूफा नहीं कहा लेकिन मेरे सर पर सेहरा उन्होंने ही सजाया था और मेरे बेटे जयंत ने पहला निवाला भी मेरी बुआ के हाथों से ही खाया था।

और ये स्कूल तो तिवारी सर का सपना था और अब जब उनका सपना पूरा हो चुका था तो मैं उनके साथ खड़ा ना रहूँ तो ये तो सबसे बड़ा पाप होगा।

उसी वक़्त मैंने तय किया था कि कुछ भी हो जाए मैं जाऊंगा, नौकरी रहे या ना रहे, मैं जाऊंगा और चाहे कर्ज़ लेकर जाना पड़े, मैं अपने साथ श्रेया को भी लेकर जाऊँगा और जयंत को भी। साथ ही ख़ुद से ये वादा भी किया कि वहाँ मैं ख़ुश रहूँगा और ना तिवारी सर को अपने दर्द का अहसास होने दूंगा और ना बुआ को।

ये तय करने के बाद मैं उठा, सीढियाँ चढ़ कर ऊपर गया। ऊपर सिर्फ एक कमरा था जिसमें वासू अकेला रहता था।

हाँ, वासू और मेरा जो साथ हॉस्टल में बना था, वो अब तक नहीं टूटा था और ये उसका साथ ही था, जो घनघोर निराशा के दौर में भी मैं टूट कर बिखरा नहीं। वो मुझे हमेशा संभाले रहता था और सिर्फ मुझे ही संभालता था ये कहना तो झूठ होगा क्योंकि वो घर के ख़र्च भी संभाल लिया करता था। शायद यही वजह थी कि श्रेया को मेरे हर रिश्ते से शिकायत थी लेकिन वासू से उसे कोई शिकायत नहीं थी। वो वासू को बड़े भाई जैसा प्यार करती थी, आज भी करती है और मेरी शादी से लेकर आज तक वासू की भी यही कोशिश रही है कि उसकी इस छोटी बहन को कभी कोई दुख ना देखना पड़े। और मेरे बाकी दोस्त तो श्रेया को भाभी कहते हैं लेकीन वासू के लिए श्रेया हमेशा ही उसकी छुटकी रही है।

लेकिन वासू की कोशिशें क्या करतीं जब श्रेया और मैं ही एक दूसरे को समझ नहीं पा रहे थे। श्रेया और मैं ऐसी कश्मकश में थे कि एक दूसरे के साथ ख़ुशी से रह भी नहीं पा रहे थे और एक दूसरे को प्यार इतना करते थे की एक दूसरे से अलग होने का सोच भी नहीं सकते थे।

ये जो कशमकश थी, जो तनाव था उसके बारे में वासू को पता था, मेरे पॉइंट ऑफ़ व्यू से भी और श्रेया के पॉइंट ऑफ़ व्यू से भी। यही वजह भी थी जिसके चलते वासू शादी से दूर रहना चाहता था। मैंने और श्रेया ने कई बार कोशिश भी की उसे समझाने की, अच्छी बातें कह कर शादी के लिए मनाने की, पर वो हर बार यही कह देता था कि मैं शादी नहीं कर सकता। इस वजह से मेरे दिल में अपराधबोध भी बढ़ जाता था और श्रेया की आँखे भी हर बार भीग जाती थीं। शायद यही अकेला मुद्दा था जिस पर श्रेया और मैं हमेशा एक मत भी होते थे और एक मन भी।

उस दिन जब मैंने तिवारी सर के स्कूल के उदघाटन में जाने का फैसला करने के बाद सीढ़ियाँ चढ़ना शुरू किया तो दिमाग में ये भी सोच लिया था की वासू को ले जाकर बुआ के सामने बैठा दूंगा और तब मजबूरी में इसे शादी के लिए हाँ करना ही पड़ेगा।

मैं ऊपर पहुँचा तो वासू अपने कमरे के बाहर छत पर ही एक कुर्सी पर पैर रखकर दूसरी कुर्सी पर पैर फैलाये बैठा हुआ अपनी डायरी में कुछ लिख रहा था। उसकी डायरी भी अजीब थी जिसमें, ना जाने कितने कागज़ भी अलग से रखे होते थे। उसने मुझे देखा और मेरे चेहरे के हाव भाव को देखकर वो समझ गया था कि मुझे कुछ बात करनी है। तो उसने अपने पैर कुर्सी से हटा कर कुर्सी खाली कर दी, अपनी डायरी को बंद किया और अपने पास सीने से लगा कर रख लिया।

मैंने उसकी डायरी उससे लेने की कोशिश की लेकिन हर बार की तरह इस बार भी मेरे हाथ निराशा ही लगी। मुझे वासू ने उसकी हर चीज़ पर अधिकार दे रखा था। मुझे उसकी पासबुक और साइन की हुई चेक बुक बिना इजाजत लेने का अधिकार था लेकिन ये डायरी अकेली चीज़ थी जिसपर मेरा अधिकार नहीं था। जब वो घर से बाहर जाता था तो सिर्फ इस डायरी को ताले में बंद करके जाता था और बाकी सब खुला होता था।

वासू की नोटबुक ना मिलनी थी, ना मिली तो, मैंने कहा, "तू कभी इसे पढ़ने नहीं देगा क्या", और हर बार की तरह उसने जवाब दिया, "वक़्त आएगा तो ये डायरी तुझे ही पढ़ने को दूंगा, पर अभी ये बता कि क्या बात करने आया था।"

वासू की बात सुनकर मैंने कहा, "तिवारी सर की चिट्ठी आई है, स्कूल बन गया है और इसी महीने की 23 तारिख को उसका उदघाटन होने वाला है।"

वासू बोला "यार ये तो बहुत ही अच्छी बात बताई तूने, तिवारी सर और मामी जी का बरसों का सपना था, अब आखिर पूरा हो जायेगा। तू जा रहा है न उद्घाटन में?"

मैं जानता था की वासू ऐसा ही कुछ करेगा। वो मुझे तो भेजने की बात कहेगा लेकिन ख़ुद नहीं जायेगा। तो मैंने कहा, "तेरा सवाल गलत है मेरे भाई, सही सवाल होगा 'हम जा रहे हैं न उद्घाटन में' और सही जवाब है, हाँ, हम जा रहे हैं।"

मेरी उम्मीद के मुताबिक़ वासू के मुँह से विरोध के शब्द ही निकले थे, "नहीं यार, मैं नहीं जा पाऊँगा, मेरी तैयारी नहीं हो पाएगी, खर्चा भी होगा, तू चला जा वहाँ मेरी ज़रूरत नहीं है और यहाँ पर पापा मम्मी अकेले रहेंगे उनको देखने वाला भी तो कोई होना चाहिए ना?"

और मेरा जवाब था "तुझसे पूछ नहीं रहा हूँ, तुझे बता रहा हूँ, और ये भी सुन ले कि अगर तू नहीं जाएगा तो श्रेया भी नहीं जायेगी और श्रेया नहीं जायेगी तो मैं जयंत को अकेला तो ले जा नहीं पाऊंगा और जयंत नहीं जाएगा तो मुझे गाँव के बाहर से ही भगा दिया जायेगा। तो तू चल रहा है बस। रही बात तैयारी की तो तेरे कपड़े धोने और प्रेस करवाने के लिए मैंने श्रेया से कह दिया है वो देख लेगी और पैकिंग भी कर लेगी। तेरे कंधो पर पैकिंग की ज़िम्मेदारी के नाम पर सिर्फ तेरी डायरी को रखना है और कुछ नहीं। और छुट्टी का बहाना तो बनाना ही मत, तेरे पास 2 महीने की छुट्टी बची है तो कल ही छुट्टी के लिए अर्जी दे और चलने के लिए तैयार हो जा।"

वासू बोला, "ठीक है, ठीक है तुझसे नहीं जीत सकता मैं, कल छुट्टी के लिए एप्लीकेशन दे दूंगा और आते हुए टिकट भी करवा लूँगा, टिकट के लिए तू परेशान मत होना और जितना जल्दी निकल सकते हैं निकल चलेंगे ताकि सर को मदद कर सकें।"

मैंने कहा, "वेरी गुड।"

मैं पैर फैला कर इस बहस में अपनी जीत की ख़ुशियों को एन्जॉय करने ही वाला था की वासू ने सवाल दाग दिया, "छुटकी को जाने के लिए तू मना लेगा की मैं बात करूँ।"

आँखों में शून्य भर कर मैंने वासू की तरफ देखा तो वासू फिर बोला, "मुझे मालूम है तूने अभी तक छुटकी से बात नहीं की है, और मेरे सामने ब्लफ मारना भी मत, मैं तुझे तुझसे बेहतर जानता हूँ।"

मेरे पास कहने के लिए कुछ नहीं था, तो मैं सिर्फ इतना ही बोल पाया, "मैं बात करता हूँ, और नहीं मानी तो तू मनाना।"

उसी रात मैंने श्रेया से बात की और वो भी तिवारी सर के सपने को जानती थी, वो उनके अहसानों को भी जानती थी और वो भी कॉलेज के दिनों से ही बुआ का बहुत सम्मान करती थी और उनको बहुत प्यार भी करती थी। तो उसने एक बार भी ना नहीं किया। उसने सिर्फ यही सवाल किया था, "चलना कब है" और मैंने कहा, "जल्द से जल्द।"

10 सफर और सवाल

आपकी ज़िंदगी का असम्भव सफर सिर्फ वही है जिसकी आपने शुरुआत नहीं की – टोनी रॉबिन्स

कई बार जवाब से ज़्यादा ज़रूरी सवाल होते हैं – नैंसी विलार्ड (अमेरिकी कवि)

चार दिन बाद श्रेया, जयंत, वासू और मैं ट्रेन में बैठकर अपने उस सफर के लिए निकल चुके थे जिसने हम चारों की ज़िंदगियों को पूरी तरह से बदल दिया था। यही वो सफर था जिसकी वजह से श्रेया और मैं आज एक दूसरे के खून के प्यासे नहीं है बल्कि सिर्फ एक दूसरे के प्यासे हैं। यही वो सफर था जिसने वासू की शादी ना करने की भीष्म प्रतिज्ञा को तोड़ दिया। यही वो सफर था जिसके चलते मैं अपने बच्चे के लिए एक बेहतर पिता बन पाया और यही वो सफर था जिसके चलते मैं एक सफल और धनवान इंसान बन पाया।

कैसे हुआ सब बताता हूँ पर पहले आपको फिर से ले चलता हूँ 1995 की उसी ट्रेन पर जिसमें बैठकर हम चारों अपने नए भविष्य की तरफ बढ़ रहे थे।

हमारे ट्रेन में बैठने के थोड़ी देर बाद ट्रेन अपनी रफ़्तार से चलने लगी। स्टेशन आते थे ट्रेन रुकती थी तो सफर करने वाले कुछ लोग उतरते थे, कुछ चढ़ जाते थे। ये सिलसिला काफी देर तक चलता रहा लेकिन कुछ घंटो के बाद ट्रेन एक ऐसी जगह पर रुक गई जिसके आगे पीछे कुछ नहीं था। उन दिनों ये आम बात हुआ करती थी तो किसी ने कोई ख़ास ध्यान नहीं दिया। रुकने के लगभग तुरंत बाद ही ट्रेन फिर से चल भी दी और ट्रेन चलने के साथ ही ट्रेन के कम्पार्टमेंट में एक बहुत ही ख़ूबसूरत गाने की आवाज़ भी आने लगी।

मैं उस वक़्त ऊपर वाली बर्थ पर जाकर लेट चुका था लेकिन बहुत ही ख़ूबसूरत आवाज़ थी तो मैं ख़ुद को रोक नहीं पाया और मैंने ऊपर से ही आवाज़ की तरफ देखा तो पता चला कि गाने वाले सज्जन एक दरवेश थे। मैंने आवाज़ पर ध्यान दिया तो समझ आया कि वे मीर तक़ी मीर साहब की गजल को बहुत ही ख़ूबसूरत तरीके से गा रहे थे। वो दरवेश गा तो रहे था, लेकिन किसी से कुछ मांग नहीं रहे थे। लोग अपनी मर्ज़ी से उनके काले रंग के कटोरे में पैसे डाल रहे थे और अपनी मस्ती में अपनी दिव्य आवाज़ में गाते जा रहे थे।

और सबसे ख़ास बात ये थी कि वो दरवेश किसी भी तरह से भिखारी नहीं लग रहे थे। उनकी सूरत से एक अलग ही नूर, अलग ही तेज निकल रहा था। गाते हुए जब वो मुस्कुराते थे तो मुझे बुआ की मुस्कुराहट याद आ जा रही थी और उनकी आँखों में वही प्यार नज़र आ रहा था। मैं उनके गाने में पूरी तरह से खो चुका था। गाते गाते वो हमारी सीट के पास आये और ना जाने क्या हुआ अचानक से उन्होंने गाना बंद कर दिया।

उसके बाद उन्होंने वासू की तरफ देखा, उसके सर पर हाथ रखा और फिर उसे प्यार से बोले, "घबरा मत अल्लाह सब ठीक करेगा, तू भरोसा रख तेरी बहन और दोस्त का जोड़ा विष्णु जी और लक्ष्मी जी का जोड़ा है। इस जोड़े को कोई अलग नहीं करेगा, इनकी मुहब्बत हर रोज़ बढ़ेगी और इनको किसी चीज़ की कमी नहीं होगी। मालिक बड़े दिलवाला है, तू अपने कामों पर भरोसा रख और ये समझ ले कि ये आपस में लड़ेंगे तो बस इस बात के लिए की तू इस बच्चे का मामा होगा या चाचा।"

उस वक़्त हमें देखकर ये कहना नामुमकिन था की हममें से कौन क्या है और हमारे हालातों की सच्चाई क्या है। तो जब दरवेश ने ये बातें कहीं तो वासू की आँखे भर आईं और उसने दरवेश के पैरों पर अपना सर रख दिया। वासू के साथ रहते हुए मुझे 8 साल से ज़्यादा वक़्त हो गया था और ये सिर्फ दूसरी बार था जब उसने किसी के सामने सर झुकाया था। वो ईश्वर पर भी विश्वास नहीं करता था तो किसी भी इंसान के सामने इस तरह श्रद्धा से सर झुकाना उसके विश्वाश के खिलाफ ही था लेकिन फिर भी उसने ऐसा किया क्योंकि

वो मुझे भी बहुत प्यार करता था और श्रेया को भी और हमारी ख़ुशी के लिए वो अपने विश्वाश को छोड़ने के लिए भी तैयार था।

दरवेश ने उसे प्यार से उठाया उसके माथे को चूमा, बोले, “अल्लाह तुझे भी ख़ुशियाँ देगा, तू बस पहले अपनी बहन को ख़ुशियाँ दिला दे फिर ख़ुशियाँ तेरे दरवाज़े पर अपने आप ही आएँगी।” वासू को ये कहने के बाद उन्होंने मेरी तरफ देखा, और बोले, “सफर लम्बा है इसका इस्तेमाल कर बच्चे”, और उसके बाद उन्होंने अपने कपड़े में हाथ डाला और एक छोटी सी डायरी और पेन निकाल कर मेरे हाथों में थमा दी।

मैं अब तक ऊपर ही बैठा हुआ था और जब तक हमें कुछ समझ आता वो आगे बढ़ गए और जैसे ही वो दरवाज़े के पास पहुँचे ट्रेन फिर से रुक गई। वो दरवेश उतरे और ट्रेन बिना एक सेकंड की देरी किये फिर से आगे बढ़ गई।

यह एक अनोखा अनुभव था। ट्रेन तो आगे बढ़ चुकी थी लेकिन वासू और मैं वहीं रुके हुए थे, हम दोनों की आँखों से आँसू बह रहे थे, जिसमें दर्द बिल्कुल नहीं था, पर एक सुकून था, बिल्कुल वैसा जैसा हमने तबसे 7 साल पहले महसूस किया था, तिवारी सर के घर पर। मैं तब भी बर्थ पर पेट के बल लेटा हुआ था, वासू ने खड़े खड़े ही मुझसे कहा “तुझे याद है ना”, मैंने कहाँ “हाँ याद है” और उसके बाद मैंने वासू के सर पर हाथ रखा, उसके सर से अपना सर टकराया तो उस भरी हुई ट्रेन में हम दोनों के अलावा बस श्रेया थी जो इस बात को समझ पाई थी। उसकी आँखे भी गीली थीं लेकिन एक लम्बे अरसे के बाद उस दिन मुझे उसकी आँखों में ख़ुशी दिखी थी।

ना जाने क्यों पर उस ट्रेन में दरवेश की उन बातों ने हम तीनों को ही एक उम्मीद दे दी थी।

उसके बाद वासू अपनी जगह पर बैठ गया। मेरे हाथों में दरवेश की दी हुई पेन और छोटी सी डायरी अभी भी थी।

मैं ये समझ चुका था की मुझे इसमें कुछ लिखना है, लेकिन सवाल ये था कि लिखूँ क्या और उसका जवाब भी मुझे जल्द ही मिलने वाला था क्योंकि

अगले स्टेशन पर दो परिवार उस ट्रेन पर चढ़े। दोनों ही परिवारों में एक बेटा और एक बेटी और पति पत्नी थे। एक ऐसा परिवार था जिसमें परिवार के व्यस्क पढ़े लिखे लग रहे थे और दूसरे परिवार को देखकर ही पता चल रहा था कि वे मजदूर वर्ग से थे तो उनके ज़्यादा पढ़े लिखे होने की उम्मीद मुझे कम ही थी।

मुझे उन दोनों ही परिवारों में से किसी के भी वहाँ होने से कोई आप्पति नहीं थी। मेरे माता पिता मजदूरी ही तो किया करते थे और उनकी पढ़ाई तो शायद इतनी ही थी की वो अपना नाम लिख सकते थे। तो मेरे दिल में कोई ऐसा भाव नहीं था कि मजदूर वर्ग के लोगों को वहाँ नहीं होना चाहिए या अनपढ़ होने से आप सम्मान का अधिकार खो देते हैं। लेकिन जो दूसरे सज्जन उस स्टेशन से चढ़े थे, वो शायद मेरी सोच से अलग सोच रखते थे और ये बात ट्रेन चलने के कुछ मिनट के बाद ही मुझे पता चल गई।

ट्रेन शुरू होने के पहले से ही सभ्य और पढ़े लिखे नज़र आने वाले परिवार के बच्चों ने दूसरे बच्चों को परेशान करना शुरू कर दिया और एक ने तो छोटे बच्चे को धक्का देकर रुला भी दिया। मजदूर से दिखने वाले वो पति पत्नी पहले तो कुछ नहीं बोले पर जब हालात थोड़े ज़्यादा बिगड़ने लगे तो पति बड़ी ही विनम्रता के साथ बोला, "साहब हो सके तो आप बच्चों को समझाइये कि हमारे बच्चों को परेशान ना करें।"

यहाँ पर ये एक गुज़ारिश थी, वो भी पूरे सम्मान और विनम्रता के साथ लेकिन जो जवाब पढ़े लिखे दिखने वाले साहब ने दिया था, वो ना ही विनम्र था और ना ही सम्मानजनक। वो साहब बोले, "अब तू हमें बतायेगा कि बच्चों को क्या सिखाना है और क्या नहीं। तू ख़ुद क्या जानता है जो हमारे बच्चों को गलत कह रहा है। मेरे बच्चे बहुत समझदार हैं, मेरे बच्चों को जो सिखाना है वो मुझे पता है और मैं उनको वही सिखाता हूँ, तू तेरे बच्चों को संभाल।"

ये सुनकर वो अनपढ़ मजदूर सा दिखने वाला शख़्स कुछ ऐसा बोला जिसने मेरी बहुत बड़ी समस्या हल कर दी। वो बोला, "तो क्या पढ़े लिखे समझदार लोग अपने बच्चों को बदतमीज़ होना सिखाते हैं?"

वो बात सुनकर हम सब खामोश हो गए लेकिन उसने अपनी बात जारी रखते हुए कहा “आप अपनी सीट पर बैठें साहब, हम तो जनरल वाले हैं, बस ट्रेन चल दी थी तो हमें इस डब्बे में चढ़ना पड़ गया।”

ये कहते हुए वो आदमी अपनी पत्नी और बच्चों को लेकर डब्बे के दूसरे कोने की तरफ चला गया लेकिन मुझे एक सवाल दे गया जो की मैंने उस फ़कीर दरवेश की दी हुई छोटी सी डायरी में लिखा, “क्या पढ़े लिखे लोग अपने बच्चों को बदतमीज़ होना सिखाते हैं?”, और ये सोचते हुए मुझे तिवारी सर के चारों बच्चे याद आ गए और उनमें से एक भी बदतमीज़ नहीं था। तो मैंने अपने लिखे हुए सवाल के आगे ही जवाब लिखा “नहीं।”

पर तुरंत ही दिमाग में एक और सवाल आया की आखिर तिवारी सर और बुआ अपने बच्चों को ऐसा क्या सिखाते थे जो उनके बच्चे इतना सफल हुए और उसके बाद भी उनमें ज़रा भी घमंड नहीं था। हालांकि मेरा बेटा जयंत तो अभी सिर्फ कुछ महीनों का ही था लेकिन मेरे दिमाग में एक सवाल और घूमने लगा। क्या मैं अपने बेटे को उतना ही अच्छा इंसान बना पाऊंगा जितने अच्छे तिवारी सर के तीनों बच्चे हैं।

ये सोचते हुए मैंने उसी डायरी में एक के बाद एक तीन सवाल लिखे।

“क्या मैं एक अच्छा पिता बन पाऊँगा?”

“तिवारी सर इतने अच्छे पिता कैसे बने?”

“बच्चों को बेहतर इंसान कैसे बनाएं?”

उस छोटी सी डायरी में ये तीन सवाल लिखने के बाद मुझे लगा कि मैं अपनी ज़िंदगी में चल रही परेशानियों को दूर करने के लिए तरीका ही गलत इस्तेमाल कर रहा था। मैं अपनी हर परेशानी के लिए सही जवाब ढूँढने की कोशिश कर रहा था जबकी मुझे अपनी परेशानियों से बाहर निकलने के लिए पहले सही सवाल पता करने की ज़रूरत थी।

इस बारे में तिवारी सर बहुत ही खूबसूरती से कहते थे, “ज़रूरी नहीं है कि आपके सभी जवाब बहुत अच्छे हों या सही हों, लेकिन ये बहुत ज़्यादा ज़रूरी है कि आपके सवाल बहुत अच्छे हों, सही हों और वही हों जिसका आप

जवाब हासिल करना चाहते हैं। जब आप सही सवाल करते हैं, तो आपको सही जवाब मिलने की उम्मीद कई गुना बढ़ जाती है और तब आपकी सफलता भी आपके और करीब होती है।"

तिवारी सर की इस बात को नकाराने की तो मेरे पास वजह भी नहीं थी क्योंकि मेरे सवाल ही थे जिसके चलते कॉलेज के पहले साल में मुझे तिवारी सर के करीब जाने का मौका मिला था। वो हमेशा अपनी क्लास खत्म करने के बाद कहते थे, "लेसन को सब आपस में डिस्कस करो और अगर कोई सवाल है तो तुम्हें पता है कि मैं कहाँ मिलूँगा।"

उस वक़्त मुझे बहुत सी बातें समझ नहीं आती थीं, हर लेसन के बाद बहुत से सवाल मेरे दिमाग में आते थे लेकिन जवाब नहीं, तो मुझे मजबूरी में तिवारी सर के पास जाना ही पड़ता था। अच्छी बात ये थी कि तिवारी सर के पास सवाल लेकर जाने से डर भी नहीं लगता था क्योंकि वो बार बार यही कहते थे कि सवाल, सीखने का एक हिस्सा है और मुझे आज भी वो मौका अच्छी तरह से याद है जब मैं तिवारी सर के पास अपना पहला सवाल लेकर गया था। वही तो मौका था जब तिवारी सर की नज़रों में पहली बार मैं आया था।

तिवारी सर क्लासेज़ खत्म होने के बाद हफ्ते में दो दिन कॉलेज के कैंटीन के पीछे लगे आम के पेड़ के नीचे बैठा करते थे। वहीं उनकी टेबल और कुर्सी लगी होती थी, एक ब्लैक बोर्ड भी हुआ करता था और सामने एक दरी होती थी और जब कोई अपने सवाल तिवारी सर के पास लेकर जाता था तो सवाल एक का होता था लेकिन जवाब सुनने के लिए पूरी क्लास लग जाया करती थी।

उस वक़्त तिवारी सर के सामने अगर कोई अच्छा सवाल आता था तो उनकी आँखों की चमक अचानक बढ़ जाती थी, वो ख़ुशी से चहकते हुए अपनी कुर्सी से खड़े हो जाते थे और सवाल पूछने वाले के बाएं कंधे को थपथपाकर शाबाशी देते हुए कहते थे "ये हुई ना बात।"

जब मैं कॉलेज के तीसरे ही दिन अपना पहला सवाल तिवारी सर के पास लेकर गया था तो उनका यही रिएक्शन था। जाने क्यों उन्हें मेरा सवाल बहुत अच्छा लगा था तो उन्होंने खड़े होकर मुझे मेरे सवाल के लिए शाबाशी दी और बोले, "इसका जवाब तुम्हें कल क्लास में दूंगा, ताकि बाकी बच्चों का भी फायदा हो जाये।"

मैंने कुछ कहा नहीं पर मेरी आँखों में एक चमक आ गई, मैंने हाँ में सर हिलाया और जब वापस आने के लिए पीछे मुड़ ही रहा था कि मैंने देखा कुछ दूसरे स्टूडेंट सामने लगी दरी पर बैठ रहे थे। इसमें कुछ सीनियर भी थे और कुछ जूनियर भी। वो मेरा पहला अनुभव था तो मुझे कुछ समझ नहीं आया लेकिन मुझे लगा की सीनियर और जूनियर बैठ रहे हैं तो मुझे भी बैठ जाना चाहिए। मेरे बाद बहुत से लड़के लड़कियां और भी आये और वो भी वहाँ आकर बैठ गए।

सर की कुर्सी के पास में ही एक लम्बी टेबल जैसी स्टूल भी रखी हुई थी जहाँ पर कॉलेज के कुछ और प्रोफेसर आकर भी बैठ चुके थे। वक़्त गुज़रने के बाद मझे पता चला कि उस स्टूल कर कॉलेज के सभी प्रोफेसर तो आते ही थे कई बार प्रिंसिपल सर भी बैठकर तिवारी सर को सुनते थे और कई बार ये सभी टीचर भी अपने सवालों को लेकर प्रोफेसर साहब के पास आते थे और उनको जवाब मिलता भी था।

इस बीच तिवारी सर आने वाले लड़के लड़कियों के सवाल सुनते, उनको जवाब देते और अगले सवाल की तरफ बढ़ जाते।

थोडी देर बाद स्टूल पर बैठे प्रोफेसर ख़ान बोले, "क्यों मियाँ तिवारी, आज कोई बढ़िया सवाल नहीं आया क्या अभी तक?"

तो तिवारी सर ने ख़ान सर की तरफ देखा, मुस्कुराए और फिर बोले, "एक बहुत शानदार सवाल तो आया है"।

मेरी तरफ इशारा करते हुए बोले, "वो वहाँ बैठा है लेकिन उस सवाल को कल क्लास में अटेंड करूँगा, अभी किसी और सवाल का इन्तज़ार कर रहा हूँ।"

ये सुनकर प्रोफेसर ख़ान बोले, “चलो ये तो अच्छी बात है, फिर मैं ही तुमसे एक सवाल कर लेता हूँ। हालांकि ये मेरा सवाल नहीं है, मुझसे कल मेरे 5 साल के नवासे ने ये सवाल किया था और अब तुम्हारी इजाज़त हो तो तुमसे सवाल पूछ लूँ?”

तिवारी सर बोले, “हाँ हाँ क्यों नहीं।”

ख़ान साहब बोले, “ये बताओ की इंसान असल में चाहता क्या है, इंसान क्या हासिल करने के लिए पूरी ज़िंदगी जद्दोजहद में लगा रहता है?”

तिवारी सर ने जैसे ही ये सवाल सुना उनकी आँखों में ख़ुशी चमकने लगी। वो अपना सर मस्ती में घुमाते हुए बोले, “वाह ख़ान वाह, क्या सवाल किया है, दिल ख़ुश हो गया ये सवाल सुनकर।” और फिर बोले, “ये सवाल तुम्हारे नाती ने किया है?”, ख़ान सर ने जवाब नहीं दिया लेकिन हाँ में सर हिला दिया और तिवारी सर बोले “तो फिर आज शाम को तुम उसे मेरे घर लेकर आ रहे हो, मुझे उससे मिलना है।”

ख़ान सर ने फिर से हाँ में सर हिला दिया लेकिन तिवारी सर को जैसे जवाब का इंतज़ार ही नहीं था।

उन्होंने तो अपनी धुन में अपना आदेश दे दिया था और फिर टेबल पर पड़ा चॉक का टुकड़ा उठाया और उसे लेकर ब्लैक बोर्ड के पास आ गये। और बोले “आज का सवाल है” और ये बोलते बोलते ही ब्लैक बोर्ड पर बड़े अक्षरों में उन्होंने लिखा “इंसान असल में चाहता क्या है?”

उसके बाद पलटकर वो हमारी तरफ आये और उन्होंने बोलना शुरू किया। उनके पहले शब्द थे, “क्या ख़ूबसूरत सवाल है। ये ऐसा सवाल है जिसके जवाब को सिर्फ गौतम ने अपनाया था और उस एक जवाब से वो गौतम से बुद्ध हो गए थे। इस सवाल का जवाब मैं जानता तो हूँ, लेकिन इसे शायद मैं ख़ुद भी अपना नहीं पाया हूँ क्योंकि मैं अब तक बुद्ध नहीं हुआ हूँ, मैं अभी भी एक आम इंसान हूँ लेकिन ये कोशिश हमेशा रहती है कि थोड़ा सा बुद्धत्व अपने अंदर लेकर आ सकूँ।”

तिवारी सर फिर बोले, "बात करूँ इस सवाल और इसके जवाब की तो इंसान सिर्फ आनंद चाहता है और उस आनंद के लिए ही वो पूरी ज़िंदगी जद्दोजहद में लगा रहता है। यहाँ अगला सवाल हो सकता है कि अगर इंसान आनंद चाहता है, अगर यही ज़िंदगी का मूल मकसद है तो फिर लोग क्यों रोटी, कपड़ा, मकान को ज़रूरी कहते हैं, क्यों लोग पैसे के पीछे भागते हैं, क्यों अपनी ज़िंदगी में गलत और सही काम करते हैं, क्यों रिश्तों को बनाने और बिगाड़ने में लगे रहते हैं और ऐसे ही बहुत से क्यों।"

यकीन जानो दोस्तों हर क्यों का जवाब यही होगा की इंसान अपनी ज़िंदगी में अपने लिए आनंद चाहता है और उस आनंद की तलाश में ही वो हर काम करता है। रोटी, कपड़ा और मकान की बात की जाए तो ये जीवन की गाड़ी को चलाने के लिए सबसे ज़रूरी इंधन हैं और जीने का मूल मकसद आनंद की खोज है तो अगर हम रोटी, कपड़ा और मकान को इस खोज का इंधन कहें तो गलत नहीं होगा। और इंसान जीता इसलिए है ताकि उसे आनंद मिल सके तो हम ये भी कह सकते हैं कि रोटी, कपड़ा और मकान भी उस आनंद को पाने की दिशा में पहला कदम होता है।

अब आप कहेंगे रोटी, कपड़ा मकान तो ईंधन हो गया लेकिन इंसान पैसे के पीछे क्यों भागता है, रिश्तों के पीछे क्यों भागता है और क्यों दुनिया भर के सही और गलत काम करता है। उससे किसी को कैसे आनंद मिलता है, तो जवाब ये है कि लोग इन सभी चीज़ों के पीछे भागते हैं ख़ुशियों के लिए और वो इस गलतफहमी में रहते हैं कि आनंद और ख़ुशियाँ एक ही हैं, जबकी ये सच नहीं है।

आनंद की अनुभूति अंदर से आती और इसीलिए इसे आनंद कहा जाता है और ख़ुशी, जिसे प्रसन्नता भी कहा जाता है वो प्राप्त होती है। इसे समझने के लिए हम कोशिश करते हैं कुछ अंग्रेज़ी शब्दों को लेने की। अंग्रेज़ी में ख़ुशी को हैप्पीनेस कहा जाता है लेकिन आनंद को जॉय कहा जाता है और इंसान असल में जॉय चाहता है लेकिन हैप्पीनेस के पीछे भागता रहता है। और मैं यहाँ ये बात साफ़ कर देना चाहूँगा कि पैसा और परिवार ये दोनों ही बातें हर इंसान के लिए बहुत ज़रूरी होनी चाहिए, कोई अपने मन में ये राय

ना बनाये कि पैसा ज़रूरी नहीं है या परिवार ज़रूरी नहीं है। ध्यान रहे ये दोनों ही बहुत ज़रूरी हैं लेकिन उस बारे में हम फिर कभी बात करेंगे, अभी बात करते हैं आनंद की।

जब आप सम्पूर्ण आनंद को पा लेते हैं तो आपको पाने और खोने की चिंता नहीं रहती। तब आप हमेशा मगन मन रहते हैं। तब आपको कुछ मिला तो भी आपको उसका अहंकार नहीं होता, कुछ खो दिया तो भी उसका दुख नहीं होता और तब आपका जीवन सम्पूर्ण हो जाता है।"

ये कहकर सर चुप हो गए और उन्होंने हमारी तरफ देखना शुरू कर दिया। सर को उम्मीद थी कि कुछ सवाल आयेंगे लेकिन कुछ सेकंड तक वहाँ चुप्पी बनी रही और मैंने सवाल पूछने के लिए अपना हाथ ऊँचा कर दिया। सर ने कहा, "हाँ गोविन्द कहो।" मुझे बिल्कुल उम्मीद नहीं थी कि सर को मेरा नाम याद भी होगा, तो मैं थोड़ा सा आश्चर्यचकित हुआ, पर मैंने ख़ुद को संभालते हुए सवाल किया, "अगर ज़िंदगी का मकसद सिर्फ आनंद को पाना है तो फिर पूरी दुनिया दूसरे कामों में क्यों लगी हुई है, सब आनंद की खोज में ही क्यों नहीं लग जाते?"

मेरे सवाल को सुनकर तिवारी सर ख़ुश होते हुए बोले, "ये बात.... एक और सही सवाल।"

फिर बिना रुके ही उन्होंने कहा, "हम ये तो जानते हैं कि इंसान का मकसद क्या है, पर इस मकसद को हासिल कैसे करना है, उसके लिए कोई तय रास्ता नहीं है। किसी के लिए ये रास्ता ध्यान से बन सकता है और किसी के लिए धन से। किसी के लिए ये रास्ता परिवार से बन सकता है और किसी के लिए अधिकार से। और यही वजह है कि लोग अलग अलग कामों को करते हैं और जो इस आनंद को पा लेता है वो भीड़ से अलग भी हो जाता है और अपने काम से ही एक्स्ट्रा ऑर्डिनरी भी बन जाता है और दुनिया में अपनी अलग छाप भी छोड़ देता है।

दुनिया में ऐसे हज़ारों उदाहरण भरे हुए हैं। उदाहरण के लिए भगत सिंह को देखो जिन्होंने 23 साल की उम्र में हँसते हँसते अपनी जान दे दी थी। उनका

आनंद उनको मिला था देश के लिए सब कुछ कर गुज़रने से और जब देश के लिए मरने की बात आई तो वो आनंद के साथ फांसी पर झूल गए और उन्होंने पूरे देश में आज़ादी की बुझ रही मशाल को फिर से प्रज्ज्वलित कर दिया।

हमारे देश के प्रधानमंत्री श्री लाल बहादुर शास्त्री जी को आनंद मिला था पूरे देश की तरक्की से, तो उन्होंने पूरे देश को अपना परिवार बना लिया और यही वजह थी कि जब वो भूखे रहते थे तो देश उनके साथ भूखा रहता था।

एडिसन को आनंद मिला था विज्ञान से दुनिया को बदलने से और यही वजह थी की 1000 बार असफल होने के बाद भी वो निराश होने की बजाए कहते थे मैंने 1000 तरीके ढूंढे हैं जिनसे बल्ब नहीं बन सकता।

ये सिर्फ कुछ उदाहरण हैं लेकिन आप ढूंढो तो आपको ऐसे लोगों के हज़ारों उदाहरण मिल जायेंगे जिन्होंने अपने काम से आनंद हासिल किया और फिर दुनिया को भी बदल दिया।

तो अंत में फिर से यही कहूँगा कि इंसान असल में सिर्फ आनंद चाहता है और अपनी हर कोशिश इसी आनंद को पाने के लिए करता है।”

अपनी बात ख़त्म करते हुए तिवारी सर बोले “मेरी कई बातें, हो सकता है आपको अभी समझ ना आ रही हों, लेकिन इस बात को याद रखिये और आप आने वाले वक़्त में ये बात ज़रूर समझ जायेंगे। और अभी कुछ और सवाल है तो मैं यही हूँ”

हालांकि, उसके बाद किसी ने कोई सवाल नहीं किया तो तिवारी सर ने सबसे विदा ली और मुझे बोले, “तुम्हारे सवाल का जवाब कल की क्लास में मिल जायेगा।”

तब मैंने पहली बार सही सवाल का महत्व समझा था और उसके बाद कॉलेज में रहते हुए मैं सवाल पूछता ही रहा लेकिन कॉलेज से निकलने के बाद ज़िंदगी की भाग दौड़ में लग गया था और धीरे धीरे मैंने सवाल करना बंद कर दिया और मैं सिर्फ जवाबों की तलाश में लग गया।

अब आज जब सालों के बाद हिचकोले खाते हुए इस ट्रेन में फिर से सवालों का ये सिलसिला शूरू हुआ था तो मैं इसे बंद नहीं करना चाहता था और मुझे ये भी समझ में आ गया था कि मेरे सही सवाल ही मुझे मेरी पटरी से उतर चुकी ज़िंदगी को पटरी पर वापस लाने का काम करेंगे।

इसलिए अपने पुराने तीन सवालों के बाद, मैं और सवालों की तलाश में लग गया और मेरा अगला सवाल भी मुझे तुरंत ही मिल गया।

मैं ठीक ठाक कमाता था लेकिन मैं अपने घर की ज़रूरतों को पूरा नहीं कर पाता था, मुझे हर महीने किसी से पैसे लेने पड़ते थे अगर वासू मेरी मदद न कर रहा होता तो शायद मेरे लिए अपने घर को चलाना भी नामुमकिन था। यहाँ मेरे लिए अपने परिवार की ज़रूरतों को पूरा करना मुश्किल हो जाता था, कई बार बेटे के लिए दूध के पैसे देने में देर हो जाती थी और दवा के लिए उधार लेना पड़ता था लेकिन तिवारी सर ने तो अपने चार बच्चों को पाला है और हम जैसे जाने कितने बच्चों को भी कभी भूखा नहीं रहने दिया। आखिर वो ये कैसे कर लेते थे।

ठीक है तिवारी सर प्रोफेसर थे, वो थोड़ा ज़्यादा कमा लेते थे लेकिन मेरी तनख्वाह भी कम नहीं है तो उनको पैसे की कमी क्यों नहीं होती थी और मुझे पैसे की कमी क्यों होती है। वो कैसे सब आसानी से मैनेज कर लेते थे।

तिवारी सर जब रिटायर हुए तो उनके पास पैसे की कोई कमी नहीं थी। मुझे ये भी पता चला था कि कॉलेज के सामने जिस प्राइवेट होस्टल में उन्होंने मुझे और वासू को रहने के लिए कमरा दिलवाया था वो होस्टल भी उनका ही था जिसे उन्होंने थोड़े दिन पहले ही बेचा था, ताकि उनके सपनों का स्कूल बन सके। मैं ये जानता था कि तिवारी सर ने आज तक कोई गलत काम नहीं किया और उन्हें उनके पिता से सिर्फ आशीर्वाद मिला था तो ये पैसा उन्होने कमाया कहाँ से।

उसके बाद मेरे दिमाग में ये सवाल भी आया की तिवारी सर और बुआ के बीच भी मतभेद तो था ही क्योंकि तिवारी सर अंडे खाते थे, प्याज लस्सन खाते थे जो की बुआ के घर में मंज़ूर नहीं था लेकिन फिर भी तिवारी सर ने

इसके बारे में कभी कुछ छिपाया नहीं। उन दोनों के बीच ये मतभेद था लेकिन उनके बीच कोई मनभेद नहीं था जबकी श्रेया और मेरे बीच तो हर बात पर मनभेद हो जाता था।

जब आपस में हमारी बात बिगड़ती तो मैं और श्रेया लड़ते हुए एक दूसरे के रिश्तेदारों के बारे में भी कड़वे शब्द बोलने से पीछे नहीं हटते थे लेकिन हमने देखा है तिवारी सर के यहाँ बुआ के रिश्ते से भी लोग आते थे और तिवारी सर के रिश्ते से भी और तब भी हमेशा ख़ुशी का माहौल होता था। आखिर कैसे?

और सबसे बड़ी बात, मैंने आज तक तिवारी सर और बुआ के चेहरे पर कोई दर्द कोई परेशानी नहीं देखी, वो हमेशा ही आनंद में रहते थे तो उन्होंने अपना आनंद ढूंढा कैसे?

जब ये बातें मेरे दिमाग में चल रही थी तो मुझे ये भी समझ आ गया था कि मुझे अगर अपनी ज़िंदगी को ठीक करना है तो मुझे इन सवालों के जवाब ढूँढने होंगे और ये जवाब मुझे बुआ और तिवारी सर से ही मिल सकते थे। मैंने जब तिवारी सर के इनविटेशन को मान कर उनके गाँव जाने का फैसला किया था तो यही सोचा था कि मैं अपनी परेशानी, अपने हालात बुआ को नहीं बताऊंगा, लेकिन वहाँ ट्रेन की ऊपर वाली बर्थ पर लेटे हुए मैंने तय किया कि मैं बुआ से सवाल करूँगा और मुझे लग रहा था कि मेरी परेशानी का जवाब बुआ से ही मिलेगा।

वो छोटी सी डायरी और पेन अभी भी मेरे हाथ में ही थे। उस डायरी के पहले पन्ने पर मैं पहले ही तीन सवाल लिख चुका था पर मैंने उन सवालों को ऊपर से नीचे तक लकीर खींच कर काट दिया। पन्ना पलटा और नए सवाल लिखना शुरू किया।

सवाल नम्बर 1 – पेरेंटिंग और उसके नीचे फिर से वही सवाल लिखे पर नए तरीके से।

“बच्चों को बेहतर इंसान कैसे बनाएं?”

“तिवारी सर और बुआ इतनी अच्छे माता पिता कैसे बने?”

"क्या मैं और श्रेया अच्छा माता पिता बन पायेंगे?"

मैंने फिर पन्ना पलटा और अगले पन्ने पर लिखा

सवाल नम्बर 2 - प्यार

"प्यार को ज़िंदा कैसे रखें?"

"तिवारी सर और बुआ में इतना प्यार कैसे था?"

"क्या मैं और श्रेया एक दूसरे से उम्र के आखिरी पड़ाव तक प्यार कर पायेंगे?"

मैंने फिर पन्ना पलटा और अगले पन्ने पर लिखा

सवाल नम्बर 3 - परिवार

"परिवार में सबको साथ कैसे रखें?"

"बुआ और तिवारी सर के रिश्ते परिवार के साथ अच्छे कैसे थे?"

"क्या मैं और श्रेया अपने परिवारों के साथ अच्छे रिश्ते बना पायेंगे?"

फिर मैंने पन्ना पलटा और उस पर एक और सवाल लिखा

सवाल नम्बर 4 – पैसा

"पैसे की कमी कैसे खत्म करें?"

"बुआ और तिवारी सर को पैसे की कमी कैसे नहीं थी?"

"क्या मैं और श्रेया कभी पैसे की कमी को दूर कर पाएंगे?"

अब मेरे पास सिर्फ एक सवाल बचा था और वो था आनंद और ख़ुशियों से जुड़ा हुआ तो मैंने पन्ना पलटा और फिर से लिखना शुरू किया।

सवाल नम्बर 5 – आनंद और ख़ुशियाँ

"आनंद कैसे हासिल करें?"

"तिवारी सर और बुआ आनंद में कैसे रहते थे?"

"क्या मैं और श्रेया कभी आनंद को महसूस कर पायेंगे?"

और फिर मैंने उस डायरी को बंद कर दिया और शर्ट की जेब में रख लिया। वासू मुझे लिखते हुए देख रहा था और ये बात मुझे तब पता चली जब उसने मुझसे सवाल किया, "क्या लिख रहा था, दिखा?"

मैंने कहा, “बता दूंगा, बस वक़्त आने दे।”

मेरी बात सुनकर वो बैठ गया लेकिन इस बार वासू के चेहरे पर बिल्कुल वैसी ही खीज थी जैसी मेरे चेहरे पर तब होती थी जब वो मुझे अपनी डायरी पढ़ने नहीं देता था।

उसकी खीज देखकर एक पल को मुझे हंसी आ गई पर उसके तुरंत बाद ही मुझे शर्मिंदगी भी होने लगी थी क्योंकि मैंने जितने भी सवाल किये थे उसमें सिर्फ मैंने अपना स्वार्थ लिखा था, मैंने ख़ुद के बारे में सोचा, श्रेया के बारे में सोचा, जयंत के बारे में सोचा, परिवार के बारे में भी सवाल किये लेकिन मेरी हिम्मत, मेरी ताकत और मेरे सबसे बड़े सहारे के बारे में कुछ नहीं लिखा। हाँ मैं जानता था कि वासू को मेरी कोई ज़रूरत नहीं थी, वो अपने आप में काबिल था और मेरे साथ ना होने से वो ज़्यादा ख़ुश रहता, लेकिन मुझे तो उसकी ज़रूरत थी।

उस वक़्त जब मुझे सोचने का मौक़ा मिला तो मैंने समझा कि इस लड़के ने कितना कुछ खोया है मेरे लिए, और आज भी सब कुछ खोने को तैयार है। मेरे दिमाग में यही घूम रहा था कि ये इतना अच्छा कैसे हैं और मैंने क्या पुण्य किए थे कि ऐसा दोस्त मुझे मिला।

उसके बाद मैंने वासू की तरफ देखा और उससे कहा, “सुन।” उसका मुँह अभी भी फूला हुआ था तो वो सर ऊपर किये बिना बोला, “क्या है?” तो मैंने कहा, “मुझे माफ़ कर दे यार।” मेरी बात सुनकर वो बड़ा सिरियस हो गया क्योंकि मैंने आज तक उसे कभी झूठे मुँह भी सॉरी नहीं कहा था और अब दिल से माफ़ी मांग रहा था। वो खड़ा हो गया और ख़ुश होते हुआ बोला, “ला दे फिर डायरी पढ़ने के लिए।”

मैंने कहा, “डायरी न देने के लिए माफ़ी नहीं मांग रहा हूँ तुझसे, पर बस तू माफ़ कर दे यार।” मेरी बात सुनकर उसकी आवाज़ में गुस्सा था, क्योंकि जब वासू गुस्से में होता है तो बहुत ही धीरे दांतों को चबाते हुए बात करता था। तो वो धीरे से अपने ट्रेडमार्क गुस्से वाले अंदाज में बोला, “अगर तू

इसलिए माफ़ी मांग रहा है कि मुझ पर अंकल आंटी या छुटकी की ज़िम्मेदारी है तो यहीं भरी ट्रेन में मारूँगा, लेकिन कोई और बात है तो बता क्या है।"

"नहीं यार, इसलिए नहीं। उन लोगों के लिए तुझे कुछ करने से रोक सकूँ, मेरा इतना अधिकार नहीं है। वो जितना मेरे हैं, तू मुझसे ज़्यादा उनका है। उस बारे में माफ़ी मांग कर तुझे पराया कर दूं, इतनी हिम्मत नहीं है मुझमें।" मैंने कहना जारी रखा, "तुझसे सिर्फ अभी कुछ देर पहले के लिए माफ़ी मांग रहा हूँ, और क्या किया है वो मत पूछ, वक़्त आने पर बता दूंगा।"

मेरी बात सुनकर उसका गुस्सा तो खत्म हो गया लेकिन एक झुंझलाहट और सवाल ज़रूर था जो देखकर मुझे हंसी भी आ रही थी और प्यार भी। मैंने कहा, "चल बैठ जा, अब मुझे अभी लिखने दे।"

मेरी बात सुनकर वो बैठ गया और मैंने फिर से डायरी निकाली और उसका एक और पन्ना खोला और उस पन्ने पर लिखा।

सवाल नम्बर 6 – दोस्ती

"अच्छा दोस्त कैसे बनें?"

"वासू इतना अच्छा दोस्त कैसे है?"

"क्या मैं कभी वासू के लिए अच्छा दोस्त बन पाऊँगा?"

इस सवाल को लिखने के बाद मुझे काफी सुकून मिला था और तब सच में लगा की अब मेरे सवाल पूरे हो गए हैं। अपने सवाल पूरे करने के बाद मैंने तय किया कि कुछ भी हो जाये इन सवालों के जवाब बुआ और तिवारी सर से लेकर रहूँगा और अपनी ज़िंदगी को भी उतना ही ख़ूबसूरत बनाने की कोशिश करूँगा जितना उनकी ज़िंदगी थी।

उसके बाद मेरा मन मुझे काफी हल्का लग रहा था। परेशानियाँ तो तब भी थीं लेकिन मुझे लग रहा था कि अब ये परेशानियां और ज़्यादा वक़्त तक नहीं रहेंगी। और तब मैं ये भी समझ गया था कि मेरे ऊपर जो मानसिक तनाव है वो मुझे ख़ुद ही खत्म करना होगा। मैं ऊपर वाली बर्थ से नीचे आ गया और मैं श्रेया के पास जाकर बैठ गया। जयंत वही बगल में खाली जगह पर लेटा हुआ था। मैंने जयंत को देखा, वो नींद में ही मुस्कुरा रहा था, मैंने

उसे देखा तो मेरे होंठों पर भी मुस्कुराहट आ गई। बहुत लम्बे वक़्त के बाद मैंने ख़ुद को बिना वजह दिल से मुस्कुराते हुए महसूस किया था।

फिर मैंने श्रेया के हाथों पर हाथ रख दिया और उससे कहा, "घबराओ मत, अब सब ठीक हो जायेगा।" उसने मेरी तरफ देखा और लम्बे वक़्त बाद शायद उसे भी मेरे विश्वाश पर विश्वाश हुआ था। वासू सामने वाली सीट पर ही बैठा था, उसके होंठों पर भी एक मुस्कुराहट आ गई थी।

तब तक अगला स्टेशन आ गया, ट्रेन उस स्टेशन पर करीब 15 मिनट रूकती थी, तो मैंने वासू से कहा "तू सामान को देख, जयंत को देख, मैं श्रेया को थोड़ा सा बाहर घुमा कर ले आता हूँ", और वासू कुछ कहता उसके पहले ही मैंने श्रेया का हाथ पकड़ा और बिना कुछ पूछे उसे लगभग खींचते हुए बाहर की तरफ ले जाने लगा और वो भी बिना किसी विरोध के मेरे साथ आने लगी।

और ये देखकर वासू खिलखिला कर हंस दिया। उसे हँसता देखकर मैंने पूछा "क्या हुआ, अब क्यों हंस रहा है" और वो बोला, "कुछ नहीं, तू जा, जाकर रोमांस कर, बाकी सब मुझ पर छोड़ दे मैं निपट लूँगा।"

उसकी बात सुनकर मुझे भी हंसी आ गई और बर्थ पर बैठे बाकि लोगों को भी लेकिन श्रेया शर्म से पानी पानी हो गई। मुझे अच्छी तरह से याद है तब उसके गुलाबी गाल शर्म से और लाल हो गए थे और ऐसा लम्बे वक़्त के बाद हुआ था।

और अचानक मेरा ध्यान वासू के शब्दों पर गया। मैंने वासू की तरफ देखा और आश्चर्य के साथ सवाल करते हुए उस से कहा, "तुझे याद है?" और उसने हाँ में सर हिला दिया।

बिल्कुल यही शब्द तो उसने तब भी कहे थे जब पहली बार मैंने श्रेया का हाथ इस तरह से पकड़ा था। कॉलेज का आखिरी साल था, तब तक मैं और श्रेया एक दूसरे को पसंद करने लगे थे, इस बात को सिर्फ हम दोनों ही जानते थे लेकिन मेरी कहने की हिम्मत नहीं हो रही थी और वो लड़की थी तो वो कैसे कहती।

मेरी इस दुविधा का जवाब भी मुझे तिवारी सर ने ही दिया था। उन्होंने पेड़ के नीचे वाली एक क्लास में ये सिखाया था कि कभी भी अफ़सोस या पछतावे के साथ मत जीना। अगर तुम कुछ करना चाहते हो तो उसे कर डालो ताकि तुम्हें इस बात का कभी अफ़सोस ना हो की काश तुमने वो काम कर लिया होता तो तुम्हारी ज़िंदगी कुछ और होती। जिस दिन सर ने ये बात कही मैंने उसी वक़्त तय कर लिया था कि अब कुछ भी हो जाये, कल ही मैं श्रेया से मेरे दिल की बात कह दूंगा।

अगला दिन आया, श्रेया कॉलेज के ऑडिटोरियम में बाकी कई लोगों के साथ उस साल के ऐन्यूअल फंक्शन की तैयारी में लगी हुई थी। सभी लोग स्टेज पर एक सर्कल में कुर्सियाँ लगा कर बातें कर रहे थे। मैं वहाँ पहुँच गया। मैं ऐन्यूअल फंक्शन का कोई काम हाथ में नहीं लेता था और उस वक़्त तक वासू और मेरी दोस्ती के किस्से कॉलेज में मशहूर हो चुके थे तो सबने सोचा की मुझे वासू से कोई काम था। पर उस दिन नहीं, कम से कम सीधे तो नहीं।

मैं वहाँ पहुँचा तो वासू ने मेरी तरफ देखा और मैंने श्रेया का हाथ पकड़कर वासू की तरफ देखते हुए वासू से कहा, “मैं श्रेया को बाहर से घुमा कर लाता हूँ, तू थोड़ी देर के लिए यहाँ सब संभाल लेना।” उस दिन भी मैंने श्रेया से पूछा नहीं था और उस दिन भी वो बिना किसी विरोध के मेरे साथ आ गई थी और तब मेरी बात सुनकर वासू तब भी हंसने लगा था और मेरे सवाल पर तब भी उसके शब्द थे, “कुछ नहीं, तू जा, जाकर रोमांस कर, बाकी सब मुझ पर छोड़ दे, मैं निपट लूँगा।”

और वही दिन तो था जब मेरा और श्रेया का रोमांस दिल से जुबां पर आया था, मैंने उस दिन उसे अपने दिल की बात बता दी थी और उसी दिन मैंने श्रेया का हाथ अपने हाथों में लेकर कर श्रेया का साथ भी ज़िंदगी भर के लिए मांग लिया था।

जब आज बिना किसी प्लानिंग के वही सब फिर से होते देखा तो मेरी उम्मीद और बढ़ गई थी की सब ठीक होगा।

उसके बाद मैं बिना देर किए श्रेया का हाथ अपने हाथों में लेकर आगे बढ़ गया और उसे बड़े प्यार से प्लेटफॉर्म पर ले आया। उसका हाथ पकड़े पकड़े ही मैंने उसके लिए स्टेशन से कुल्फी खरीदी और और अगले दस मिनट तक हम बिल्कुल वैसे ही घुमते रहे जैसे कॉलेज के दिनों में घूमा करते थे।

दस मिनट के बाद मैं और श्रेया घूम कर अपने ट्रेन कम्पार्टमेंट की तरफ आये अपनी बोगी के सामने आये तब एक छोटा बच्चा हमारे सामने आ गया और उसने बड़े ही प्यार से बोला, "साहब 10 पैसे दे दो भूख लगी है, खाना खाऊँगा।"

मैंने कहा, "खाना चाहिए की 10 पैसे चाहिए?" तो बोला, "भूख लगी है सर, पैसे दोगे तो खाना खा लूँगा।"

मैंने कहा, "तुझे 10 पैसे में खाना नहीं मिलेगा, आ तुझे खाना खिला देता हूँ।" स्टेशन पर एक ठेले वाला सब्जी रोटी चावल बेच रहा था, मैंने उसे पैसे देकर बच्चे को खाना देने के लिया कहा और वो बच्चा आँखों में एक संतोष का भाव लेकर स्टेशन पर ही एक खम्बे के पास बैठकर खाना खाने लगा।

शायद मैंने अपनी ज़िंदगी में पहली बार किसी को कुछ दिया था और बदले में कुछ उम्मीद नहीं की थी। उस वक़्त मुझे बहुत अच्छा लग रहा था लेकिन मैंने जब श्रेया को देखा तो मैंने पाया की उस बच्चे को खाते हुए देखकर उसके चेहरे पर भी वही सुकून था जो बुआ के चेहरे पर होता था जब वो हमें खिलाती थीं।

तब तक श्रेया अपनी आइसक्रीम खत्म कर चुकी थी और मैं तो आइसक्रीम खाता नहीं था, लेकिन वासू को बहुत पसंद थी। तो वहीं से मैंने एक आइसक्रीम और खरीदी और ट्रेन की खिड़की से वासू को आवाज़ दी और मैंने उसके उल्टे हाथ में आइसक्रीम दे दी। वासू फिर से मुझे देखकर मुस्कुराने लगा था क्योंकि मेरे सीधे हाथ में अभी भी श्रेया का हाथ था जिसे मैं छोड़ना नहीं चाहता था। वो देखकर वासू सिर्फ मुस्कुरा दिया था और मैं श्रेया के साथ तब तक बाहर रुका रहा जब तक ट्रेन ने चलने के लिए सिटी नहीं दे दी।

मैं अंदर आया तो मैंने महसूस किया कि मुझे अंदर से ख़ुशी मिल रही थी और चूंकि ये ख़ुशी अंदर से मिल रही थी तो मैं इसे आनंद मान सकता था और ये आनंद मुझे मिला था देने से, उदार होने से। और जब उदारता की बात आती है तो बुआ और तिवारी सर से ज़्यादा उदार तो मुझे आज तक कोई नहीं मिला।

अंदर आकर मैं अपनी सीट पर बैठा और बैठने के बाद मैंने फिर से अपनी छोटी सी डायरी निकाली और नया पन्ना लिया और उस पर एक और सवाल लिखा।

सवाल नम्बर 7 – उदारता

"उदार कैसे बनें?"

"तिवारी सर और बुआ इतने उदार कैसे थे?"

"क्या मैं और श्रेया कभी उदार बन पायेंगे?"

और ये लिख कर मैंने डायरी बंद की और अपनी जेब में रखने लगा तो श्रेया बोली, "ये क्या लिख रहे हैं आप?"

मैं कुछ बोलता उसके पहले ही वासू बोला, "अब छुटकी को तो तो बतायेगा की जैसे मुझे टाल दिया है वैसे ही इसको भी टाल देगा" और फिर श्रेया की तरफ देखते हुए बोला, "पूछ छुटकी आखिर लिख क्या रहा है?"

श्रेया ने पहले मेरी तरफ देखा फिर वासू की तरफ देखा और बोली, "भैया अगर आपको इन्होंने नहीं बताया है तो मुझे भी नहीं बताएँगे।"

श्रेया की बात सुनकर मैं बोला, "अरे वाह मेरे साथ रहते रहते तुम काफी समझदार हो गई हो।"

और श्रेया बोली, "हाँ हाँ, पता है कौन कितना समझदार हो गया है।" और उसकी बात सुनकर हम तीनों हंसने लगे।

उसके बाद भी हमें कई घंटों का सफर करना था लेकिन वो सफर काफी मस्ती में कट गया। जब भी ट्रेन 2-4 मिनट के लिए कहीं रूकती थी तो वासू उतरकर स्टेशन पर टहलने चला जाता था और कुछ लेकर आ जाता और जब ट्रेन ज़्यादा देर के लिए रूकती तो मैं और श्रेया बाहर चले जाते और हाथों

में हाथ लेकर एक नए जोड़े की तरह घुमते रहते। बीच बीच में हम लोग जयंत को लेकर भी नीचे उतर जाते।

ऐसे करते करते सफर काफी आसानी से कट गया और अगले दिन हम लोग सुबह करीब साढ़े 9 बजे उस स्टेशन पर पहुँच चुके थे जहाँ हमें उतरना था। निकलने के पहले ही मैंने तिवारी सर को तार कर दिया था तो जब हम स्टेशन पर पहुँचे तो तिवारी सर ने हमारे लिए पहले ही अपनी गाड़ी भेज दी थी। सर ने रिटायर होने के बाद नई नवेली मारुती 800 खरीदी थी। इस बारे में मुझे बुआ ने चिट्ठी में बताया भी था, तो मुझे यकीन था कि कार तो स्टेशन पर आ जाएगी। लेकिन मुझे ये नहीं पता था की हमें लेने के लिए कौन आएगा।

हमें लेने के लिए वहाँ पर 18-19 साल का एक लड़का आया था, उसने प्रेस किये हुए पेंट, शर्ट पहन रखे थे, कमर पर बेल्ट था, जेब में एक पेन था, पैरों में पॉलिश किये हुए काले रंग के चमड़े के जूते थे, बाल बहुत ही अच्छी तरह से बने हुए थे और उसको देखकर यही लग रहा था कि वो बहुत समझदार भी है और पढ़ा लिखा भी। उसने हमें देखते ही पहचान लिया था और ना पहचानने की कोई वजह भी नहीं थी क्योंकि उस स्टेशन पर सिर्फ हम ही थे जो की बाहर से आये हुए लग रहे थे बाकी सभी तो आस पास के लोग ही थे।

जैसे ही हम उस छोटे से स्टेशन पर उतरे वो दौड़ते हुए हमारे पास आ गया और बोला, “गोविन्द भैया रास्ते में कोई तकलीफ तो नहीं भई।” मैंने ना में सर हिला दिया और उससे कहा, “आपको मैंने पहचाना नहीं।” तो वो बोला, “भैया मेरा नाम विजय है, मुझे मास्टर साहब ने भेजा हैं आपको लिवाने के लिए, मैं उनके यहाँ काम करता हूँ।”

मुझे ये बिल्कुल उम्मीद नहीं थी कि तिवारी सर के गाँव के पास मुझे शुद्ध हिंदी बोलने वाला कोई मिलेगा क्योंकि सर या बुआ के जो भी रिश्तेदार गाँव से आते थे वो सभी अवधी ही बोला करते थे। तो मुझे उम्मीद नहीं थी की वो इतनी अच्छी हिंदी बोलता होगा।

मैंने कहा, "अरे वाह, तुम तो बड़ी अच्छी और शुद्ध हिंदी बोलते हो, और हमें पहचाना कैसे तुमने?"

तो विजय बोला, "भैया आपकी और वासू भैया की फोटो तो साहब के घर की फॅमिली फोटो में लगी हुई है। भाभी और आपकी शादी की फोटो भी वहीं है और जयंत बाबू की तस्वीर भी तो लगी है, तो भला आपको कैसे नहीं पहचानूँगा। और जब से आपके आने की खबर मिली है तब से टीचर जी ने मुझे और जय को घर के आस पास की सफाई में लगा रखा है ताकि उनके जयंत बाबू को खेलने की पूरी जगह मिल जाये।"

ये कहते हुए विजय ने जयंत को गोद में लेने के लिए हाथ बढ़ाया तो श्रेया का मन तो नहीं था किसी अंजान इंसान के हाथों में अपने दुधमुहे बच्चे को देने का, लेकिन उसे बुआ पर पूरा भरोसा था कि वो किसी गलत इंसान को जयंत के आस पास भी नहीं जाने देंगी इसलिए श्रेया ने बिना डरे विजय की बाहों में जयंत को थमा दिया।

विजय ने जयंत को अपनी गोद में लिया और उसके माथे को चूमते हुए बोला, "भगवान् तुम्हें खूब लम्बी उमर दे, दुनिया भर की ख़ुशियाँ तुमको मिलें, किसी की नज़र ना लगे।" अपना आशीवार्द देकर कुछ पल तक वो जयंत को प्यार से खिलाता रहा और उसके बाद मुझसे बोला, "चलिए भैया घर चलते हैं, बुआ भी आपका इंतज़ार कर रही होंगी"।

विजय की बात सुनकर हम अपना सामान उठाने लगे तो विजय बोला, "भैया आप रुको, आप क्यों सामान उठा रहे हो, हम हैं ना, हम उठा लेंगे।" मैंने कहा, "सामान ज़्यादा है" तो विजय बोला, "आप रुको तो सही।" फिर उसने जयन्त को श्रेया के हाथों में देते हुए कहा, "भाभी, आप हमारे छोटे साहब को पकड़ो सामान हम देख लेते हैं।"

और उसके बाद उसने स्टेशन पर खड़े दो लोगों को आवाज़ दी और वो दौड़ते हुए वहाँ आ गए। वो दोनों भी शायद विजय को पहचानते थे क्योंकि उनके आने के बाद विजय उनसे अवधी भाषा में बोला, "ये सभी सामान उठाओ

और बाहर मास्टर जी की गाड़ी खड़ी है उसमें रखवा दो।" उन्होंने हमारी तरफ तरफ देखा और फिर विजय से कुछ बात करने लगे।

विजय ने उनको जाने क्या कहा कि वो दोनों ही लोग हमारे पास आये, हमें नमस्ते किया और अवधी भाषा में बोले, "आपका कुछु चाहीं तो बस बताय दिहा साहब सब मिल जाए। साहब आज बाज़ार आहाय, हुंवा हम चाट के दुकान लगाईत है, आप ज़रूर आया।" मुझे उनकी कुछ बात तो समझ आ गई थीं, पर हमारी मुश्किल को आसान करने के लिए विजय बोला, "ये कह रहे हैं की आपको कुछ भी चाहिए हो तो बता दीजियेगा, आपको सब मिल जायेगा। और आज बुधवार की बाज़ार का दिन है और ये चाट की दुकान लगाते हैं तो आप ज़रूर आइएगा।"

मैंने मुस्कुराते हुए सिर्फ इतना ही कहा, "जी कोशिश करूंगा।"

सामान की बात करें तो कुल दो पेटियां थीं, एक बैग था जिसमें वासू के कपड़े थे, एक छोटा हैण्ड बैग था जो की श्रेया के पास था और एक और बैग था जिसमें जयंत के कपड़े रखे थे। उसके अलावा मैं इंदौर से ढेर सा सेंव, नमकीन और पोहा लेकर गया था नाश्ते के लिए। मैंने सोचा था शायद काम आ जायेगा और कुछ नहीं तो भी तिवारी सर को तो सेंव और पोहा बहुत पसंद था तो किसी भी हाल में ये मुझे लाना ही था।

उसके बाद एक बैग को विजय ने उठा लिया, और एक पेटी और नमकीन की बोरी को एक आदमी ने ले लिया और दूसरे ने दूसरी पेटी और पोहे की बोरी को उठा लिया। मेरे पास अब सिर्फ जयंत के कपड़े वाला बैग था और वासू ने वो झोला ले लिया था जिसमें हमने अपने लिए खाने पीने का सामान और पानी की बोतलें रखी थीं।

हम स्टेशन से बाहर आये और तब मैंने पहली बार तिवारी सर की मारुती 800 देखी थी। वो सफ़ेद रंग की गाड़ी थी जो की बहुत ही ख़ूबसूरत लग रही थी। उस मारुती 800 के टॉप पर लगेज केज भी लगा हुआ था और हमारी दोनों पेटियां उसी लगेज केज पर जाने वाली थीं। विजय ने दोनों

पेटियों और वासू के कपड़े वाले बैग को लगेज केज पर रखवा कर अच्छी तरह से बाँध दिया।

और उसके अलावा जो बाकि का सामान बचा हुआ था वो सब उन्होंने कार की डिक्की में रख दिया। उसके बाद मैंने उन दोनों लोगों को धन्यवाद कहा और मैं उनको कुछ पैसे देने वाला था और इसलिए मैंने जेब में हाथ डाला लेकिन विजय ने मुझे आँखों के इशारे से मना कर दिया था तो मैं समझ गया की पैसे देना गलत होगा। लेकिन मेरा हाथ जेब में जा चुका था, मतलब गलती तो हो चुकी थी और मुझे इसे सुधारना था। तो मैंने अपना बटुआ निकाला उसमें से अपने विजिटिंग कार्ड निकाल कर दोनों को ही दे दिए और उनसे कहा कभी भी इंदौर आना हो तो मुझे फोन ज़रूर करियेगा।

जब मैंने बटुआ निकाला था तो मैंने देखा था उनके चेहरे पर एक जो भाव थे वो किसी के चेहरे पर तब आते हैं जब कोई उनका अपमान करता है, लेकिन जब मैंने मेरा कार्ड उनको दिया तो वो निराशा वाले भाव जैसे गायब हो गए थे और उनके चेहरे पर ख़ुशी और गर्व वाली फीलिंग साफ साफ नज़र आ रही थी। मेरा कार्ड हाथों में लेकर उन्होंने बड़ी ही ख़ुशी के साथ अपनी जेब में रख लिया।

और जब मैंने उनसे विदा ली तो वासू उन दोनों के पास गया और उनमें से एक के कंधे पर हाथ रख कर उनसे बोला, "मदद करने के लिए आपका बहुत बहुत धन्यवाद", और फिर वासू ने पूरी आत्मीयता से उस व्यक्ति को गले लगा लिया। ऊसके बाद वासू दूसरे शख़्श की तरफ पलटा और उसका हाथ अपने हाथों में लेकर बोला, "आपका भी बहुत बहुत धन्यवाद, और हम लोग आज आपकी दुकान पर चाट खाने आ पायेंगे या नहीं ये तो नहीं पता लेकिन ये वादा करता हूँ की हम आयेंगे ज़रूर" और फिर वासू ने उसे भी गले से लगा लिया।

जब वासू वहाँ से पीछे हटा तो मैं देख सकता था की उन दोनों ही लोगों की आँखों में एक चमक थी। अब ये चमक वासू के कम्पैशन से हुई थी या

उनकी पलकें भीग जाने की वजह से ये तो मैं नहीं बता सकता लेकिन वो चमक मुझे ज़रूर दिख रही थी।

और फिर उनसे विदा लेकर हम लोग गाड़ी में बैठ गए। मैं और श्रेया पीछे की सीट पर बैठ गए, विजय ड्राईवर सीट पर बैठ गया और वासू जयंत को लेकर आगे की दूसरे सीट पर बैठ गया। वहाँ से जब हम निकले तो मैंने देखा वो दोनों लोग जिन्होंने हमारा सामान कार तक पहूंचाया था वो अभी भी हमें जाते हुए देख रहे थे।

जब हम वहाँ से थोड़ा आगे निकल गए तो विजय बोला "भैया अब मुझे समझ आया की साहब और बुआ आप दोनों की इतनी तारीफ क्यों करते हैं।" विजय ने कहना जारी रखा बोला, "भैया जब आपने जेब में हाथ डाला था तो मुझे लगा था की आप उनको पैसे देने वाले हो, लेकिन आपने उनको अपना कार्ड देकर मेरा डर खत्म कर दिया। और वासू भैया ने उनको गले लगा कर टीचर जी की बात को साबित भी कर दिया की आप दोनों ही दो पैरों पर चलता फिरता दिल हो। आपको सच में पता है की लोगों को सम्मान कैसे देना है।"

तब तक गाड़ी स्टेशन वाली रोड से निकलकर एक ऐसी सड़क पर आ चुकी थी जिसके बाईं तरफ बहुत ही बड़ी नहर बह रही थी और दाईं तरफ बहुत से सफेदे के बड़े बड़े पेड़ थे और उसके आगे बड़े बड़े खेत। उन खेतों के आगे कुछ गाँव भी दिख रहे थे। नहर के दूसरी तरफ भी लगभग ऐसा ही नज़ारा था पर दूसरी तरफ जो सड़क थी वो कच्ची थी और जिस सड़क पर हम चल रहे थे वो काफी पक्की और चिकनी थी।

श्रेया नहर को देखकर चहक उठी थी और उसे पता था की ये नहर है लेकिन फिर भी उसने विजय से सवाल किया "विजय भैया ये क्या है?" और विजय बोला "ये हमारे यहाँ की बड़ी नहर है भाभी और इस नहर से छोटी नहरे निकलती हैं और वे सिंचाई के काम आती हैं।" उसने कहना जारी रखा, "और ये जो सफेदे के पेड़ आप देख रहे हो वो इसलिए लगे हैं की ये नहर के आस पास की मिटटी पानी से बह ना जाये।" विजय की बात सुनकर

श्रेया को बहुत अच्छा लगा और वो खिड़की से बाहर चेहरा निकाल कर गाँव की ताज़ी हवा का आनंद लेने लगी।

आगे वाली सीट पर जयंत वासू के सीने पर सर रख कर सो चुका था और वासू भी श्रेया की तरह ही नहर और उसके पास के खेतों को देखने में मग्न था।

लेकिन मैं कहीं और ही खोया हुआ था। मेरे दिमाग में तो अभी भी विजय की वो सम्मान वाली बातें घूम रही थीं और उन बातों को याद कर मैं फिर से सोच में पड़ गया था, मैं सोच रहा था कि क्या मैं सच में लोगों को सम्मान देता हूँ और क्या मैं सच में सम्मान का अधिकार रखता हूँ। वासू की बात करूँ तो वो सबका सम्मान करता था और वो सम्मान का अधिकार भी रखता है, पर मैं और श्रेया वैसे नहीं थे। सच बात ये थी कि मैंने कई बार ये महसूस किया था कि मैं कई लोगों का सम्मान नहीं करता, उलटा उनका अपमान कर देता हूँ और यही बात मैं श्रेया के लिए भी कह सकता था क्योंकि श्रेया भी कई बार उसी रास्ते पर चलती थी।

मुझे फिर से तिवारी सर और बुआ याद आ गए क्योंकि वो तो सबका सम्मान करते थे और मुझे याद नहीं की आज तक कोई एक इंसान भी मैंने ऐसा देखा हो जो उन दोनों को जानता हो लेकिन उनका सम्मान ना करता हो। और इस सम्मान में कोई मजबूरी नहीं बल्कि श्रद्धा और प्यार होता था। मेरे दिमाग में सवाल चल रहा था की आखिर कैसे वो इतना सम्मान हासिल कर पाए।

मैंने फिर से अपनी डायरी निकाली, एक और नया पन्ना खोला और उस पर लिखा

सवाल नम्बर 8 – सम्मान

"लोगों का सम्मान कैसे करें और लोगों से सम्मान कैसे पाएं?"

"तिवारी सर और बुआ कैसे सबका सम्मान करते थे और कैसे सम्मान पाते थे?"

"क्या मैं और श्रेया सम्मान दे पायेंगे और हासिल कर पायेंगे?"

ये सवाल लिख कर मैंने अपनी डायरी को फिर से बंद कर दिया। इस बार ना ही वासू ने कुछ नोटिस किया, ना ही श्रेया ने और ये मेरे लिए अच्छा ही था क्योंकि मैं विजय के सामने फिर से उनको जवाब नहीं देना चाहता था।

उसके बाद मैंने श्रेया की तरफ देखा तो वो तब भी बाहर के ख़ूबसूरत नज़ारों को देख रही थी, लेकिन मेरी जगह से से वो नज़ारे और ज़्यादा ख़ूबसूरत हो गए थे, क्योंकि उन नज़ारों के साथ मैं श्रेया की ख़ूबसूरती को भी देख सकता था और उसकी मंद मंद हंसी को भी जो उसे बाहर के नज़ारे देखने से मिल रही थी।

मैं कुछ नहीं बोला मैं सिर्फ श्रेया को देखता रहा और श्रेया बाहर के नज़ारों को। इस बीच हमने नहर पर कई पुलों को भी देखा जो की नहर के दोनों किनारों को जोड़ते थे। इसमें कुछ पुल इतने बड़े थे कि उस पर से एक बड़ी बस भी निकल जाए, कुछ छोटे पुल थे जो की एक कार के लिए पर्याप्त जगह रखते थे और कुछ इतने छोटे थे की उनसे या तो पैदल इंसान जा सकता था या फिर कोई एक साइकिल लेकिन और कुछ नहीं।

इस बीच विजय भी तब तक कुछ नहीं बोला जब तक हम उस पुल पर नहीं पहुँच गए जहाँ से हमें मुड़ना था। असल में वो पुल तक आने के कुछ देर पहले ही बोला, “भैया, वो जो आगे पुल दिख रहा है न वहीं से हमें बाईं तरफ मुड़ना है।”

मुझे इस बात से कोई फर्क नहीं पड़ना था लेकिन मैंने ऐसे ही कह दिया, “ओके।”

लेकिन जैसे विजय ने मेरा ‘ओके’ सुना ही नहीं था, वो अपनी ही धुन में बोलता रहा, “और वही पुल के पास से जो दाईं तरफ जो रास्ता जाता है वो बाबा के वन को जाता है, वहाँ बाबा का बड़ा सिद्ध मन्दिर है। कल वीरवार (ब्रहस्पतिवार) बाबा का दिन है तो वहाँ बाज़ार भी लगेगी, कल मैं वहाँ ले चलूँगा आपको।”

अब मैंने कुछ नहीं कहा लेकिन वासू ने सवाल किया, “वो भाई साहब जो स्टेशन पर मिले थे, वो यहाँ की बाज़ार में भी आते हैं या बस एक ही जगह दुकान लगाते हैं?”

जवाब में विजय बोला, “हाँ भैया, वो यहाँ भी आएंगे।”

ये सुनने के बाद वासू बोला, “तब तो हम बिल्कुल चलेंगे।”

तब तक कार उस पुल के पास पहुँच चुकी थी जिस पर हमें मुड़ना था, तो विजय ने धीरे से गाड़ी को बाईं तरफ मोड़ दिया और एक झटके के साथ गाड़ी पुल के ऊपर चढ़ गई। ये पुल काफी चौड़ा था और जब हम पुल पर पहुँचे तब मुझे पहली बार नहर की चौड़ाई का अंदाजा हुआ। बगल से देखने पर नहर इतनी चौड़ी नहीं लग रही थी लेकिन पुल पर आने के बाद ये काफी चौड़ी लगने लगी, तो मैंने विजय से पूछा, “विजय 2 मिनट के लिए गाड़ी रोक सकते हो क्या?”

विजय ने बिना कोई सवाल किये ब्रेक लगा दिए। गाड़ी बिल्कुल भी तेज़ नहीं थी तो बस कुछ दूर जाकर गाड़ी रुक गई। गाड़ी रुकते ही मैं अपनी तरफ का दरवाजा खोल कर बाहर आ गया और घूम कर मैंने श्रेया की तरफ का दरवाजा भी खोल दिया। दरवाजा खुलते ही श्रेया भी बाहर आ गई और हमारे पीछे पीछे विजय भी बाहर आ गया।

वासू ने बाहर आने की कोई कोशिश नहीं की तो मैंने उससे कहा, “यार यहाँ से बड़ा ख़ूबसूरत नज़ारा है, तू भी बाहर आ जा।”

मेरी बातों को सुनकर वासू बोला, “अभी जयंत आराम से सोया हुआ है, बाहर आऊंगा तो वो जाग जाएगा, तू एन्जॉय कर मैं बाद में देख लूँगा।”

वासू की बात सुनकर फिर से मुझे अपनी किस्मत पर घमंड होने लगा था क्योंकि ऐसा दोस्त इतनी आसानी से किसी को नहीं मिल सकता।

मैंने फिर वासू पर कोई दबाव नहीं डाला। तब तक श्रेया पुल की दीवार के पास जाकर दीवार के सहारे नहर की तरफ झुककर खड़ी हो गई थी और नहर के तेज़ी से बहते हुए पानी को देख रही थी। मैं भी श्रेया के पास जाकर वैसे ही खड़ा हो गया और उस पानी को देखने लगा। बहते हुए पानी को

देखते हुए मैंने नोटिस किया कि पुल की जिस दीवार से टिक कर हम खड़े थे वो ईंटो से बनी दीवार थी और उस दीवार की मोटाई कम से कम 2 फुट रही होगी। दीवार के दोनों ही कोने नहर की पूरी चौड़ाई तक गोलाई में कटे हुए थे और बिना प्लास्टर के भी वो दीवार बहुत ही ख़ूबसूरत लग रही थी। मैं मन ही मन उस दीवार की कारीगरी की तारीफ कर रहा था तभी विजय की आवाज़ ने मेरा ध्यान तोड़ा। वो कह रहा था, "गोविन्द भैया अब चलते हैं, आपको मैं यहाँ फिर से ले आऊँगा, अभी घर पर साहब और टीचर जी इंतज़ार कर रहे होंगे।"

उसकी बात सच भी थी तो मैंने कोई विरोध नहीं किया सिर्फ हाँ में सर हिलाया और हम कार की तरफ आ गए। इस बार श्रेया गाड़ी के दाईं ओर से अंदर बैठी और दूसरे कोने पर खसक गई और मैं भी वही से अंदर बैठ गया। तब तक विजय भी अपनी सीट पर पहुँच चुका था तो उसने गाड़ी स्टार्ट की और धीरे से उसने पुल से गाड़ी नीचे उतार दी। पुल से उतरते ही पक्की सड़क थी जो की ढलान के साथ नीचे की तरफ जा रही थी।

विजय धीरे धीर उस रास्ते पर गाड़ी चलाने लगा और थोड़ा आगे जाने पर उसने बाईं तरफ इशारा करते हुए हमें एक सड़क दिखाई जो ईंटो की बनी हुई थी। विजय बोला ये खड़ंजा वाला रास्ता है जो की सीधे गाँव में जाएगा और वो तलाब के किनारे गाँव का सरकारी अस्पताल है जो अब तो सच में अस्पताल बन गया है, नहीं तो पहले सिर्फ बिल्डिंग थी। मैंने पूछा, "क्या मतलब?"

तो बोला, "पहले सरकार ने यहाँ अस्पताल के लिए बिल्डिंग बना दी थी लेकिन न दवाई थी ना डॉक्टर और ना इलाज। पर साहब जब से आये हैं, तब से डॉक्टर भी रहने लगा है और दवाई भी।"

पर विजय ने जो ईंटो वाला रास्ता हमें दिखाया था वो उस पर मुड़ा नहीं बल्कि सीधे ही पक्की सड़क पर चलता रहा। इसके पहले की मैं सवाल करता वो बोला, "भैया हम लम्बे वाले रास्ते से जायेंगे जो की पूरा पक्का है।" उसकी बात सुनकर मैं कुछ नहीं बोला और थोड़ा और आगे चलने पर विजय ने

गाड़ी को बाईं तरफ मोड़ दिया। मुड़ते ही हमें दाईं हाथ की तरफ पत्थर की पुराने ज़माने वाली एक बावड़ी दिखी। विजय वहाँ कुछ कहने वाला था लेकिन फिर बोला, “अभी हम घर चलते हैं, गाँव तो मैं आप लोगों को बाद में घुमा दूंगा।”

और जब तक विजय की बात खत्म हुई हम गाँव के अंदर पहुँच चुके थे और उसके लगभग तुरंत बाद ही विजय ने गाड़ी को एक बार और बाईं तरफ मोड़ा और फिर कुछ सेकंड्स चल कर गाड़ी को दाई तरफ मोड कर एक घर के सामने खड़ा कर दिया। ये बहुत ही ख़ूबसूरत पक्का घर था जिसके बाहर और बगल में बहुत सी जगह थी। घर के बाईं तरफ खाली जगह में बहुत से फूल और सब्जियों के पौधे लगे हुए थे। इन फूलों में गेंदे के पीले और गुलाब के लाल फूल साफ़ साफ़ नज़र आ रहे थे उसके अलावा वहाँ और कई फूल भी थे जिनको मैं पहचान नहीं पाया।

वहीं पर एक नीम का और दो आम के पेड़ भी थे जिनकी छांह घर के सामने तक आ रही थी।

घर के बाहर दाईं तरफ एक कुआं था जिसके चारों तरफ करीब साढ़े तीन फिट ऊँची बाउन्ड्री थी और वहाँ पर एक गरारी भी थी जो की कुएं से पानी निकालने के काम आती होगी। और इसके बीच एक भव्य घर था जिस पर बड़े बड़े अक्षरों में लिखा था सुख निवास। जब तक हम गाड़ी से बाहर निकलते तब तक बुआ भी आँगन से बाहर आ गई थीं। वहाँ पहले से ही कई औरतें थीं और बुआ हमारे आने का ही इंतज़ार करते हुए आंगन में बैठी हुई थीं।

बुआ जल्दी जल्दी हमारे पास आईं। उनके हाथों में एक पूजा की थाली थी। पहले गाड़ी से मैं निकला, उसके बाद अपनी साड़ी के पल्लू को सर पर रख कर श्रेया भी बाहर आ गई। जयंत अभी भी वासू के सीने पर सर रख कर सो रहा था तो मैंने आगे बढ़ कर गाड़ी का दरवाजा खोल दिया और वासू जयंत को लेकर बाहर आ गया। मैंने वासू को देखा तो मुझे थोड़ी से हंसी आ गई क्योंकि जयंत नींद में ही वासू की शर्ट गीला कर चुका था। लेकिन

जैसे वासू को इस बात का फर्क ही नहीं पड़ रहा था, उसके चेहरे पर बस इस बात की ख़ुशी थी कि जयंत अच्छी तरह से सो लिया।

वासू को देखकर मुझे यही लग रहा था की ये निश्चित रूप से तिवारी सर जैसा अच्छा पिता बनेगा, पर उसके तुरंत बाद ही उसकी 'शादी नहीं करूंगा' वाली बात मेरे दिमाग में घूमने लगी, इस बात से मैं उदास तो हुआ पर उस वक़्त मैंने कुछ कहना या जताना ठीक नहीं समझा।

मैंने पलट कर बुआ की तरफ देखा तो वो अभी भी आरती की थाली लेकर हमारे पास खड़ी थीं और मुझे देखते हुए बोलीं, "तुम दोनों पति पत्नी एक साथ खड़े हो जाओ", और वासू से बोलीं, "तू यहाँ आकर खड़ा हो जा, तू भांजा है तो पहला हक़ तेरा है।"

बुआ वासू की आरती उतारने ही वाली थी की पीछे से गाँव की किसी बूढी औरत ने, वहीं की भाषा में कहा, "बच्चे को माँ या बाप की गोद में रखकर आरती करती बच्ची।"

ना ही ये बात मुझे अच्छी लगी और ना ही श्रेया को, लेकिन मैं कुछ कहता उसके पहले ही बुआ हमारी तरफ इशारा करते हुए बोलीं, "ये दोनों बच्चे के माँ बाप हैं लेकिन ये तो उसका मामा भी है और चाचा भी, इससे ज़्यादा हक़ तो किसी का है ही नहीं।"

बुआ की ये बात सुनकर मैं और श्रेया दोनों ही ख़ुश हो गए और वही ख़ुशी मुझे वासू के चेहरे पर भी दिख रही थी। पहले बुआ ने वासू और जयंत की आरती उतारी और उन दोनों की बलाएं लीं। वासू ख़ुद तो बुआ के पैर नहीं छू सकता था, भांजा जो ठहरा लेकिन उसने आरती के बाद जयंत को अपने कंधे से बड़े आराम से उतारा और धीरे से जयंत का सर आशीर्वाद लेने के लिए बुआ के पैरों पर रख दिया। बुआ ने भी ज़माने भर की दुवाएं और आशीर्वाद जयंत और वासू दोनों को दे डाले।

उसके बाद बुआ ने श्रेया और मेरी आरती उतारकर हमारी बलाएं लीं और हमने उनके पैर छू कर उनसे आशीर्वाद लिया। हमें भी काफी आशीर्वाद

मिले लेकिन जयंत से थोड़े कम। फिर बुआ हमसे बोलीं, "चलो अब अंदर चलो।"

मैंने कहा, "सामान तो उतार लूं।"

तो विजय बोला, "भैया आप जाओ, सामान की चिंता मत करो, हम देख लेंगे।"

उसके बाद बुआ ने आरती की थाली वहाँ एक लड़की को दी और जयंत को वासू की गोद से अपनी गोद में ले लिया। शायद वही मौक़ा था जब बुआ ने वासू की गीली कमीज पर ध्यान दिया और वो भी मुस्कुराने लगीं पर कुछ बोलीं नहीं। बुआ जयंत को लेकर आगे आगे चल रही थीं और हम उनके पीछे पीछे। पहले हम लोग घर के बरामदे में पहुँचे जो की काफी बड़ा था और वहाँ बहुत सी कुर्सियाँ थीं और चारपाई भी थी।

वहाँ कई और औरतें और लड़कियां भी बैठी हुई थीं, पर बुआ वहाँ रुकी नहीं। वो और आगे अंदर की तरफ चली गईं और हम लोग भी उनके पीछे पीछे घर के अंदर चले गए। अब हम जहाँ थे वो एक बड़ा सा हॉल था जिसमें एक तरफ सोफा रखा हुआ था, टी टेबल थी, सोफे के पीछे किताबों की अलमारी थी और सामने एक टेबल पर टीवी रखा हुआ था।

उसी हाल में दरवाज़े के दूसरी तरफ दीवार से सट कर एक पलंग भी रखा हुआ था। और उस पलंग के सामने बहुत सी किताबें थीं। लेकिन सोफे के ठीक सामने वाली दीवार पर बहुत सी तस्वीरें लगी हुई थीं। बुआ ने हमें बैठने के लिए कहा और जयंत अभी भी सो रहा था तो बुआ ने जयंत को ले जाकर उस पलंग पर सुला दिया उसके कपड़े गीले हो चुके थे तो उन कपड़ों को निकाल दिया और उसे एक साफ़ चादर से लपेट दिया।

उसके बाद बुआ हमारे पास आकर बैठ गईं और पूछीं, "तुम्हारा सफर कैसा रहा, कोई परेशानी तो नहीं हुई?"

हमने ना में सर हिला दिया।"

और फिर बुआ बोलीं, "तुम लोग काफी थक गए होगे, तो तुम लोग ब्रश करके चाय पी लो फिर उसके बाद आराम से बातें करेंगे।"

हमारा ब्रश तो सामान में ही रखा था तो मैं उसके लिए विजय को आवाज़ देने वाला था लेकिन तभी मैंने सामने बबूल की बनी हुई बहुत सारी दातून देखी तो तीन दातून उठा ली। एक मैंने वासू को दे दी, एक ख़ुद रखी और श्रेया से कुछ पूछता, उसके पहले ही वो हाथ बढ़ा चुकी थी। दातून का कांसेप्ट हम तीनों के लिए ही नया नहीं था। हमें इस तरह से दांत साफ करने की आदत तिवारी सर के घर से ही लगी थी तो जब भी मौका मिलता था हम दातून से ही दांत साफ करते थे।

इस बात को बुआ भी जानती थीं तो उनको कोई आश्चर्य नहीं हुआ और उन्होंने हमें घर के आंगन में बना एक सिंक दिखा दिया। जब तक हम फ्रेश हुए तब तक चाय बन चुकी थी और उसके साथ नाश्ता भी आ गया था। हम अंदर आकर चाय पीने बैठे तब तक तिवारी सर भी आ गए थे। उनके चेहरे पर वही तेज था जो कॉलेज के ज़माने में था, उनमें आज भी वही जोश नज़र आ रहा था जो कॉलेज के ज़माने में दिखाई देता था और उनकी ऊर्जा किसी भी तरह से कम नहीं लग रही थी। ऐसा ही कुछ मैं बुआ के बारे में भी कह सकता था, और इस बात से मुझे बहुत ख़ुशी भी थी और साथ ही आश्चर्य ब होता था क्योंकि मेरे पिताजी और माँ तो तिवारी सर और बुआ से कम उम्र के होने के बाद भी बीमारियों का शिकार थे और ऊर्जा तो उनमें थी ही नहीं। श्रेया और मैं बीमार तो नहीं थे लेकिन हम भी उतने ऊर्जावान नहीं थे जितने बुआ और तिवारी सर थे। इस वजह से मेरे दिमाग में एक नया सवाल भी पैदा हो गया था।

मैंने फिर से अपनी डायरी निकाली, एक नया पन्ना खोला और उस पर लिखा।

सवाल नम्बर 9 – सेहत और ऊर्जा

"अच्छी सेहत और लम्बी सेहतमंद उम्र कैसे पाएं?"

"तिवारी सर और बुआ आज भी इतने ऊर्जावान और सेहतमंद कैसे हैं?"

"क्या मैं और श्रेया उम्र बढ़ने के बाद भी ऊर्जावान और सेहतमंद रह पायेंगे?"

मैंने फिर से अपनी डायरी को बंद करके जेब में रख लिया। इस बार सब ने मुझे लिखते हुए देखा था लेकिन सवाल किसी ने नहीं किया।

फिर हम लोग इधर उधर की बात करते रहे, हमने अपनी चाय पी और उसके बाद बुआ बोलीं, "तुम लोग नहा धो लो फिर खाना खाने के बाद बात करते हैं।"

बुआ ये बात कह रही थी तभी विजय सामान लेकर आ गया और बाहर से ही बोला टीचर जी ये सामान कहाँ रखूँ। बुआ ने श्रेया से पूछा, "तुम्हारा और गोविन्द का सामान इसमें कौन सा है?" श्रेया ने कहा, "दोनों सूटकेस में हम तीनों का सामान है और इस बड़े बैग में वासू भैया का। और छोटे वाले बैग में जयंत के थोड़े से कपड़े हैं जो सफर के लिए निकाल कर रखे थे।"

ये सुनकर बुआ विजय से बोलीं, "दोनों सूटकेस श्रेया और गोविन्द के कमरे में रख दो, बैग को ऊपर छत वाले कमरे में, वासू को वहीं अच्छा लगेगा। और ये झोला धोने के लिए आंगन में रख दो, बिनती सब कपड़े धोकर सुखा देगी।"

विजय ने बुआ की बात सुनी और फिर सवाल किया, "और ये जो दोनों बोरे हैं इनको कहा रखूँ।"

बुआ ने सवाल किया, "इसमें क्या है?"

उन्होंने सवाल तो श्रेया से किया था लेकिन जवाब मैंने दिया। मैंने कहा, "इस बड़े वाले बोरे में इंदौरी पोहे हैं और दूसरे बोरे में सेंव और नुक्ती।"

मेरी बात सुनकर बुआ तो कुछ नहीं बोलीं लेकिन तिवारी सर बोले, "ये बड़ा अच्छा किया तुमने।"

फिर बुआ बोलीं, "तो एक काम करो ये दोनों बोरे भंडार में रख दो पर पहले इन लोगों का सामान इनके कमरे में पहुँचाओ ये लोग सफर से थक गए होंगे।"

थक तो मैं सच में गया था और सच कहूँ तो रात सिर्फ सोचते हुए गुज़र गई इसलिए नींद भी बहुत तेज़ आ रही थी।

विजय ने बुआ की बात मानकर हम दोनों के सूटकेस अंदर ले जाकर एक कमरे में रख दिए और बुआ ने हमें हमारा कमरा दिखा दिया। बुआ बोलीं, "नहाने या फ्रेश होने के लिए कहीं बाहर जाने की ज़रूरत नहीं है, सभी रूम

में अटेच बाथरूम हैं। और अगर नींद आ रही हो तो सो जाना, अभी जागना ज़रूरी नहीं है।"

मैं कमरे के अंदर जाने वाला था तभी मैंने देखा, उस कमरे के दरवाजे पर लिखा था - श्रेया और गोंविद। मैंने उसे पढ़ा और बुआ की तरफ देखा तो बुआ बोलीं, "ऐसे मत देख तेरा ही कमरा है, बस तूने यहाँ आने में 5 साल लगा दिए।"

और अब मेरी आँखों में एक सवाल आ गया था जो बुआ ने पढ़ भी लिया और बोली "चिंता मत कर, मैंने अपने सभी 6 बच्चों को बराबर हक़ दिया है, ये देख सामने वाला कमरा वासू का है पर उसको अभी दूँगी नहीं, उसको इस कमरे को कमाना पड़ेगा।"

मैंने उस कमरे के दरवाजे पर देखा। हमारे कमरे के दरवाजे पर जहाँ श्रेया का नाम लिखा था, वहाँ नाम की जगह कुछ लिखा ज़रूर था जिसे ऊपर से एक लकड़ी लगा कर छुपा दिया गया था और उसके आगे लिखा था "और वासू।" यहाँ मुझे लकड़ी वाली बात समझ नहीं आई लेकिन मैं बुआ की बात समझ गया था कि क्यों बुआ ने वासू को ऊपर छत वाले कमरे में भेजा था।

उसके बाद मैंने सोचा थोड़ी देर बिस्तर पर लेट जाता हूँ तब तक श्रेया नहा लेगी लेकीन मुझे कब नींद लग गई पता भी नहीं चला और सबसे अच्छी बात ये थी कि मेरे साथ ही श्रेया को भी नींद लग गई थी और वो मेरे पास आकर ही लेट गई थी। इसका पता मुझे तब चला जब मेरी नींद बाथरूम जाने के लिए खुली। वो मेरे दायें कंधे पर ही तो सोई हुई थी बिना किसी चिंता, बिना किसी परेशानी के। मैंने बड़े आराम से उसके सर को अपने कंधे से उतारा, बाथरूम से फ्रेश होकर आया तो मैंने देखा कि कमरे का दरवाज़ा ठीक से बंद नहीं था, तो मैंने दरवाज़े की कुण्डी लगाई, फिर से पलंग पर आया और अपने कंधे को फिर से श्रेया का तकिया बना कर लेट गया।

एक पल के लिए मुझे जयंत का ध्यान आया भी लेकिन चिंता नहीं हुई क्योंकि वो बुआ के हाथों में था और मैं जानता था कि बुआ उसका ध्यान रख लेंगी।

फिर मुझे कब नींद लगी पता भी नहीं चला लेकिन मेरी नींद खुली श्रेया की घबराहट से। उसकी नींद जब खुली तो उसने मेरे हाथ की घडी को देखा और घबराते हुए लगभग चीख पड़ी। उसकी घबराहट और आवाज़ से मेरी नींद भी खुल गई थी।

मैंने पूछा, “क्या हुआ?” तो बोली, “शाम के चार बज गए हैं, हमने नहाया भी नहीं। बुआ जी जाने क्या सोचेंगी।”

मैंने श्रेया को मेरे पास खींचते हुए उसके माथे को चूमा और कहा, “कुछ नहीं बोलेंगी उन्होंने ही तो कहा कि सो जाना।”

श्रेया बोली, “यहाँ मेरी जान जा रही है और आपको मजाक सूझ रहा है, अब क्या करूँ बताइए भी।” मैंने कहा, “करना क्या है, उठो नहाओ और बाहर चलो, सिम्पल।”

शायद सभी महिलाओं की एक आदत होती है, एक चिंता खत्म होती है तो उनको दूसरी पकड़ना होती है, वही श्रेया ने भी किया था, उसका अगला सवाल था, “जयंत ने बुआ जी को परेशान तो नहीं किया होगा”, और मेरा जवाब था, “नहीं, और अगर किया भी होगा तो वो जयंत का हक़ बनता है अपनी दादी को परेशान करने का और ये हक़ उससे कोई नहीं ले सकता, हम दोनों भी नहीं। अब तुम चलो जल्दी जाओ नहा कर आओ हमें बाहर भी चलना है।”

मेरी बात सुनकर श्रेया को थोड़ा सा सुकून मिला और वो नहाने चली गई। लेकिन मैं सोचने लगा की कितना दूर का सोचते हैं सर। उस वक़्त शहरो में भी एक अटेच बाथरूम होना एक बड़ी बात होती थी लेकिन सर ने गाँव में एक ऐसा घर बना दिया जिसमें कम कम 7 ऐसे कमरे थे जिनमें अटेच बाथरूम था। और गाँव में तो तब लोग लोटा लेकर खेतों में जाया करते थे।

फिर मुझे ध्यान आया की अक्षर भैया, अनन्त भैया और अर्णव भैया और पार्वती दीदी चारों ही अमेरिका में सेटल हो गए थे और वो हर साल कम से कम एक बार तो भारत आते ही थे। और सबसे बड़े अर्णव भैया तो अमेरिका की ही एक लड़की से शादी भी कर चुके थे। और जब अर्णव भैया घर आते

थे तो उनकी पत्नी भी भारत आती थीं, मतलब उनके लिए एक ऐसा घर चाहिए था जिसमें उनको अगर अमेरिका जैसी सुख सुविधा ना मिले तो भी गाँव के जैसी परेशानी भी ना मिले।

तब मुझे लगा ये शायद सर की दूरदर्शिता ही होगी जिसने उनको इतना सफल बना दिया और उसके तुरंत बाद मेरे दिमाग में ये खयाल आया कि बुआ के साथ के बिना, सर की ये दूरदर्शिता शायद सिर्फ एक सोच रह जाती, सच्चाई नहीं बन पाती। मतलब ये दूरदर्शिता सिर्फ तिवारी सर की ही नहीं बुआ की भी है।

मेरे दिमाग में फिर से एक सवाल गूंजने लगा, मैंने अपनी डायरी निकाली उसका एक और पन्ना खोला और उसमें लिखा।

सवाल नम्बर 10 – दूरदर्शिता

"दूरदर्शी कैसे बनें?"

"तिवारी सर और बुआ इतने दूरदर्शी कैसे बने?"

"क्या मैं और श्रेया इतने दूरदर्शी बन पायेंगे?"

इसके बाद मैंने डायरी को बंद कर दिया और ख़ुद से कहा दस सवालों पर मुझे बस कर लेना चाहिए।

तब तक श्रेया नहा कर बाहर आ चुकी थी, गीले बालों में वो और भी ख़ूबसूरत लग रही थी। खैर वो ख़ूबसूरत तो हमेशा से ही थी लेकिन पिछले कुछ वक़्त से अपनी परेशानियों से परेशान होकर मैं उसकी खूबसूरती को देख ही नहीं पा रहा था। और अब जब मैं परेशानियों से दूर था तो श्रेया के ख़ूबसूरत चेहरे से नज़रें हटाने का दिल ही नहीं कर रहा था।

मुझे देखकर श्रेया बड़े ही प्यार से बोली, "अब मुझे देखना बंद करिए और जाकर नहा लीजिये। बाहर मुझे नहीं हम दोनों को जाना है।"

उसकी बातों को सुनकर मैंने कहा "जो हुकुम मेरे आका", और मैं उठ कर बाथरूम के अंदर चला गया।

बाथरूम काफी अच्छा बना था और मैं एक पल के लिए रुक कर बाथरूम की तारीफ करना चाहता था पर शायद श्रेया भी जानती थी की यही होने

वाला है तो श्रेया की आवाज़ आई, "अब फिर कुछ सोचने मत लगना, जल्दी से नहा कर आ जाओ। आप के कपड़े मैंने पहले ही निकाल कर बाथरूम में रख दिए हैं।"

मैंने कुछ कहा नहीं, सिर्फ नहाने में लग गया और तुरंत ही नहाकर बाहर आ गया और हम दोनों कमरे से बाहर निकलकर हाल की तरफ आ गए। इस बीच मैंने अपनी शर्ट की जेब से डायरी निकालकर गद्दे के नीचे खसका दिया था और बाहर आने के पहले वहीं से निकालकर अपनी जेब में रख लिया था। इसलिए मुझे यकीन था कि श्रेया ने कुछ पढ़ा नहीं होगा।

वहाँ पर बुआ पहले से ही थीं और जयंत उनकी गोद में खेल रहा था। श्रेया बुआ के पास जाकर बोली, "बुआ जी आपको इसने परेशान तो नहीं किया।"

तो बुआ बोलीं, "नहीं, बिल्कुल नहीं।"

बुआ शायद हमारे जागने का ही इंतज़ार कर रही थीं, उन्होंने बिनती को आवाज़ देते हुए कहा, "बिनती, गोविन्द और श्रेया के लिए जल्दी से चाय और थोड़ा नाश्ता लेकर आ जा। मेरे बच्चे भूखे होंगे।"

श्रेया को इस बात की चिंता थी कि बुआ हमारे सोने पर गुस्सा ना करें और बुआ को इस बात की चिंता हो रही थे की हम भूखे होंगे। हम लोग आपस में बात कर रहे थे और हमारे लिए दो थालिओं में गरमा गरम पूरियां और आलू कद्दू की सब्जी आ गई थी।

बिनती बुआ की तरफ देखकर बोली, "टीचर जी खाना टेबल पर रखूँ की जमीन पर चटाई बिछा दूँ।"

बिनती की बात सुनकर श्रेया उठी और बोली, "जमीन पर अच्छा रहेगा, बताओ चटाई कहाँ है, मैं बिछा देती हूँ।"

बिनती बोली, "नहीं नहीं भाभी, आज आप रहने दो, कल से आप कर लेना अभी हमें करने दो।"

और उसके बाद बिनती ने पास में से एक चटाई उठाई और जमीन पर बिछा दी। मुझे भूख भी काफी लगी थी और बुआ के हाथों की आलू कद्दू की सब्जी

और पूरियों का कोई जवाब नहीं होता था तो मैं और रुकना भी नहीं चाहता था।

इसलिए मैं जाकर चटाई पर बैठ गया और श्रेया ने टेबल पर से एक थाली उठा कर मेरे सामने रख दी। वो पानी के लिए कहने वाली थी लेकिन बुआ बोलीं, “श्रेया, तू भी भूखी होगी, तू भी खा ले बिनती देख लेगी सब।”

श्रेया मेरे पास बैठ गई तो मैंने बुआ की तरफ देखा और उनसे पूछा, “वासू जागा की नहीं?”, तो बुआ बोली “वो सोया ही नहीं था, उसने खाना भी खा लिया और वो अभी विजय के साथ गाँव में कहीं घूम रहा है। वो भी आता ही होगा।”

फिर हम लोग खाना खाने लगे और जब तक हम अपना खाना ख़त्म करते तब तक विजय और वासू भी वापस आ गए थे। वासू आते ही बोला, “मामी आपका गाँव बहुत ही अच्छा है, मन करता है यहीं रुक जाऊँ।”

“तो रुक जा, तेरा ही घर है ये, पर अकेले नहीं रह सकता तू, शादी करनी होगी तुझे यहाँ रहना है तो,” बूआ ने बोला।

उसके बाद वासू कुछ नहीं बोला, मैं भी थोड़ा उदास हो गया और श्रेया भी, लेकिन इस वक़्त मैं इस बारे में बात नहीं करना चाहता था तो मैंने बात को घुमाते हुए कहा, “वो सब तो होता रहेगा बुआ, स्कूल कहाँ पर है और अभी देखने जा सकते हैं हम लोग स्कूल को।”

बुआ भी ये समझ गई थीं कि मैं अभी बात को घुमा रहा हूँ तो उन्होंने भी आगे कुछ नहीं कहा और बोलीं, “आज तो अब शाम होने वाली है तो मैं तुम लोगों को कल सुबह वहाँ लेकर चलूँगी, आज तुम लोग बाज़ार घूम आओ और बाज़ार जाना तो लल्लन के यहाँ चाट ज़रूर खाना।”

विजय वहीं खड़ा था, वो बुआ की बात सुनकर बोला, “लल्लन भैया आज स्टेशन पर मिले भी थे, और उन्होंने भी इन सभी को वहाँ आने के लिए कहा है।”

ये सुनकर बुआ बोली “फिर तो तुम लोगों को ज़रूर जाना चाहिए।” उसके बाद हमने कुछ कहा नहीं और खाना खाने के बाद मैं और वासू काफी देर

तक बुआ से इधर उधर की बातें करते रहे और श्रेया जयंत को लेकर अंदर चली गई थी। गाँव के दूसरे लोग भी वहाँ पर थे तो उनसे भी काफी बातें हुईं और बातें करते हुए मुझे यही पता चला कि बुआ और तिवारी सर के आने के बाद गाँव के ही नहीं आस पास के लोगों की लाइफ भी पूरी तरह से चेंज हो गई थी।

बुआ ने गाँव की महिलाओं के लिए नाईट स्कूल खोल दिया था जिसके चलते वहाँ महिलाओं ने भी पढ़ना सीखा था, और यही वजह थी कि वहाँ बुआ को सब टीचर जी कहते थे।

एक बड़ी बात ये भी थी कि गाँव में बहुत से टॉयलेट बन चुके थे जिसके चलते गाँव की बेटियों, महिलाओं को बहुत ज़्यादा आराम हो गया था और शायद वो अकेला गाँव था जहाँ पर कोई भी खुले में शौच के लिए नहीं जाता था। तिवारी सर गाँव के लोगों की मदद करते थे गाँव को बेहतर बनाने में, तिवारी सर ही थे जिनकी वजह से गाँव में अब साफ़ पानी की कोई कमी नहीं थी, उनके चलते ही गाँव में फसलों की पैदावार बढ़ गई थी और उनकी वजह से ही गाँव की बहुत सारी समस्याएं खत्म हो गई थीं।

यहाँ तक की पंच, सरपंच और गाँव के प्रधान भी तिवारी सर से सलाह लिया करते थे। और इस सब में ख़ास बात ये थी कि गाँव के लगभग सभी लोग तिवारी सर के चारों बच्चों के बारे में जानते थे और हम लोगों के बारे में भी। ये बात मुझे ख़ुश करने वाली भी लगी थी और आश्चर्य करने वाली भी।

ये सब पता चलने के बाद मुझे समझ आ गया था कि आखिर क्यों गाँव के ही नहीं आस पास के गाँव के लोगों में भी तिवारी सर और बुआ का सम्मान बहुत ज़्यादा था।

इस बातचीत में शुरू के कुछ मिनट तो मुझे वहाँ की भाषा समझ नहीं आई थी लेकिन उसके बाद सब कुछ आसान हो गया। आख़िर अवधी भी तो हिंदी भाषा ही है।

हम बात कर रहे थे तब तक बाज़ार का टाइम हो गया और विजय आकर बोला, "टीचर जी बाज़ार का वक़्त हो गया है, इनको बाज़ार लेकर चला जाऊं?"

बुआ ने कहा, "हाँ, हाँ जाओ और श्रेया को भी लेकर जाना।"

बुआ ने बिनती को आवाज़ दी और उससे कहा, "जाओ श्रेया से कहो बाज़ार घूम आये और तुम भी उसके साथ चली जाओ।"

बिनती ने सवाल किया, "कुछ लेकर भी आना है", तो बुआ ने कहा "नहीं बस घूम कर आ जाओ।"

थोड़ी देर बाद हम लोग सर की कार से ही बाज़ार के लिए निकल चुके थे बस इस बार हमारे साथ बिनती भी थी। बिनती, सर और बुआ के यहाँ काम करती थी।

वो बाज़ार बुआ के गाँव से करीब तीन किलोमीटर दूर था। वहाँ तक जाने के लिए भी हमें नहर वाला रास्ता ही लेना था और जब हम वहाँ पहुँचे तो बाज़ार लग चुका था। विजय ने बाज़ार के थोड़ा पहले ही गाड़ी रोक दी और एक दुकान के बगल में कार को लगा दिया।

हम लोग जब बाज़ार की तरफ आये तब समझ आया कि एक गाँव का बाज़ार कितना ख़ूबसूरत हो सकता है। बहुत से लोग साइकिल लेकर आये थे और उन्होंने नहर और सड़क के बीच खाली जगह पर अपनी साइकिलें लगा रखी थीं। बहुत से लोगों ने अपनी साइकिलों को चमक से सजाया था और कई लोगों ने पहिये की तीलियों में मोती भी पिरो रखे थे।

बड़ा ही ख़ूबसूरत नज़ारा था, वहाँ बहुत से लोगों ने सब्जियों की दुकानें लगा रखी थीं, कुछ दुकानें खाने पीने की थीं, कुछ मसालों की और और लोग अलग अलग रंग बिरंगी पोशाकों में अपने राशन और सब्जी खरीदने आये थे। शायद वो बाज़ार कई लोगों के मिलने की जगह भी थी, क्योंकि मैं देख रहा था लोग अपनी खरीदी के साथ ही बात भी कर रहे थे और हंस भी रहे थे।

हम लोग थोड़ी देर तक बाज़ार में घूमते रहे और घूमते घूमते लल्लन की दुकान पर पहुँच गए जहाँ पर बहुत भीड़ लगी थी। दुकान के नाम पर एक छोटी सी झोपड़ी थी जिसमें दीवारें नहीं थीं, घास का छप्पर था, सामने की तरफ मिट्टी का किचन स्टेंड बना हुआ था, उसके ऊपर केरोसिन वाले स्टोव पर एक तवा था जिस पर वो चाट बना रहा था। वहीं बगल में एक बड़े बर्तन में बहुत से समोसे रखे थे और तवे पर ढेर सारी आलू की टिक्कियाँ रखी हुई थीं। उसके साथ ही अलग अलग तरह के मसाले, प्याज, टमाटर, मिर्च और हरा धनिया भी था।

झोपडी के अंदर की तरफ लकड़ी के तीन चार लम्बे स्टूल थे जिस पर बैठकर लोग चाट खा रहे थे और कुछ लोग अपनी चाट का इंतज़ार कर रहे थे।

जैसे ही लल्लन ने हमें देखा वो उसकी आँखों में ख़ुशी दिखाई देने लगी और उसने अपनी कड़छी को बगल में रखते हुए कहा "आइये आइये बैठिये ना।"

और वो हम तीनों के लिए ही बैठने की जगह बनाने लगा। एक दो लोगों ने कुछ शिकायत की तो लल्लन बोला, "ये मास्टर जी के बच्चे हैं इंदौर से आये हैं" और उसके बाद कोई विरोध नहीं हुआ।

ये देखकर मुझे फिर से तिवारी सर पर गर्व होने लगा था और मेरा आठवाँ सवाल भी याद आने लगा कि - क्या मैं और श्रेया इतना सम्मान हासिल कर पायेंगे?

हमें बैठाने के बाद वो बोला, "बताइये आपके लिए समोसा बनाऊँ या टिकिया?"

वासू बोला "आप पहले इन लोगों को दे दो ये भी इंतज़ार कर रहे हैं और आपको जो अच्छा लगे वो खिलाइए।"

ये सुनकर लल्लन ने कुछ कहा नहीं पर वो अपनी चाट बनाने में लग गया, उसने कुछ लोगों को तवे से उतार कर एक बड़े से पत्ते में चाट दे दी और हमसे पूछा, "आप तीखा कम खाते हैं या ज़्यादा?"

तो वासू ने जवाब दिया, "कम ही रखिये।"

फिर लल्लन कुछ बोला नहीं, बस अपने हाथ चलाता रहा। उसने पास में रखे हुए समोसे उठाये, उनको तवे पर मसल कर डाला और थोड़ी देर में हमारे सामने चाट हाज़िर थी। जैसे ही हमने उस चाट को खाया तो मुझे समझ में आ गया कि बुआ इतनी तारीफ क्यों कर रही थीं।

खैर हमने चाट खाई और जब तक हम खत्म करते, उसने एक और चाट बना कर हमारे सामने रख दी। पिछली बार चाट में समोसे थे और इस बार टिकिया और दोनों ही बार का स्वाद लाजवाब था लेकिन अलग भी था। हम वो भी खा चुके थे। तब तक किसी को भेज कर लल्लन ने पास के सरकारी हैण्डपम्प से हमारे लिए साफ़ पानी भी मांगा लिया। हमने जब लल्लन को पैसे देने की कोशिश की तो वो पैसे नहीं ले रहा था लेकिन मैंने कहा, “अगर आप पैसे नहीं लेंगे तो हम अगली बार नहीं आएंगे।”

मजबूरी में लल्लन को पैसे लेने ही पड़े।

उसके बाद विजय हमें आस पास की दुकानों पर भी लेकर गया और हमारे जाने के पहले हमारी पहचान हर दुकानदार तक जा चुकी थी। यही वजह थी कि हर दुकानदार हमें अपनी दुकान पर बुलाना चाहता था और कोई हमसे पैसे नहीं लेना चाहता था। इस सब की वजह सिर्फ यही थी की वो सब बुआ और तिवारी सर का सम्मान करते थे और उन्होंने ये सम्मान हासिल किया था, अपनी उदारता की वजह से।

हम वहाँ से जब खा पी कर निकले तब तक रात हो चुकी थी, बाज़ार में गैस और केरोसिन से चलने वाली लालटेन निकल चुकी थी जो की पूरे बाज़ार को और ख़ूबसूरत बना रही थी। तब तक बाज़ार में भीड़ भी काफी कम हो चुकी थी और विजय ने अपनी जेब से एक टोर्च निकाल ली जो की गाँव के अँधेरे में कार तक का रास्ता दिखाने के लिए काफी थी। हम कार तक पहुँचे और उसके बाद गाड़ी में बैठकर घर के लिए निकल गए।

गाँव पहुँचने पर मैंने देखा की पूरा गाँव अँधेरे में डूबा हुआ था, शायद ये एक ऐसा हिस्सा था जिसका समाधान तिवारी सर भी नहीं कर पाए थे। मैंने विजय से पूछा, “गाँव में लाइट बिल्कुल नहीं है क्या?”

तो विजय बोला "अभी पॉवर कट है थोड़ी देर में आ जाएगी फिर सुबह तक रहेगी।"

मैं कुछ नहीं बोला क्योंकि तब हमारे शहर में भी लाइट का आना जाना चलता रहता था।

लेकिन तिवारी सर के घर पहुँचने पर नज़ारा कुछ और ही था। वहाँ थोड़ी लाइट ज़रूर थी जिसने घर और आस पास की जगह को रौशन कर रखा था। मैंने विजय से पूछा, "यहाँ लाइट कैसे है?"

तो वो बोला, "साहब ने इन्वर्टर लगवा रखा है।"

हम घर पहुँचे तब तक जयंत सो चुका था, श्रेया थक चुकी थी और मेरे भी हाल बहुत अच्छे नहीं थे। हम अंदर गए तो बुआ और तिवारी सर हमारा ही इंतज़ार कर रहे थे। वहाँ तिवारी सर ने सवाल किया, "खाना खा पाओगे की नहीं।"

हमारा पेट तो पूरी तरह से भरा हुआ था तो मैंने मना कर दिया। मेरे साथ साथ वासू और श्रेया ने भी वही जवाब दिया।

बुआ बोलीं, "फिर ठीक है। तुम लोग आराम कर लो, हम कल सुबह स्कूल चलेंगे।"

बुआ ने हमारा बिस्तर छत पर लगवा दिया था जिसके चलते ठंडी हवा में हमें बहुत ही अच्छी नींद आ गई और सुबह 4 बजे ही हमारी नींद भी खुल गई थी।

ये एक शानदार अनुभव था क्योंकि मैं जल्दी जागता ही नहीं था और मैंने शायद ज़िंदगी में पहली बार सुबह की ताज़ी हवा को अनुभव किया था।

एपी दुबे

सुबह, सवाल और सच

ख़ास बात ये है कि आप कभी सवाल पूछना बंद ना करें – अल्बर्ट आइन्सटीन

आप कोई सवाल मत करिए, और आपसे कोई झूठ नहीं बोलेगा – चार्ल्स डिकेन्स

उस दिन काफी लम्बे वक़्त के बाद मुझे पूरी नींद का अहसास हुआ था। उसके बाद हम लोग नीचे उतरकर आ गए। जयंत अभी भी सोया हुआ था तो श्रेया ने उसे पलंग पर सुला दिया और मैं बाथरूम में जाकर ब्रश करने लगा, और जब तक मेरा ब्रश होता तब तक श्रेया भी ब्रश लेकर आ गई थी। हम दोनों ही साथ में ब्रश करने लगे। थोड़ी देर के बाद हम दोनों ही नहा धो कर बाहर आ चुके थे।

जब तक हम बाहर आये तब तक चाय और पोहा तैयार हो चुका था और वासू भी हॉल में आ चुका था। हम लोगों ने चाय नाश्ता किया और इधर उधर की बातें करने लगे। तिवारी सर बोले, "तुम लोग चाय पी लो उसके बाद हम स्कूल चलते हैं। चाहो तो जयंत को भी लेते चलना और नहीं तो भी कोई बात नहीं, यहाँ बिनती देख लेगी और कोई परेशानी होगी तो स्कूल लेकर आ जाएगी।"

श्रेया बोली, "अभी तो 5 भी नहीं बजे हैं, वो अभी सो रहा है कम से कम 8 बजे तक सोयेगा तो हम ही चलते हैं।"

फिर बिनती से बोली, "तुम एक दो बार उसको देख लेना अगर जागे तो उसे दूध पिला देना।"

बिनती ने हाँ में सर हिला दिया और हम लोग चाय पीकर स्कूल के लिए निकल गए। आगे तिवारी सर और बुआ चल रहे थे उनके पीछे हम तीनों थे और हमारे पीछे विजय था।

हम स्कूल पहुँचे तो स्कूल की खूबसूरती देखते ही बनती थी। स्कूल को दीवारों ने घेर रखा था लेकिन स्कूल दूर से ही दिखाई देने लगा था। स्कूल के सामने एक बड़ा सा मैदान था, जिसपर लगी हरी घास उसे और ख़ूबसूरत बना रही थी। स्कूल में बच्चों के खेलने के लिए बहुत से झूले भी लगे थे। मैदान के बीच में एक रास्ता था जो की मेन बिल्डिंग तक जा रहा था।

वो L शेप की तीन मंज़िला बिल्डिंग थी जिससे बिल्डिंग के बीच भी काफी अच्छी जगह थी। जहाँ स्कूल का L खत्म हो रहा था वहाँ पर छोटे छोटे हाल जैसे बने थे और उस लाइन के आखिरी कोने पर कुछ छोड़े हाल थे और उसके बाद एक बड़ा सा प्रार्थना हाल था। मुझे लगा सर हमें स्कूल के बाकी हिस्सों में लेकर जायेंगे लेकिन सर और बुआ एक छोटे हाल की तरफ बढ़ गये।

हम अंदर जाते उसके पहले सर ने विजय से कुछ कहा और वो वहाँ से चला गया। अंदर जाने के पहले मैंने देखा था उस हाल के बाहर एक बोर्ड लगा था जिसे कपड़े से ढका हुआ था और उस पर क्या लिखा था वो तो मुझे पता नहीं था लेकिन अंदर ज़्यादा कुछ था नहीं। सिर्फ कुछ कुर्सियां रखी थीं जिनको आप अपने हिसाब से अरेंज कर सकते थे, पानी का एक घड़ा और कुछ ग्लास रखे थे और दीवार पर एक ब्लैक बोर्ड था।

वहाँ जाने के बाद बुआ ने हमसे एक एक कुर्सी पर बैठने के लिए कहा और ख़ुद भी एक कुर्सी लेकर बैठ गईं। उसके बाद बुआ तो कुछ नहीं बोलीं लेकिन सर ने सवाल किया, “तुम लोगों का सफ़र कैसा था।” मैंने कहा “अच्छा था।”

अगला सवाल बुआ ने किया, “और तुम लोगों की लाइफ कैसी है?”

ये ऐसा सवाल था जिसके लिए हम तैयार नहीं थे, कम से कम सीधे सवाल के लिए तो बिल्कुल नहीं। पर गाँव आने के पहले हम तीनों ने ही एक दूसरे से ये कहा था कि बुआ और तिवारी सर को हम हमारी किसी परेशानी के बारे में नहीं बतायेंगे। उनके इस ख़ास मौके में दर्द या उदासी नहीं घोलेंगे।

तो पहला झूठ श्रेया ने कहा, “हम लोगों की लाइफ बहुत अच्छी है।”

उसके बाद बुआ ने वासू की तरफ देखा और वासू ने भी वही झूठ दोहरा दिया।

फिर बुआ की नज़रें मेरी तरफ आकर टिक गईं और जब गाँव आने के बारे में हमने बात की थी तो निकलने के पहले मैं भी वही झूठ दोहराने का वादा कर निकला था, लेकिन रास्ते में मिले सवालों ने मुझे मेरे वादे को तोड़ने के लिए मजबूर कर दिया था।

मैं कुछ नहीं बोला, तो इस बार बुआ ने कोई सवाल नहीं किया लेकिन तिवारी सर अपनी कुर्सी से उठे मेरे पास आये मेरे दोनों कंधो पर अपने हाथ रखे और बोले, "तुम भी इन दोनों की तरह झूठ कहने वाले हो या तुम सच कहोगे?"

अब मेरी हिम्मत जवाब दे चुकी थी, मेरी पलकें भीग चुकी थीं लेकिन मैं तब भी चुप था पर वो डायरी जिस पर मैंने अपने सवाल लिए थे वो अभी भी मेरी जेब में थी, तो मैंने उस डायरी को अपनी जेब से निकाला और चुपचाप सर की तरफ बढ़ा दिया। सर ने उस डायरी को लिया और जाकर बुआ के पास बैठ गए।

उस वक़्त श्रेया और वासू दोनों आँखों में एक डर लिए मेरी तरफ देख रहे थे और मैंने उन्हें आँखों के इशारे से ही उन्हें कहा 'सब ठीक हो जायेगा, भरोसा करो'।

बुआ और तिवारी सर मेरी डायरी को एक साथ ही पढ़ रहे थे और शायद एक एक पन्ने को पढ़ना उनके लिए एक चुनौती साबित हो रहा था। हर पन्ने को पढ़ने में उन्हें वक़्त लग रहा था और हर पन्ने को पलटने के साथ उनका चेहरा और ज़्यादा गम्भीर होता जा रहा था। और जब उन्होंने आखिरी सवाल पढ़ा तो उनके चेहरे पर एक सुकून था। तिवारी सर ने डायरी को बंद किया उन्होंने मेरी तरफ देखा और बोले अच्छे सवाल हैं, तुमने अपनी ज़िम्मेदारी निभाई और अब हमारी ज़िम्मेदारी है सही जवाब देने की। वो जवाब जो हमें बहुत पहले ही दे देना चाहिये थे।

उसके बाद बुआ उठीं, कुछ बोलीं नहीं, बस वासू, मुझे और श्रेया तीनों को अपने गले से लगा लिया।

उसके बाद जब बुआ दो कदम पीछे हटीं तो उन्होंने श्रेया और वासू की शकलें देखीं तो उन्होंने मुझसे सवाल किया "तूने इन दोनों को कुछ नहीं बताया क्या?"

और मैंने ना में सर हिला दिया।

बुआ ने कुछ नहीं कहा और बस वो डायरी सर के हाथों से लेकर श्रेया को दे दी। श्रेया ने उस डायरी को पढ़ना शुरू किया पन्ने पलटती रही और आखिरी पन्ना पलटने के बाद डायरी बंद की और वासू के हाथों में दे दी। वासू ने भी डायरी को लिया और आखिरी सवाल के बाद वो समझ ही नहीं पा रहा था क्या करे तो वो डायरी बंद करके सर की तरफ देखने लगा।

तिवारी सर उसकी मजबूरी को समझ चुके थे, उन्होंने वासू के हाथों से डायरी ले ली और उसके बाद बोले, "तुम्हारे सारे सवाल सही हैं, बस थोड़ा सा गलत आर्डर में है।"

मैंने कहा, "मैं कुछ समझा नहीं।"

तिवारी सर बोले "कोई बात नहीं हम एक एक करके तुम्हारे सवालों के जवाब देने की कोशिश करते हैं और तुम समझ जाओगे।"

उन्होंने कहा, "हम कोशिश करते हैं तुम्हें अपने बारे में बताने की, ये बताने की कोशिश करेंगे कि हमने क्या किया और फिर ये तुमको तय करना है की तुम वैसा करते हो या नहीं।"

अब तक श्रेया भी मेरे सवालों का मतलब समझ चुकी थी और वो जानती थी कि इन सवालों के जवाब ही हमें हमारी लाइफ को बेहतर बनाने में मदद करेंगे। तो वो बिना किसी देर के बोली, "हम ज़रूर करेंगे सर।"

उसने मेरी पहले तरफ देखा और मैंने भी हाँ में सर हिला दिया। उसके बाद श्रेया ने वासू की तरफ देखा और उसने भी सर हिला कर हाँ का इशारा किया।

संबंध और अनुबंध

प्यार एक दो तरफ़ा रास्ता है जहाँ पर हमेशा ही काम चलता रहता है – कैरोल ब्रायंट

रिश्तों की खूबसूरती के लिए अपनी ऊर्जा पाने में नहीं देने में लगाओ।

बुआ बोलीं, "हम अगर अच्छे पति पत्नी बन पाए हैं, अच्छे बहू या दामाद बन पाए हैं, अच्छे माता पिता बन पाए हैं, हम धनवान हो पाए हैं, सम्मान हासिल कर पाए हैं तो उसका कारण ये है की हमने शादी के पहले ही कुछ अनुबंध कर लिए थे, कुछ अग्रीमेंट कर लिए थे जिसने न केवल हमारी ज़िंदगी को बेहतर बनाया है बल्कि वो सब हासिल करने में मदद की जो आज हमारे पास है।"

बुआ की बात सुनकर मैं सोच में पड़ गया था क्योंकि शादी दो दिलो का बंधन है कोई बिज़नेस डील तो है नहीं जो अग्रीमेंट हो, लेकिन बुआ और तिवारी सर ने अपनी लाइफ को बेहतर बनाया था और वो कह रहे हैं कि शादी के पहले एक अग्रीमेंट ने उनकी लाइफ को इतना शानदार बनाया है तो वो जो कह रहे हैं वो निश्चित रूप से सही होगा।

शायद सर ने मेरे मन की बात को समझ लिया था तो वो बोले, "हम यहाँ अग्रीमेंट करने की बात कर रहे हैं बिज़नेस डील की नहीं और ये अनुबंध या अग्रीमेंट हमने किसी लीगल डॉक्यूमेंट पर नहीं किया था, ना ही हमने ये अग्रीमेंट किसी और के सामने किया था। ये अनुबंध सिर्फ हम दोनों के बीच था और इसकी जानकारी भी किसी और को नहीं थी। इस अनुबंध में हम दोनों ने उन्हीं सवालों के जवाबों के बारे में बात की थी जो तुमने अपनी डायरी में लिखे हैं।"

सर की ये बात सुनकर वासू बोला, "सर, फिर यहाँ मेरा क्या काम है, मैं बाहर जाकर स्कूल के काम में मदद कर देता हूँ।"

वासू की बात का जवाब बुआ ने दिया, “तू यहीं रुकेगा, और तुझे इसलिए रुकना है क्योंकि आज नहीं तो कल तुझे भी शादी करनी ही है और अगर शादी नहीं करेगा तो भी ये जो बातें किसी भी इंसान को सफल, धनवान और सुखी बना सकती हैं। तो चुपचाप बैठ, सुन और सवाल कर।”

फिर वासू ने तो कुछ नहीं कहा लेकिन मैंने सवाल किया, “ये अनुबंध या अग्रीमेंट था किस तरह का, इसमें क्या लिखा हुआ था और ये कितने वक़्त के लिए था?”

“एक और बढ़िया सवाल”, तिवारी सर ने चहकते हुए कहा।

फिर बुआ बोलीं, “उस अनुबंध में हमने बात की थी पैसे के बारे में, बच्चों के बारे में, परिवार के बारे में, रिश्तेदारों के बारे में, दोस्तों के बारे में, पाने के बारे में, देने के बारे में, अपने धार्मिक विश्वाश के बारे में और ख़ुश रहने के बारे में।

ये अग्रीमेंट हमने एक कोरे कागज़ पर ही लिखा था और वक़्त के साथ इसमें हम कई बातें जोड़ते गए और कई बातें हटाते भी गए। लेकिन इस सबका मूल ये था कि इस अनुबंध की वजह से हमने लाइफ के जो भी फैसले लिए थे वो सब साथ में लिए थे और वो फैसले सिर्फ मेरे या सिर्फ इनके नहीं थे वो फैसले हमारे थे।”

फिर तिवारी सर बोले, “हमारे इ़स अनुबंध में हमने सबसे पहले बात की थी पैसे की या धन की। कई लोग रिश्तों में पैसे की बातें करना ठीक नहीं समझते, उनको लगता है इस तरह से हमारे रिश्तों में दरार आएगी, या रिश्ते मज़बूत नहीं रहेंगे, लेकिन लोग ये नहीं समझ पाते कि आज तक जितने भी रिश्ते टूटते हैं उनमें एक बड़ा कारण सिर्फ पैसा, धन या सम्पति होती है। उसके साथ ही लोग ये भी नहीं समझ पाते कि अगर हमें एक आम ज़िंदगी को जीना है, ख़ुश रहना है, बच्चों को पालना है, रिश्ते निभाना है, अपने धार्मिक विश्वाश को पूरा करना है तो आपको पैसे के बारे में बात करना होगी।

अपने परिवार के हालातों को देखकर हमने ये समझ लिया था कि अगर हम पैसे के बारे में बात नहीं करेंगे तो हमारी ज़िंदगी में भी ख़ुशियाँ नहीं आयेंगी, तो हमने पैसे की बात की, इस बारे में अनुबंध किये और उनको निभाया।"

तिवारी सर के चुप होने के बाद बुआ बोलीं, "पैसे के बाद हमने बात की थी बच्चों के बारे में। जब आप शादी करते हैं तो उस जगह पर शादी से आप बहुत सी बातें चाहतें हैं और उनमें से एक होता है अपने परिवार को बढ़ाना। और कई घरों में परिवार के बुज़ुर्गों के हिसाब से शादी का मूल मकसद बच्चे पैदा करना ही होता है और वो शादी के अगले दिन से ही सवाल करने लगते हैं, बहू खुशखबरी कब दे रही हो। यहाँ परिवार के बुज़ुर्ग ये तो चाहते हैं कि बच्चे होना चाहिए लेकिन उन बच्चों की ज़िम्मेदारी कौन लेगा उस बारे में कोई फैसला नहीं होता।

इसलिए हमने अनुबंध में ये तय किया था कि बच्चे कब होंगे, कितने बच्चे होंगे और बच्चों का पालन पोषण किस तरह से होगा।"

बुआ के चुप होने के बाद तिवारी सर ने बोलना शुरू किया, "शादी होने के बाद सिर्फ दो लोग एक दूसरे से नहीं जुड़ते, उनके साथ दो परिवार भी जुड़ जाते हैं और आपका रिश्ता दो परिवारों से हो जाता है। और कई बार परिवारों की वजह से पति पत्नी के रिश्ते में खटास आ जाती है। और यहाँ गलती किसी इंसान की नहीं हालातों की होती है। कई बार कुछ हालात ऐसे बन जाते हैं कि पति को पत्नी के रिश्तेदार गलत लगने लगते है और पत्नी को पति के।

इन हालातों की वजह से हम दोनों के बीच कोई परेशानी ना हो इस बात को निश्चित करने के लिए हमने अनुबंध में बातें की थीं परिवार के बारे में और ये तय किया था कि अपने परिवार के लोगों के साथ बेहतर रखने के लिए क्या करना है।"

अब तक मैं समझ चुका था अब बोलने की बारी बुआ की होगी और वही हुआ भी।

तिवारी सर के चुप होने के बाद बुआ बोलीं, “पति और पत्नी के विश्वाश भी कभी एक जैसे नहीं होते। हो सकता है पत्नी को हर दिन पूजा करना पसंद हो और पति पूजा पाठ में अपना वक़्त देना ही नहीं चाहता हो। या फिर ऐसा भी हो सकता है कि पति के धार्मिक विश्वास अलग हों और पत्नी के अलग। ये बात छोटी लगती है लेकिन अगर पति और पत्नी इस मामले में एक मत नहीं है तो कई बार उनके बीच अनबन होती है और यही छोटी अनबन बाद में बड़े झगड़ों का रूप ले लेती है।

यही वजह है की जब हम अपनी शादी के पहले अपने अनुबंध लिख रहे थे तो हमने अपने धार्मिक विश्वाश के बारे में भी अनुबंध किए थे और ये भी तय किए था कि उन अनुबंधो को कैसे पूरा करना है।”

बुआ की बात सुनकर मैंने बीच में सवाल किया, “मतलब यही वजह थी कि सर बिना नहाये कभी आपकी रसोई या पूजा घर में नहीं जा सकते थे?” और बुआ ने हाँ में सर हिला दिया।

अगली बारी तिवारी सर की थी तो उन्होंने कहना शुरू किया, “महिलाएं और पुरुष दोनों का माइंड सेट एक जैसा नहीं होता, दोनों के सोचने का तरीका अलग होता है, दोनों के रिफ्रेश होने का या ख़ुद को तरोताज़ा करने का तरीका अलग होता है और इसके लिए दोनों को ही थोड़ी आज़ादी की ज़रूरत होती है। हिंदी में इसे कैसे समझायेंगे वो तो मेरे लिए थोड़ा मुश्किल है लेकिन इंग्लिश में कहूं तो इसे हम “मी टाइम” कह सकते हैं। ऐसा वक़्त जिसमें नैतिक दायरों में रह कर आप जो करना चाहते हैं अपनी मर्ज़ी से करने के लिए आज़ाद हैं। ये बात पति और पत्नी दोनों के लिए ही लागू होती है।

पर समस्या ये होती है कि कई बार पति और पत्नी दोनों ही ये बातें समझते नहीं है और ये भी दोनों के बीच लड़ाई और तनाव का कारण बनता है।

हम दोनों ने इस बारे में बात की थी, अपने अनुबंध में इस बात को शामिल किया था और उसे निभाया भी है।”

अगली बारी बुआ की थी और उन्होंने कहना शुरू किया, “आज हम दोनों ही बहुत अच्छे हालात में हैं और आज हमें किसी चीज़ की कमी नहीं है लेकिन

एक वक़्त ऐसा भी था जब हमें अपनी किताबों, कपड़ों और स्कूल कॉलेज की फीस के लिए दूसरों से मदद लेना पड़ती थी। कई बार हमारी मदद ऐसे लोगों ने भी की थी जिनसे ना ही हमारा कोई रिश्ता था, ना ही भविष्य में कोई रिश्ता होने की उम्मीद थी।

अगर हमें ऐसे लोगों की मदद नहीं मिली होती, उन लोगों ने उदारता नहीं दिखाई होती तो हम अपनी सफलता तक नहीं पहुँच पाते।

इसलिए हमने तय किया था कि हम भी लोगों की मदद करेंगे। हम बिना अपने फायदे की उम्मीद के उदार बनेंगे और हमने इस बारे में भी अपनी शादी के अनुबंधो में बात की थी।"

मुझे लगा था अब सर बोलेंगे लेकिन बुआ ने कहना जारी रखा, और बोलीं, "हमने अपने परिवार और आस पास के लोगों को देखकर ये भी महसूस किया कि लोग हमेशा ही निराश और दुखी रहते थे, और उनके दुख का कारण था सिर्फ ज़्यादा की चाहत करना लेकिन जो है उसे पूरी तरह से नकार देना या उसकी ख़ुशियाँ ना मनाना। हमेशा ना होने की शिकायत करते रहना लेकिन जो मिला है कभी उसके लिए ईश्वर के आभारी ना होना।

हम दोनों ने ही ये तय किया था हम ज़्यादा की चाहत करेंगे लेकिन जो हमें मिलेगा हम हमेशा उसके लिए भी ईश्वर के आभारी रहेंगे।"

बुआ ने कहना बंद किया तो फिर सर ने अपनी बात कही, "और उस समय हमने जो आखिरी बात अपने अनुबंध में शामिल की थी वो थी एक बड़े लक्ष्य के लिए एक साथ कोशिश करना। ये अटल सत्य है कि एक न एक दिन सभी का अंत समय आता और सभी को अपना वक़्त पूरा करके यहाँ से जाना होता है। कुछ लोगों के जाने के बाद एक खाली जगह बन जाती है, कुछ लोगों को आने वाली कई पीढियां याद करती हैं और कुछ लोग अपनी पूरी ज़िंदगी में कोई ऐसा काम नहीं करते जिसके लिए उनको याद रखा जाए।

"हम दोनों यही चाहते थे कि हम जाने के पहले कुछ ऐसा करें जो आने वाली पीढ़ियों को एक बेहतर दिशा दे सके। उस वक़्त हमें ये पता नहीं था की हमें करना क्या है लेकिन हम ये जानते थे कि हमें कुछ ना कुछ तो करना

ही होगा। हम दोनों ने अपने अनुबंधो में इस बात को तय किया था कि कुछ ऐसा करना है जो हमसे बड़ा होगा, हमारे अस्तित्व से बड़ा होगा और ये हमारे लिए नहीं दुनिया के लिए होगा।"

ये कहकर सर चुप हो गए और हम तीनों ही सोच में पड़ गए। इस पूरी बातचीत के दौरान श्रेया ने एक शब्द भी नहीं कहा था लेकिन अब उसने सवाल किया, "तो इस अनुबंध में आपने लिखा क्या था, और जो आपने लिखा वो हमारे काम आ सकता है क्या और क्या ये नियम आज के वक़्त काम आयेंगे क्योंकि आपकी शादी आज से बहुत साल पहले हुई थी और तब से लेकर अब तक ज़माना काफी बदल गया है।"

श्रेया की बात सुनकर सर अपने चिर परिचित अंदाज में फिर से ख़ुश होते हुए बोले, "बहुत बढ़िया, एक और सही सवाल।"

लेकिन श्रेया की बात का जवाब बुआ ने दिया। बुआ बोलीं, "जो अनुबंध हमने लिखा था वो हमारी समझ के हिसाब से लिखा था, उसमें शर्तें हमारे व्यक्तिगत हालातों के हिसाब से लिखी गई थीं और ये हालात सभी के लिए अलग अलग हो सकते हैं। तो ज़रूरी ये नहीं है कि हमने क्या लिखा था, ज़रूरी ये है की हमने क्यों लिखा था। हमने उस अनुबंध को लिखा था ताकि हमें पैसे की कमी न हो, ताकि हम अच्छे माता पिता बन पाएं, ताकि हमारे परिवार से हमारे रिश्ते अच्छे रहें और ऐसी ही बातें।

"तो हमने जो लिखा था वो तुम्हारे काम आएगा की नहीं वो अलग मुद्दा है, पर अगर हम क्यों पर ध्यान देंगे तो जवाब है, हाँ ये तुम्हारे काम आ सकता है और आने वाले भविष्य में भी लोगों के काम आता रहेगा। रही बात वक़्त की तो हमें ऐसा लगता है की वक़्त बदला है लेकिन रिश्तों के लिए परिवार के लिए या सम्पन्न होने के लिए यही बातें पिछले कई हज़ार सालों से चलती आ रही हैं और आगे भी चलती रहेंगी।

तो तुम्हारे सवाल का सीधा जवाब ये है की हमारे अग्रीमेंट में जो मूल भाव था, जो मुद्दे हमने चुने थे वो मुद्दे सभी के लिए फायदा दे सकते हैं और भविष्य में भी ये काम आ आयेंगे।"

उसके बाद श्रेया कुछ नहीं बोली लेकिन मैंने सवाल किया। “हमारी शादी के तो कई साल हो गये हैं तो क्या ये अनुबंध अब हमें करना चाहिए, और क्या हमें इससे फायदा मिलेगा, खासकर के तब जब हमारे हालत अच्छे नहीं हैं?”

मेरी सवाल पर बुआ का सीधा जवाब था, “हाँ। इस तरह के अनुबंध हर शादी शुदा जोड़े को करना ही चाहिए, ताकि वो अपनी ज़िंदगी को खुशहाल बना सके। और अगर किसी की शादी शुदा ज़िंदगी अच्छी नहीं है तो ये अनुबंध उन लोगों को एक बेहतर शादी शुदा ज़िंदगी पाने में मदद कर सकता है।”

बुआ की बात सुनकर वासू बोला, “पर इसमें मैं कहाँ से आया, मैं शादी करना ही नहीं चाहता तो मुझे यहाँ क्यों रोका आपने।”

इसके जवाब में सर बोले, “हमने पैसे के लिए जो अग्रीमेंट किया था वो अग्रीमेंट अकेले इंसान को भी उतना ही ज़्यादा फायदा दे सकता है। अकेले इंसान के सम्बन्ध भी अपने परिवार से खराब हो सकते हैं और अकेले इंसान को भी ‘मी टाइम’ की ज़रूरत होती है। अगर कोई अकेला है तो उसे ज़्यादा उदार होना होगा, अकेले इंसान को निराशा ज़्यादा आसानी से जकड़ सकती है और उस निराशा से बचने के लिए दिल में कृतज्ञता का भाव बहुत ज़रूरी है और हर इंसान को एक ऐसा लक्ष्य तय करना ही चाहिए जो उस इंसान से बहुत बड़ा होगा।”

फिर श्रेया ने सवाल किया, “सर, हम अपने लिए ये अनुबंध किस आधार पर बनाएं, इस अनुबंध में हम शर्तें या नियम क्या रखें और कैसे ये समझें कि जो हमने तय किया है वो सही है।”

सर बोले, “उसके बारे में हम अभी बात करते हैं, लेकिन पहले ये बताओ जो सवाल गोविन्द ने लिखे हैं क्या तुम्हारे दिल में भी वही सवाल हैं?”

श्रेया ने हाँ में सर हिला दिया और वासू ने भी कुछ वैसा ही रिएक्शन दिया।

उन दोनों की हाँ में हिली गर्दन को देखकर सर ने कहा, “फिर हम कोशिश करते हैं एक एक करके उन सवालों का जवाब देने की और उन जवाबों के

बाद तुम ख़ुद ही ये तय कर सकते हो कि तुम्हें अपने अनुबंध को किस आधार पर बनाना है और उसमें शर्तें क्या रखनी हैं।”

रही बात सही और गलत तय करने की तो पहले तुम ख़ुद से सवाल कर सकते हो और ज़रूरत पड़े तो किसी ऐसे शख़्स से मदद ले सकते हो जो तुमसे ज़्यादा समझदार हो। ये मदद तुम मिलकर ले सकते हो, चिट्ठी लिखकर ले सकते हो या फिर किसी और तरीके से बात करके ले सकते हो। तुम्हारी मदद के लिए दुनिया भर के लेखकों की किताबे तुम्हें मिल सकती हैं, तुम उन किताबों से भी सीख सकते हो, बस ज़रूरत ये है की तुम अपने दिमाग को खोल कर रखो, सवाल करो और तुम्हें जवाब ज़रूर मिलेगा।”

इसके बाद सर उठे उन्होंने घड़े से पहले एक गिलास पानी निकाला, पानी पिया और चॉक लेकर ब्लैक बोर्ड के पास चले गए। वहाँ मेरी डायरी को खोला और उसे देखते हुए बोर्ड पर बड़े अक्षरों में लिखा –

सवाल नम्बर 4 – पैसा

या तो आप अपने पैसे को कण्ट्रोल कर लीजिये या फिर पैसे की कमी आपको कण्ट्रोल करने लगेगी - डेव रामसे

बिना पैसे अपने और अपने परिवार के लिए खुशियों को पाना नामुमकिन हैं।

मैं सोच में पड़ गया था कि आखिर सर ने इसके पहले के तीन सवालों को क्यों छोड़ दिया।

शायद सर ने मेरी सोच को पढ़ लिया था तो उन्होंने मेरी तरफ देखा और बोले, "जैसा की मैंने पहले भी कहा था, दुनिया भर के अधिकतर रिश्ते इसलिए खराब होते हैं क्योंकि वहाँ या तो पैसे की कमी होती है, या पैसे को लेकर ईमानदारी नहीं रखी जाती या फिर पैसे का सम्मान नहीं किया जाता। यही वजह है की तुम्हें सबसे पहले पैसे को ख़र्च करने के नियम को समझना होगा, पैसे बढ़ाने के नियम को समझना होगा, पैसे का सम्मान करना होगा और तुम्हें पैसे को अपना गुलाम बनाना होगा।"

मैंने सवाल किया, "पैसे को गुलाम बनाना होगा?"

सर ने कहा "हाँ, पैसे को गुलाम बनाना होगा। तुम्हें समझना होगा की पैसा कभी भी तटस्थ नहीं हो सकता न्यूट्रल नहीं हो सकता। या तो पैसा मालिक की तरह लोगों को गुलाम बनाता है या फिर पैसा गुलाम बनकर रहता है। जब लोग पैसे को अपना मालिक बना लेते हैं तो वे पूरी उम्र दुखी, निराश और हताश रहते हैं। लेकिन दूसरी तरफ जब लोग पैसे को अपना गुलाम बनाते हैं तो उनके लिए अपनी ज़िंदगी में सब कुछ हासिल करना बहुत ही आसान हो जाता है।"

मैंने फिर से सवाल किया, "सर आपने ये भी कहा कि पैसे का सम्मान करना होगा और दूसरी तरफ आप कह रहे हैं पैसे को गुलाम बनाना होगा। ये दोनों

एक साथ कैसे कर सकते हैं? जिसका हम सम्मान करते हैं उसे गुलाम कैसे बना सकते हैं?"

सर ने जवाब दिया, "पैसे को गुलाम बनाने का राज़ यही है की आपको पैसे का सम्मान करना होगा। जब आप पैसे का सम्मान करने लगते हैं तो पैसा अपने आप ही आपका गुलाम हो जाता है और जब आप पैसे का अपमान करने लगते हैं तो पैसा आपका मालिक बन जाता है।"

मेरी सूरत पर बड़ा सा प्रश्नचिन्ह देखकर सर बोले, "रुको तुम्हें उदाहरण से समझाता हूँ।"

फिर उसके बाद सर ने सवाल किया, "चलो मान लो कि तुम्हें आज आज कहीं से एक बड़ी रकम मिल जाती है जिस पर तुम्हारा अधिकार है, तुम इस पैसे का जो चाहे वो कर सकते हो, तो तुम क्या करोगे?"

मैंने कहा, "श्रेया को मैंने बहुत दिनों से कोई नए कपड़े नहीं दिलाये उसे कपड़े दिलाऊँगा, जयंत के लिए अच्छे कपड़े लूँगा, माँ बाबू जी के भी कपड़े पुराने हो चुके हैं, उनको कुछ नए कपड़े दिलाऊँगा, और अगर पैसे बच जाते हैं तो श्रेया को घुमाने के लिए ले जाऊंगा।"

जैसे सर को मुझसे इसी जवाब की उम्मीद थी, "तुम्हारी बातों को सुनकर यही लगता है की तुम तब तक नहीं रुकोगे जब तक पैसे ख़र्च ना हो जाएं, और यही सोच तुम्हें पैसे का गुलाम बना देती है। और ये सोच सिर्फ तुम्हारी ही नहीं है दुनिया में अधिकतर लोगों की है और यही वजह है कि दुनिया में अधिकतर लोग पैसे के गुलाम हैं और वो अपनी पूरी ज़िंदगी परेशान ही रहते हैं। और इतना ही नहीं होता, कई बार लोगों के कंधे पर कर्ज़ होता है लेकिन जब उनको थोड़ा एक्स्ट्रा पैसा मिलता है तो वो अपना कर्ज़ उतारने की कोशिश नहीं करते, बल्कि वो ये मान लेते हैं की हम तो कर्ज़ से बाहर निकल ही नहीं सकते तो क्यों न जो पैसा मिला है उससे थोड़ा ख़ुश हो लें। इसीलिए कई बार लोग एक्स्ट्रा पैसे मिलने के बाद भी कर्ज़ से बाहर नहीं निकलते बल्कि और कर्ज़ में डूब जाते हैं। तुम बताओ ये पैसे का अपमान करना नहीं है तो क्या है?"

सर ने अपनी बात जारी रखी, “अब मान लो पैसे ख़र्च करने के बाद तुम्हें किसी भी ज़रूरी काम के लिए पैसे की ज़रूरत होती है तो तुम क्या करोगे, तब तुम लोगों के पास जाओगे, उनसे पैसे मांगोगे, उस पैसे के बदले तुम्हें उन लोगों के सामने झुकना होगा और इस तरह तुम पैसे के गुलाम बन जाओगे।”

वासू और मैंने एक दूसरे की तरफ देखा और हमें समझ आया की हम दोनों भी तो कई बार यही गलती करते थे। कई बार हम दोनों ही अपने अपने कामों में ओवरटाइम करके ज़्यादा पैसा कमाते थे और मैं परिवार को ख़ुश करने के लिए ओवरटाइम करके कमाए उस पैसे को खत्म कर दिया करता था और वासू अपने पैसे ख़र्च कर देता था श्रेया, जयंत और माँ बाबू जी की गैर ज़रूरी चाहतों पर।

अब तक वासू सीरियस हो चुका था तो उसने सवाल किया, “सर ये तो पैसे का गुलाम बनने वाली बात हुई, लेकिन पैसे को गुलाम बनाये कैसे?”

वासू की बात से सर के चेहरे पर फिर से चमक आ गई और बुआ भी वासू की तरफ देखकर मुस्कुराने लगीं।

सर बोले, “जैसा मैंने बताया पैसे को गुलाम बनाना है तो पैसे का सम्मान करना होगा। अब ये कैसे करना है वो भी उदाहरण देकर समझाता हूँ।

चलो मान लो तुम्हें जो पैसे पहले मिले थे उसके साथ सिर्फ एक शर्त थी कि तुम इस पैसे को किसी ऐसे व्यक्तिगत कामों के लिए ख़र्च नहीं कर सकते जहाँ पैसे ख़र्च करना ज़रूरी ना हो। मतलब तुम इस पैसे से घूमने नहीं जा सकते, होटल में खाना नहीं खा सकते, तुम इस पैसे से कपड़े नहीं खरीद सकते और न ही ऐसे कोई ख़र्च कर सकते हो जो नहीं करोगे तो भी तुम्हारी ज़िंदगी में कोई फर्क नहीं पड़ेगा। तुम चाहो तो इस पैसे को बैंक में रख सकते हो, तुम इस पैसे को स्टॉक में लगा सकते हो, किसी धंधे में लगा सकते हो, किसी को ब्याज पर दे सकते हो या कुछ और कर सकते हो जिससे तुम्हें पैसे पर और पैसा मिले और मूलधन भी कभी ख़र्च ना हो।

रही बात ख़र्च करने की तो इस पैसे पर तुम्हें ब्याज मिले या फायदे के रूप में जो पैसा मिले उसका आधा पैसे तुम अपनी मर्ज़ी से कहीं भी ख़र्च कर सकते हो और बचा हुआ आधा पैसा मूलधन के साथ ही और पैसे कमाने के लिए लगा दो।

अब तुम मुझे बताओ कि ऐसी हालत में तुम्हें अगर कभी पैसे की ज़रूरत पड़ती है तो क्या तुम्हें किसी के सामने हाथ फैलाने की ज़रूरत होगी और क्या तुम्हें कभी किसी के सामने झुकने की ज़रूरत होगी?"

वासू और मैंने एक स्वर में कहा, "नहीं।"

सर बोले "बिल्कुल इस तरह से तुम्हें किसी के सामने झुकने की ज़रूरत नहीं होगी क्योंकि तुम पैसे का सम्मान कर रहे हो और पैसा तुम्हारे इशारों पर नाचेगा मतलब ये कि तुम पैसे के नहीं पैसा तुम्हारा गुलाम होगा।"

इस बात को आज तक वासू और मैंने कभी इस तरह से सोचा ही नहीं था तो हम दोनों ही सर की बातों को सुनकर सोच में पड़ गए।

सर ने फिर से बोलना शुरू किया, "तुम्हें ये समझना होगा कि अगर तुम पैसे को अपना गुलाम बनाना चाहते हो तो तुम्हें उसका सम्मान करना होगा और पैसे का सम्मान होता है पैसे को बचाने से और उसे ऐसी जगह पर इन्वेस्ट करने से जहाँ पैसे की बढ़त हो।"

हम अभी भी सर की बातों को सुनने और समझने में लगे हुए थे और सर अपनी बात कहते जा रहे थे।

"तुम लोगों ने बचपन से लेकर आज तक कई बार ये सुना होगा की पैसे का पेड़ नहीं होता, पैसा पेड़ पर नहीं उगता, हमारे पास पैसे का पेड़ नहीं है जो पेड़ को हिलाए और पैसा मिल जाए।"

हम तीनों ने ही इस बात को सुनकर हाँ में मुंडी हिलाई और सर बोले, "तुम तीनों भी अनज़ान हो और जो ये कहते हैं कि पैसे का पेड़ नहीं होता वो सब नादान लोग है। उन्हें सच्चाई का पता नहीं होता और इसीलिए वो इस झूठ को सच मानकर बैठे रहते हैं, जबकी सच ये है कि पैसे का पेड़ होता है।"

मैंने सर की तरफ देखा, मेरी आँखों में अचानक से चमक आ गई थी, मुझे लगा जैसे मेरी सारी परेशानियों का यही समाधान है। मैंने उत्साहित होकर सर से पूछा, "ये पैसे का पेड़ होता है तो हमें मिलता क्यों नहीं और हमें कहाँ से मिल सकता है?"

सर बोले पैसे का पेड़ तुम्हें मिलता नहीं है तुम्हें उगाना पड़ता है, इस पेड़ को उगाने के लिए ज़मीन भी तुम्हें तैयार करना होती है, इसका बीज भी तुम्हें बनाना होता है, इसकी खाद भी तुम्हें ही बनानी होती है, इस पेड़ को सींचने के लिए पानी भी तुम्हें ही तैयार करना होता है, इस पेड़ को तैयार होने में वक़्त लगता है तो तुम्हें वक़्त भी देना होता है और इस पेड़ की हिफाज़त भी तुम्हें ही करनी होती है। और जब एक बार ये पेड़ तैयार हो जाता है, जब ये फल देने लगता है तो वही फल पैसे बनकर तुम्हें मिलते हैं और तब तक मिलते रहते हैं जब तक तुम समझदारी से पैसे के पेड़ से पैसे लेते रहो और अपने पेड़ की हिफाज़त करते रहो।"

"पर ये करना कैसे हैं?" मैंने और वासू ने एक साथ अधीर होकर सवाल किया और सर ने कहा, "धीरे धीरे पैसे इन्वेस्ट करके।"

सर की बात सुनते ही हमारा पूरा जोश ठंडा हो गया था क्योंकि हमारे पास पैसे होते ही नहीं थे तो इन्वेस्ट करने के लिए हम पैसे कहाँ से लाएं? हमें हमेशा ही पैसे की कमी होती थी और इसीलिए तो मेरा सवाल था - पैसे की कमी कैसे खत्म करें?

सर हमारी मानसिक स्थिति को समझ चुके थे तो उन्होंने हमारी तरफ देखा पर कुछ बोले नहीं, फिर बोर्ड के पास गए वहाँ से एक गुलाबी रंग का चॉक उठाया और उससे बोर्ड पर लिखा -

पैसे की कमी कैसे खत्म करें?

उसके बाद चलते हुए हमारे पास आये और सवाल किया, "इसी बारे में सोच रहे थे ना?"

हम दोनों ने ही हाँ में सर हिला दिया और सर ने कहा, "चलो पहले इस बारे में बात करते हैं फिर इन्वेस्टमेंट की बात करेंगे। लेकिन उसके पहले तुम मुझे

एक सवाल का जवाब दो। तुम्हारे हिसाब से पैसे की कमी खत्म करने के लिए क्या करना होगा?"

पहले वासू ने जवाब दिया, "और ज़्यादा पैसे कमाने होंगे।"

फिर सर ने मेरी तरफ देखा, लेकिन मेरे पास कोई पूरा जवाब था ही नहीं। मैंने कहा, "सर पैसे की कमी दूर करने के लिए ज़्यादा पैसे कमाने होंगे ये तो सच है लेकिन ये पूरा सच नहीं है। शायद कल के पहले मेरा जवाब भी यही होता। असल में कल तक मुझे यही लगता था की अगर मुझे पैसे की कमी खत्म करनी है तो मुझे ज़्यादा कमाना होगा। लेकिन पिछले पांच सालों से हर साल मेरी इनकम बढ़ती आई है और हर साल मुझे पहले से ज़्यादा पैसे की कमी लगती है। मैं कई बार ओवरटाइम भी करता हूँ, उससे पैसे भी ज़्यादा मिलते हैं लेकिन मेरी पैसे की कमी तो तब भी खत्म नहीं होती। वासू की लगभग पूरी इनकम भी मेरे लिए ही ख़र्च हो जाती है तो इसलिए मुझे यही लगता है कि ज़्यादा पैसे कमाना सिर्फ आधा जवाब है, पर बाकि आधे जवाब के बारे में मुझे कुछ नहीं पता।"

मेरी बात को सुनकर वासू भी सहमती में सर हिला रहा था और सर ने कहा, "वैरी गुड।"

फिर सर ने कहना शुरू किया, "तुम दोनों ही अब तक ये तो समझ चुके हो कि सिर्फ इनकम बढ़ाने से तुम्हारी समस्या का समाधान नहीं होगा, क्योंकि समस्या तुम्हारी, कम इनकम नहीं तुम्हारे ख़र्च करने की आदतें हैं और ये सिर्फ तुम्हारे साथ ही नहीं होता बल्कि दुनिया भर में लोगों की यही आदत होती है। जैसे ही लोगों को थोड़ा एक्स्ट्रा पैसे आते हुए दिखते हैं, लोग ये सोचने लगते हैं अब इस पैसे से क्या खरीदेंगे। कई बार लोग पैसे आने के पहले ही उस सामान को खरीद लेते हैं और इस तरह से लोगों पर कर्ज़ भी हो जाता है और उनके ख़र्च भी बढ़ते रहते हैं।"

इस समस्या का समाधान एक ही है अपने खर्चों को कम करना। अब जैसे ही लोगों से कहा जाता है की आपको अपने ख़र्च कर्म करना है तो दिमाग इस बात का विरोध करने लगता है। दिमाग इस बात को मानना नहीं चाहता

की हम फ़िज़ूल ख़र्च कर रहे हैं और इसीलिए दिमाग में ख़र्च कम करने के नाम पर ही बहुत सी बातें आने लगती हैं। हम अपने आपसे बात करते हुए कहते हैं कि हमारे खर्चे पूरे ही नहीं हो पाते ख़र्च कम कहाँ से करे, हुँह, कहना आसान है लेकिन करना इतना आसान नहीं होता, ख़ुद तो पैसे वाले बनकर बैठे हैं और हमें ज्ञान दे रहे हैं, हमारी जगह हमारे खर्चे चला कर देखें तो पता चलेगा, हमारी इनकम ही कम है आपको क्या पता, और ऐसी ही ढेर सारी बातें।

अब दिमाग चाहे कितना भी विरोध कर ले लेकिन थोड़ा सोचने पर हर इंसान ये समझ सकता है कि पैसे की कमी खत्म करने के लिए ज़्यादा पैसे कमाने से भी ज़रूरी है पैसे कम ख़र्च करना।”

ये सुनकर श्रेया ने सवाल किया, “लेकिन अपने खर्चों को कम करें कैसे? पैसे बचाने की कोशिश तो हमने पहले भी की है लेकिन हम उसमें सफल हो ही नहीं पाते। कई बार महीने की आखिरी तरीख आते आते घर में इतने पैसे भी नहीं बचते की ज़रूरी सामान खरीदा जा सके।”

सर ने कहा, “ये एक सही सवाल है, जो की प्रैक्टिकल भी है और इसका जवाब ये है कि तुम्हें पैसे बचाने की कोशिश करना भी नहीं है। तुम्हें कोशिश करना है पैसे मैनेज करने की।”

“मैं कुछ समझा नहीं!” मैंने अपनी बात रखी।

सर ने अपनी बात समझाते हुए कहा, “लोगों के पास पैसे की जो कमी होती है उसमें इनकम की समस्या तो लगभग कभी नहीं होती और जो ख़र्च होते हैं वो इसलिए ज़्यादा हो जाते हैं क्योंकि लोग गलत जगह और गलत वक़्त पर गलत चीज़ों के लिए अपने पैसे ख़र्च कर देते हैं।

देखो तुम्हें समझना होगा की दुनिया के अधिकतर लोग जो पैसा ख़र्च करते हैं उस ख़र्च को हम दो हिस्सों में बाँट सकते हैं। एक ख़र्च होता है ज़रूरत का ख़र्च और दूसरा होता है चाहतों का खर्च।

ज़रूरत की बात की जाए तो इसमें रोटी, कपड़ा, मकान, स्कूल फीस, दफ्तर आने जाने का किराया, दवाई और ऐसे हर वो ख़र्च आ जाते हैं जिसे अगले

महीने पर नहीं टाला जा सकता। ये ऐसे ख़र्चे होते हैं जिनको ना करने से ज़िंदगी की गाड़ी पटरी से उतर सकती है।

बात करें चाहतों की तो इसमें हर वो ख़र्च शामिल हो सकता है जिसकी ज़रूरत नहीं होती पर दिल को ये काम करने से ख़ुशी का अहसास होता है या फिर इसे हम करना चाहतें हैं। उदाहरण के लिए अगर तुम श्रेया को घुमाने ले जाना चाहतें हो ये तुम्हारी चाहत है ज़रूरत नहीं, तुम उसे नए कपड़े दिलाना चाहतें हो लेकिन उसके पास ज़रूरत भर के कपड़े हैं तो ये तुम्हारी चाहत है ज़रूरत नहीं, अगर तुम बाहर खाना खाने जाना चाहतें हो जब की श्रेया घर पर भी खाना बना सकती है तो ये तुम्हारी चाहत है ज़रूरत नहीं।

अब मैं ये नहीं कह रहा हूँ की चाहतें बुरी होती हैं या इंसान को सिर्फ ज़रूरतों की चिंता करना चाहिए और चाहतों को पूरी तरह से नकार देना चाहिए। अगर कोई ऐसा करता है तो वो शायद पैसे तो बचा लेगा लेकिन ख़ुश कभी नहीं रहेगा और कई बार अपनी उदासी से हताश होकर वो व्यक्ति बचाए हुए पैसे को एक ही बार में खत्म कर सकता है। तो समाधान है इन दोनों ही ख़र्च का एक बैलेंस बनाना और उससे भी ज़्यादा ज़रूरी है अपनी चाहतों और ज़रूरतों के अंतर को समझना।

ख़ुद की चाहतों और ज़रूरतों का ये अंतर समझना इसलिए भी ज़रूरी है क्योंकि मेरी चाहतें और ज़रूरतें तुम्हारी चाहतों और ज़रूरतों से अलग हो सकती हैं। साथ ही जब तक एक इंसान को अपनी चाहतें और ज़रूरतें पता नहीं होंगी तब तक पैसे मैनेज करना भी आसान नहीं होगा और अगर इंसान पैसे मैनेज नहीं कर सकता तो पैसे बचा भी नहीं सकता।”

अब वासू ने सवाल किया, “सर, क्या हम पैसे मैनेज करके अपनी ज़रूरतों और चाहतों को पूरा करते हुए पैसे बचाने और इन्वेस्ट करने में कामयाब हो सकते हैं?”

सर का जवाब था, “सिर्फ पैसे मैनेज करके ही कोई भी अपनी ज़रूरतों और चाहतों के साथ पैसे बचाने और इन्वेस्ट करने में कामयाब हो सकता है।

उसके सिवा दुनिया में कोई तरीका ही नहीं है जिसके ज़रिये कोई अपनी ज़रूरतों को पूरा कर सके, अपने पैसे बचा सके, या इन्वेस्ट कर सके।"

ज़रूरत होती है पैसे मैनेज करने के सही नियम को समझने की। इस नियम का मूल मंत्र इतना ही है कि जब भी घर में पैसे आयें तो उसके तीन हिस्से कर दो। एक हिस्सा होता है बचत का, दूसरा हिस्सा होता है ज़रूरतों का और तीसरा हिस्सा होता है चाहतों का। इन तीनों हिस्सों को जिस दिन आपके घर पैसे आते हैं, तनख्वाह आती है उसी दिन अलग कर देना है और सबसे पहले बचत के पैसे निकाल कर अलग रख देना है और इस पैसे को कभी अपने व्यक्तिगत कामों के लिए ख़र्च नहीं करना। इस बचत के पैसे को सिर्फ इन्वेस्ट करना और कुछ नहीं। जब पैसे को बचाने और इन्वेस्ट करने का काम कर लिया है तो अपनी ज़रूरतों को प्लान करना है और उसके बाद अपनी चाहतों के बारे में सोचना है।

बचत की बात करें तो कोशिश करो अपनी इनकम का 20% पैसा बचा लो, 50% पैसे अपने ज़रूरतों पर ख़र्च करो और बचा हुआ 30% पैसा अपनी चाहतों पर ख़र्च करना है। ये बहुत ही सीधा और आसान सा नियम है और एक बार किसी ने चाहतों और ज़रूरतों और बचत को अलग करना सीख लिया तो उसके लिए ये सब आसान हो जायेगा और फिर उसे ज़िंदगी में कभी पैसे की कमी नहीं हो सकती।

"सर अगर किसी की ज़रूरतें ही ज़्यादा हो जो की इनकम से पूरी नहीं हो रही तो क्या करे?" वासू ने सवाल किया।

सर ने वासू की तरफ देखा और उसके कंधे पर हाथ रखते हुए बोले "ज़रूरतें कभी भी ज़्यादा नहीं होती मेरे बच्चे, ज़रूरतें कभी भी ज़्यादा नहीं होती। ज़्यादा चाहतें होती हैं।"

एक इंसान की ज़रूरतें आखिर होती ही कितनी हैं। अगर हम ईमानदारी से देखें तो पायेंगे कि ज़रूरतों को हम एक हाथ की ऊँगली और अंगूठे पर पर गिन सकते है और फिर भी ज़रूरतें कम रहेंगी। लेकिन चाहतों के लिए दोनों हाथों की उँगलियों के सभी 28 पोर या हर हिस्से भी कम होंगे।

इंसान की ज़रूरतों में रोटी, कपडा, मकान. शिक्षा, इलाज, परिवहन (एक जगह से दूसरी जगह आना जाना) और सम्पर्क (एक दूसरे से बातचीत) के अलावा और कुछ शामिल हो सकता है क्या! इंसान की मूलभूत ज़रूरतें सिर्फ यही 6 होती हैं और आगे भी यही 6 ज़रूरतें रहेंगी। हो सकता है इनका रूप बदल जाये लेकिन ज़रूरतें इतनी ही रहेंगी और इसके बाद जो भी होगा वो चाहतें होंगी।

अब अगर कोई इंसान अपनी इनकम से इन मूलभूत ज़रूरतों को भी पूरा नहीं कर पा रहा है तो सच में उसकी इनकम कम है और उस इंसान को अपनी इनकम बढ़ाने की ज़रूरत है लेकिन उसे भी पैसे मैनेज करने के इन नियमों को अपनाना ही होगा और आज से ही अपनाना होगा।

फिर श्रेया ने सवाल किया "तो क्या सिर्फ इतना करके कोई भी आपकी और बुआ जी की तरह अमीर हो सकता है?"

श्रेया के सवाल का जवाब बुआ ने दिया और बोलीं, "हाँ, और नहीं।"

"मतलब?" श्रेया ने सीधे सवाल किया।

बुआ बोलीं, "मतलब ये है कि ये पैसे मैनेज करने का मूलभूत नियम है लेकिन इसके आगे हर ख़र्च को सही तरह से प्लान करना होगा, तुम्हें अपने महीने का बजट बनाना होगा, उस बजट से टिक कर काम करना होगा और सबसे ज़रूरी बात ये है की इस बजट के लिए पति और पत्नी दोनों को हाँ करना पड़ेगा और दोनों को ही निभाना भी पड़ेगा।

अब ये तुम्हें कैसे करना है वो तुम तय करो लेकिन हम कैसे करते थे वो हम बता देते हैं और तुम चाहो तो वही तरीका अपने लिए भी अपना सकते हो।"

उसके बाद सर उठे, फिर से बोर्ड के पास गए और उन्होंने डायरी को देखते हुए ब्लैक बोर्ड पर हरे रंग के चॉक से फिर से लिखा

"बुआ और तिवारी सर को पैसे की कमी कैसे नहीं थी"?

फिर वो हमारे पास आकर बैठ गए और हमसे बोले "तिवारी सर और उनकी पत्नी को पैसे की कमी इसलिए नहीं थी क्योंकि वो हमेशा अपनी आमदनी से बहुत ही कम में गुज़ारा करते थे, उनकी ज़रूरतें बहुत ही कम थीं, वो

किसी से कभी कर्ज़ नहीं लेते थे, वो पैसे के लिए प्लान करते थे और वो आज या कल का ही नहीं आज से दस साल, बीस साल और 50 साल बाद का भी सोचते थे।

जैसा की हमने तुम्हें बताया तुम्हें अपने पैसे को मैनेज करना है और हम भी अपने पैसे को मैनेज करते थे और हमने पैसे को उसी दिन से मैनेज करना शुरू कर दिया था जिस दिन हमने अपने लिये अग्रीमेंट बनाया था। हम पैसे मैनेज करने के लिए बहुत से लिफ़ाफ़े इस्तेमाल करते थे और हम दोनों ही पति पत्नी मिलकर उन लिफाफों को भरते थे और दोनों की रजामंदी से ही वो लिफ़ाफ़े खाली होते थे।"

मैंने सवाल किया, "दोनों की रजामंदी से! तो क्या आपके पास अपनी मर्ज़ी से पैसे ख़र्च करने का अधिकार नहीं था?"

बुआ बोली "पैसे ख़र्च करने का अधिकार होना और दोनों की रजामंदी से पैसे ख़र्च करना दो अलग अलग बातें होती हैं। हम यहाँ ये नहीं कह रहे की मुझे या इनको अपनी मर्ज़ी से पैसे ख़र्च करने का अधिकार नहीं था, हम कह रहे हैं कि हम जो भी ख़र्च करते थे वो दोनों की रजामंदी से ख़र्च होता था ताकि हम कोई भी ऐसा ख़र्च न करें जो हमारे बजट को बिगाड़ दे।"

श्रेया ने बुआ से सवाल किया, "लेकिन पैसे तो सर कमाते थे, फिर उनके लिए आपसे बात करना क्यों ज़रूरी था?"

सर ने कहा, "बहुत अच्छा सवाल है, लेकिन तुम एक सवाल का जवाब दो।"

जब तुम घर पर रह कर जयंत का ध्यान रखती हो तो तुम सिर्फ तुम्हारे बेटे का ध्यान रखती हो, गोविन्द के बेटे का ध्यान नहीं रखती? या फिर जब तुम मकान को घर बनाती हो तो क्या सिर्फ वो तुम्हारा घर होता है, गोविन्द का नहीं होता? या फिर जब तुम गोविन्द के माता पिता को ध्यान रखती हो तो क्या वो सिर्फ गोविन्द का परिवार होता है, तुम्हारा परिवार नहीं होता?"

श्रेया ने जवाब दिया, "नहीं, वो हमारा घर है, हमारा परिवार है, हमारा बच्चा है, इसमें इनका या मेरा नहीं हो सकता।"

सर ने कहा, "बिल्कुल यही बात पैसे के लिए भी होती है। अगर पति पैसा कमा रहा है और पत्नी घर की ज़िम्मेदारियों को देख रही है तो वो पैसा सिर्फ पति का नहीं होता, वो पैसा सिर्फ पत्नी का नहीं होता, वो दोनों का पैसा होता है। वहाँ तुम या मैं नहीं हम होते हैं, और जब हम होते हैं तो घर में सुख, समृद्धि और संपत्ति आती है।"

सर की इस बात से श्रेया को उसका जवाब मिल चुका था और मेरी आँखे खुल चुकी थीं क्योंकि उस दिन के पहले तक मैंने कभी भी श्रेया को इस बात का अधिकार ही नहीं दिया था की वो मेरी कमाई को अपना कह सके।

मैं कुछ कहना चाहता था लेकिन वासू ने सवाल कर दिया "और अगर पत्नी पैसे बर्बाद कर रही है, वो पति की इनकम का ध्यान नहीं रख रही, और ज़्यादा ख़र्च करना चाहती है क्योंकि पड़ोस की दूसरी औरतें ज़्यादा ख़र्च कर रहीं हैं, पति अपनी पत्नी की इन चाहतों को पूरा करने के लिए दिन रात मेहनत करे लेकिन फिर भी पत्नी के ताने पति को मिलते रहें तो पति क्या करे? ऐसे हालात में उस पति के पास सिर्फ एक ही चारा बचता है और वो है दुनिया से चले जाना।"

ये कहते कहते वासू की आँखों में आँसू आ चुके थे। तब पहली बार मुझे ये अहसास हुआ था की बाहर से चहकते रहने वाले उस इंसान में परिवार के नाम पर इतना दर्द क्यों था। मैंने उससे कई बार उसके परिवार के बारे में पूछा था लेकिन वो हर बार यही कहता था कि मेरे पिता जी की असमय मृत्यु हो गई थी और जब भी माँ की बात करता तो उसकी मीठी आवाज़ में एक कड़वाहट आ जाती थी, उसकी आँखों में एक दर्द सा आ जाता और वो कुछ कहता नहीं था लेकिन किसी न किसी तरह से उस बात को टाल देता था।

वासू के उस सवाल को सुनकर मुझे लगा था शायद उसके माता पिता के ना होने का कारण भी यही था जो की बाद में सच भी साबित हुआ। और मेरे और श्रेया के रिश्तों की कड़वाहट के साथ ये भी एक बड़ा कारण भी था जिसके चलते वासू शादी से दूर रहना चाहता था।

शायद सर इस सच को पहले से ही जानते थे और यही वजह थी कि उन्होंने कभी भी वासू से इस तरह की कोई बात नहीं की थी और वासू के लिए हॉस्टल भी पूरी तरह से फ्री था।

सर ने वासू की बात सुनी और बोले, "अगर ऐसा होता है की पति अपनी तरफ से ईमानदारी से कोशिश कर रहा है, वो पैसे बचाना भी चाहता है लेकिन पत्नी किसी भी कारण से सिर्फ पैसे ख़र्च करना चाहती है तो यहाँ पत्नी की सोच में समस्या है पति की इनकम में नहीं। इस हालात में पति की ज़िम्मेदारी बनती है कि वो पत्नी से बात करे, उसे समझाने की कोशिश करे, और कोशिश करे की उसे पैसे के बारे में अपने साथ लेकर आये। अगर पत्नी अपनी ज़िम्मेदारियों को उठाना नहीं चाहती या वो अपने परिवार के लिए अपने खर्चों को कम नहीं करना चाहती, वो बजट में नहीं रहना चाहती तो पति की ज़िम्मेदारी पत्नी के लिए रह जाती है लेकिन उसकी मूर्खता के लिए नहीं।

ऐसे हालात में पति को पत्नी को ख़ुश करने की कोशिश नहीं करना चाहिए बल्कि उसे कोशिश करना चाहिए की वो पत्नी के लिए और ख़र्च करना बंद कर दे। ज़रूरत पड़े तो पत्नी के माता पिता को इस बात में शामिल करे और उनसे अपनी समस्या को बताये और अगर तब भी कुछ ना हो तो पति को अपनी पत्नी से साफ़ साफ कह देना चाहिए की मैं इस घर के लिए हर वो सामान जुटाने के लिए ज़िम्मेदार हूँ जिसकी हमें ज़रूरत है, मैं उतनी चाहतों को भी पूरा करने की ज़िम्मेदारी लेता हूँ जो हमारी इनकम का 30% है लेकिन उससे ज़्यादा एक रुपया भी नहीं। अगर फिर भी तुम्हारी चाहतें ज़्यादा की हैं तो तुम बाहर जाकर कमाने के लिए आज़ाद हो, मैं घर चलाने के लिए तुम्हारा पूरा साथ दूंगा, लेकिन तुम्हें और पैसे नहीं दे सकता।"

वासू ने फिर सवाल किया "और अगर पत्नी तब भी ना माने, इस वजह से घर में लड़ाई हो तो क्या करें?"

सर ने जवाब दिया "तब पत्नी को उसके हाल पर छोड़ देना चाहिए और तब तक पत्नी की कोई बात नहीं सुननी चाहिए, जब तक वो तुम्हारी बात सुनने

के लिए तैयार ना हो। और अगर वो ख़ुद को बदलने के लिए ज़रा भी तैयार ना हो, तो फिर ऐसी पत्नी के साथ नहीं रहना चाहिए। तब कानून और अदालत की मदद लेते हुए एक दूसरे से अलग हो जाना चाहिए।"

"इस तरह से अलग हो जाना कानूनन सही हो सकता है, लेकिन क्या नैतिक रूप से ये सही होगा?" वासू ने फिर सवाल किया।

सर ने जवाब दिया "देखो, हर इंसान को ख़ुश रहने, धनवान बनने और सफल होने का नैतिक और मौलिक अधिकार है। अब अगर शादी के बाद पति या पत्नी में से कोई एक पार्टनर दूसरे को ख़ुश नहीं रहने दे रहा, तरक्की से रोक रहा हैं तो दूसरे पार्टनर को नैतिक ही नहीं मौलिक और कानूनी अधिकार भी मिल जाते हैं, तो इसमें कुछ गलत नहीं होगा। लेकिन ध्यान रहे अलग होने की ये कवायद सबसे आखिरी कदम होना चाहिए।"

फिर वासू चुप हो गया लेकिन अगला सवाल श्रेया का था।

उसने सवाल किया, "सर ने अभी कहा अगर पत्नी की चाहतें हैं तो पत्नी को ख़ुद पैसे कमाना चाहिए। क्या इसका मतलब ये है की पत्नी जो भी पैसे कमाए उसे बिना सोचे समझे अपनी चाहतों पर ख़र्च कर सकती है और घर के लिए पति के साथ उसकी कोई ज़िम्मेदारी नहीं है? और अगर है तो पत्नी की कमाई का पैसा किस तरह से ख़र्च होना चाहिए?"

सर श्रेया के सवाल से ख़ुश हो गए थे और अपनी चिर परिचित आवाज़ में फिर बोले "बहुत बढ़िया सवाल। तुम लोगों के सवाल ये साबित कर रहे हैं की हम जो सिखाने की कोशिश कर रहे हैं, तुम उसे ईमानदारी से सीख रहे हो।"

फिर सर ने अपनी बात आगे जारी रखते हुए कहा, "ये सिर्फ एक सिचुएशन की बात है जहाँ पर पत्नी सच को समझना नहीं चाहती। लेकिन आमतौर पर पत्नी की कमाई पति से अलग नहीं होती। जैसा की मैंने पहले कहा, पति की कमाई पति और पत्नी दोनों की होती है, ऐसे ही अगर पत्नी पैसा कमाती है तो पति का भी उस कमाई पर बराबर का अधिकार होता है। ऐसी हालत में पति और पत्नी दोनों को ही अपनी कमाई को एक साथ कर लेना चाहिए

और ये तुम्हारे घर की आमदनी हो जाती है। फिर इस आमदनी को पहले बताये हुए बचत, ज़रूरत और चाहत के नियमों का ध्यान रखते हुए इस्तेमाल करना चाहिए।"

सर बिना रुके बोलते रहे "सच तो ये है की तुम्हारी बुआ जी ने शादी के बाद कई सालों तक ट्यूशन पढ़ाया था और वो आमदनी हमारे घर की आमदनी का हिस्सा थी, सिर्फ इनकी आमदनी का हिस्सा नहीं।"

फिर बुआ ने कहना शुरू किया "हम भी अपने पैसे मैनेज करते थे और अपने पैसे को मैनेज करने के लिए हमने कुल मिला कर 14 लिफ़ाफ़े बनाये थे, हम महीने की पहली तारिख को हर लिफ़ाफ़े को पैसे से भरते थे और जो ख़र्च करना होता था उस लिफ़ाफ़े का ध्यान रखते हुए ही ख़र्च करते थे। कुछ लिफ़ाफ़े ऐसे भी थे जिनकी हमें उस वक़्त ज़रूरत नहीं थी, लेकिन हमें पता था भविष्य में उन लिफाफों की ज़रूरत होगी तो हम उन लिफाफों को भी पहले ही दिन से भरते थे और हमें भविष्य उसका फायदा भी मिला।"

"ये लिफ़ाफ़े किस तरह के थे, इसमें आप पैसे कितने पैसे रखते थे, और क्या ये तरीका आज और भविष्य में काम करेगा"? श्रेया ने सवाल किया।

और बुआ ने कहा "हाँ, बिल्कुल ये तरीका आज ही नहीं भविष्य में भी काम करेगा।"

रही बात लिफ़ाफ़े की तो ये तो बहुत ही आम लिफ़ाफ़े होते थे लेकिन हर लिफ़ाफ़े पर उस ख़र्च के बारे में लिखा रहता था जो हमें उस लिफ़ाफ़े से करना होता था। मतलब राशन के लिए एक लिफाफा होता था, मकान के लिए एक, कपड़े के लिए एक और ऐसे ही अलग अलग लिफ़ाफ़े। हम उस बारे में भी बात करते हैं लेकिन उसके पहले बात करते हैं पैसे का बजट बनाने की।

हम हर एक पैसे का हिसाब करते थे, कागज पर उसका बजट बनाते थे और फिर उस हिसाब से हर लिफ़ाफ़े में पैसे जाते थे और उसके हम एक भी पैसे को इधर या उधर ख़र्च नहीं करते थे।"

मैंने सवाल किया "ये काम मुश्किल नहीं लगता था?"

मेरी बात सुनकर सर बोले “हाँ, मुश्किल तो था लेकिन गरीबी और कर्ज़ में रहना और भी ज़्यादा मुश्किल होता, और पैसे की गुलामी करना उससे भी ज़्यादा मुश्किल होता। अब ये तुमको तय करना है, तुम्हें कम मुश्किल काम करना है या ज़्यादा मुश्किल काम।”

तब मैंने कुछ नहीं कहा और बुआ ने अपनी बात को आगे बढ़ाया।

बुआ बोली “जो भी पैसे हमारे घर में आते थे उसका 20% पैसा हम लोगों ने बचत के लिए निकालने का तय किया था, तो अपनी पूरी आमदनी का 20% पैसा हम एक कागज पर लिखते थे और उसके सामने लिखते थे बचत। ये हमारे बजट का पहला कदम होता था।

हम दोनों ही शादी के बाद गाँव से अलग शहर में रहते थे तो हम दोनों के सिवा हमारे परिवार में कोई और ख़र्च नहीं होता था, इसलिए हमारे राशन का ख़र्च बहुत ही कम था। हमने तय किया कि हमारे खाने के लिए हम सिर्फ 10% पैसा ख़र्च करेंगे। तो उस कागज पर दूसरा नाम होता था राशन का। शुरू में ये मुश्किल लगता था लेकिन बाद में सब आसान हो गया था।

हमें सरकारी मकान मिला हुआ था तो हमें घर के लिए कोई पैसा ख़र्च करने की ज़रूरत नहीं थी, लेकिन फिर भी हम हर महीने के बजट में आमदनी का 10% हिस्सा घर के किराये के लिए निकाल कर रख देते थे ताकि अगर भविष्य में हमें कभी किराये से रहना भी पड़े तो हमारा बजट कभी बिगड़े नहीं।

शादी के बाद लम्बे वक़्त तक हमारे बच्चे नहीं थे लेकिन फिर भी हमने शादी के पहले महीने से ही शिक्षा के लिए 10% आमदनी अलग करना शुरू कर दिया था। ये भी हम अपने बजट में लिख लेते थे।

कपड़े इंसान की ज़रूरतों का हिस्सा होता है और हमें हर महीने कपड़े खरीदने की ज़रूरत नहीं होती थी, ना ही हमारे कपड़े बहुत महंगे होते थे लेकिन जब कपड़े लेने की ज़रूरत पड़ती थी तो वो ज़रूरत बजट को बिगाड़ने के लिए काफी हो सकती थी। इसका समाधान ये था कि हम हर महीने कपड़े के

लिए एक अलग रकम निकाल कर रख दें। तो हम हर महीने अपनी आमदनी का 5% पैसा कपड़ों के लिए निकालकर अलग रख देते थे।

एक जगह से दूसरी जगह आने जाने के लिए पैसे ख़र्च होते ही थे तो उस ख़र्च के लिए हम हर महीने अपनी आमदनी का 5% पैसा निकाल कर अलग रखते थे और उसे भी कागज पर बजट में लिख लेते थे।

ईश्वर की कृपा से आज भी हम दोनों अच्छी सेहत के मालिक हैं और तब भी अच्छी सेहत के मालिक थे पर हम ये जानते थे कि सेहत कभी भी खराब हो सकती है और इलाज की ज़रूरत कभी भी पड़ सकती है तो हम हर महीने अपनी आमदनी में से 5% पैसे को इलाज और सेहत के नाम पर निकालकर अलग रखते थे।

हम एक ऐसे देश में रहते हैं जहाँ पर परिवार बहुत ज़रूरी है और हमारे यहाँ परिवारों के बीच अगर कोई उत्सव होता है तो उसमें पैसे भी ख़र्च होते हैं। उदाहरण के लिए अगर मेरी बहन की बेटी की शादी है तो हमें उसमें पैसे ख़र्च करने होंगे, अगर इनके भाई के बेटे की शादी है तो हमें उसमें पैसे ख़र्च करने होंगे, अगर किसी के घर एक बच्चा होता है तो उसके लिए हमें कपड़े खरीदने होंगे उसमें पैसे लगेंगे, किसी की शादी के निमंत्रण में जाना है तो वहाँ कोई तोहफा देने के पैसे लगेंगे। इस तरह के खर्चों की लिस्ट काफी लम्बी हो सकती है और हम चाहें या ना चाहें ये हमारी ज़रूरत का हिस्सा होता है इसीलिए हम हर महीने अपनी आमदनी का 5% इस ख़र्च में डाला करते थे और लोगों को तोहफा देने वाले सभी ख़र्च इस लिफ़ाफ़े से ही करते थे।

हम दोनों ने ही तय किया था कि हम उदार बनेंगे, हम लोगों की मदद करेंगे, और ये हमारी ज़रूरत नहीं थी लेकिन चाहत थी तो हमने इसे भी अपने बजट में शामिल किया और अपनी चाहत के 30% वाले हिस्से को हमने 20% पर लिमिट कर दिया। और हम हमारे बजट को बनाते हुए हर महीने आमदनी का 10% पैसा उदारता के लिए अलग रख देते थे। इस पैसे को हम ना ही अपने लिए ख़र्च करते थे ना ही किसी अपने के लिए, इस पैसे को हम किसी

ऐसी जगह पर ख़र्च करते थे जहाँ से समाज का भला हो, जहाँ से दूसरों का भला हो और हमें बदले में कोई उम्मीद नहीं थी।

इस पर श्रेया ने सवाल किया "तो उदारता और परिवार वाले ख़र्च को एक ही नहीं कर सकते क्या?" ये सवाल मेरे दिमाग में भी आया था।

बुआ ने श्रेया को समझाते हुए कहा "बिल्कुल नहीं। देखो जो परिवार में कुछ देने की बात है तो ये एक लेन और देन का सिस्टम है एक व्यवस्था है जहाँ पर आज तुम कुछ देते हो तो अभी या बाद में तुम्हें कुछ मिलता है। और अगर तुम अपने परिवार, दोस्तों या जान पहचान वालों को तोहफा दे रहे हो तो ये उदारता नहीं है, ये तुम्हारा स्वार्थ है।

लेकिन दूसरी तरफ उदारता में आप ये उम्मीद भी नहीं करते की आपको धन्यवाद भी मिलेगा। आपको कुछ मिलता है तो सिर्फ आत्म संतुष्टि और वही आपका स्वार्थ भी होता है। इसलिए उदारता और परिवार वाले खर्चे कभी एक साथ नहीं हो सकते।

श्रेया ने सर को हिलाते हुए कहा "समझ गई।" मेरा और वासू का भी सर हाँ में हिलता हुआ देखकर बुआ ने आगे कहना शुरू किया।

उन्होंने कहा "हमने एक लिफाफा चाहतों के लिए भी रख छोड़ा था। इस लिफ़ाफ़े में हम अपनी आमदनी का 5% हिस्सा रखते थे और ये भी हमारे बजट को बनाते हुए हम कागज पर लिखते थे।

हमारे बजट में अगला ख़र्च भी चाहतों वाला ही होता था और इस ख़र्च का नाम होता था प्यार। इसमें हम अपनी आमदानी का 5% रखते थे और ये पैसा हम सिर्फ एक दूसरे के साथ ख़र्च करते थे। मतलब अगर हमें होटल में खाना खाने जाना है, या हमें एक दूसरे के साथ कहीं घूमने का मन है या फिर ऐसी ही कोई और बात। ये ख़र्च भी हमारे बजट के कागज पर हमेशा लिखा जाता था।

उसके बाद हम एक और ख़र्च लिखते थे जो की होता था अन्य। कई बार हमारे सामने कुछ ऐसे ख़र्च आ जाते हैं जो की हमें पता ही नहीं होते या बिना प्लानिंग के आ जाते है, और जब ये ख़र्च हमारे सामने आते हैं तो हम

ये भी नहीं जानते की ये खर्चे ज़रूरत के है या चाहतों के और अगर हमने इसे प्लान नहीं किए तो ये खर्च हमारे पूरे बजट को बिगाड़ सकते थे। ऐसे ही खर्चों के लिए हम अपनी आमदनी का 5% पैसा हर महीने निकाला करते थे और इसे भी बजट में लिख लेते थे।

फिर वासू ने सवाल किया "अगर आप ये पूरा बजट हमेशा एक दूसरे के साथ मिलकर बनाते थे और एक दूसरे से बात करके ख़र्च करते थे, तो आपकी व्यक्तिगत आज़ादी तो पूरी तरह से खत्म हो गई थी।

अगर सर बाहर हैं और उन्हें मन हुआ की उन्हें कुछ खाना है या मामी घर पर हैं और उन्हें मन हुआ की उन्हें कुछ ख़र्च करना है तो उसके लिए एक दूसरे की रजामंदी लेना तो मुमकिन नहीं हो सकता। तो इस तरह के हालात में कभी ऐसा नहीं लगता की हम बंधन में है या कैद में है?"

वासू की बात पर सर ने कहा, "एक और शानदार सवाल", और सर ने जवाब देते हुए कहा, "मेरे बच्चे बजट में अभी भी 5% आमदनी बची हुई है और वही तम्हारे सवाल का जवाब भी है।"

वासू ने कहा "मैं कुछ समझा नहीं!"

सर बोले, "जो आखिरी का 5% बचा है उसमें से 2.5% पैसा मेरे पास मेरे लिए होता था और इतना ही पैसा तुम्हारी मामी के पास होता और इस पैसे को हम बिना एक दूसरे से बात किये ख़र्च कर सकते थे और जहाँ चाहते वहाँ ख़र्च कर सकते थे। हमने तय किया था की अगर हमें कहीं ख़र्च करना ज़रूरी हो जाता है जहाँ पर एक दूसरे से बात करनामुमकिन नहीं है तो उस जगह पर महीने की आमदनी का 2 से 4% तक ख़र्च करने में कोई बुराई नहीं है। पर इसमें ये ज़रूर ध्यान रखना है की अगर ये ख़र्च हमारे ढाई प्रतिशत वाले लिफ़ाफ़े से नहीं है तो हमें बाद में ही सही एक दूसरे से बात करना ज़रूरी है ताकि हम दोनों ही अपने घर के प्लान को बिगाड़े नहीं।

तो हम हमारे बजट की बात करें तो वो कुछ इस तरह का दिखता था।

1. बचत - 20%
2. राशन - 10%

3. मकान - 10%
4. शिक्षा - 10%
5. कपड़े - - 05%
6. परिवहन - 05%
7. इलाज - 05%
8. परिवार - 05%
9. उदारता - 10%
10. चाहत - 05%
11. प्यार - 05%
12. अन्य - - 05%
13. पति - - 2.5%
14. पत्नी - 2.5%

इस बजट को बनाने के लिए हमारे घर में कुल 14 लिफ़ाफ़े हुआ करते थे और जैसे ही हमारे पास पैसे आते थे तो उसमें से निश्चित की हुई रकम तय लिफ़ाफ़े में चली जाती थी। जो बचत वाला लिफाफा होता था उस लिफ़ाफे को हम उसी दिन खाली कर देते थे और पैसे को बैंक की FD और स्टॉक मार्केट में इन्वेस्ट कर दिया करते थे।

फिर बात आती थी राशन की तो हमें जब राशन खरीदना होता तो हम सिर्फ राशन वाले लिफ़ाफ़े से पैसे निकालते और उतना ही ख़र्च करते थे। शुरू में ये मुश्किल लगता था और महिना खत्म होते होते कोई पैसा नहीं बचता था। तब दिल में ये भी ख्याल आता था की अभी थोड़ा उधार ले लेते हैं बाद में चुका देंगे। लेकिन हमने आपस में तय किया था जब तक जान जाने जितनी बड़ी समस्या नहीं आएगी हम उधार नहीं लेंगे।

हम थोड़े वक़्त ऐसे ही करते रहे, हम अपने नियम के साथ जुड़े रहे फिर कुछ महीनों के बाद हमें इसकी आदत हो गई और फिर महिना खत्म होते होते हमारे पास इस लिफ़ाफ़े में पैसे कम होने की जगह बचने लगे। साथ ही

हमारी आमदनी भी थोड़ी थोड़ी बढ़ने लगी, जिसके चलते हमारे राशन का बजट भी बढ़ने लगा था। तो हमारे लिए कोई समस्या बची ही नहीं। और चूंकि हम हर महीने बजट बनाते थे तो कभी भी हमारे ख़र्च ज़रूरत से ज़्यादा बढ़ने ही नहीं पाए।

ऐसे ही जब हमें कपड़े के लिए पैसे लेने होते थे तो हम कपड़े वाले लिफ़ाफ़े से पैसे लेते थे। कई बार हमें इस लिफ़ाफ़े को महीनों हाथ लगाने की ज़रूरत भी नहीं होती थी, तो इस वजह से इस लिफ़ाफ़े में हर महीने पैसे बढ़ते रहते थे। लेकिन जब ज़रूरत होती थी तो हमारे पास पर्याप्त पैसे होते थे हमारी पसंद के कपड़े खरीदने के लिए। और इस कपड़े में सिर्फ पहनने के कपड़े ही नहीं होते थे बल्कि घर के रजाई, गद्दे चादर जैसे कपड़े भी शामिल होते थे, तो उनकी वजह से कभी हमारा बजट नहीं बिगड़ता था।

परिवहन के लिए जो पैसे हम लिफ़ाफ़े में डालते थे तो वो लगभग हर महीने ही खत्म हो जाते थे, तो उसके बारे में कोई बात करने वाली है ही नहीं।

परिवार वाले लिफ़ाफ़े की बात की जाए तो उस लिफ़ाफ़े में भी अक्सर हर महीने पैसे जमा होते रहते थे और जब कोई शादी आती थी या कोई और ऐसा ही मौका आता था तब वो पैसे काम आते थे, और इसका फायदा ये होता था कि हमें कभी कोई शादी बोझ नहीं लगी।

इलाज वाले लिफ़ाफ़े के पैसे भी कभी कभी ही काम आते थे लेकिन जब इनके या मेरे पिता जी की तबियत खराब हो जाती थी तो हमें ही मदद के लिए जाना होता था और इलाज वाले लिफ़ाफ़े के ये पैसे हमारे बहुत काम आते थे।"

ये कहते हुए बुआ कुछ देर के लिए रुकीं तो श्रेया ने सवाल कर दिया, "यहाँ आपने 6 लिफाफों के बारे में बताया है लेकिन 8 लिफ़ाफ़े अभी भी बाकी हैं, जिसमें से शिक्षा और मकान जैसे 2 लिफ़ाफ़े तो ऐसे हैं जिनकी आपको ज़रूरत भी नहीं थी तो उनका आपने क्या किया?"

बुआ बोली "इन दोनों लिफ़ाफ़े के बारे में तुम्हें तुम्हारे सर बतायेंगे लेकिन मैं बाकी के 6 लिफाफों के बारे में बता देती हूँ।

पहले बात करती हूँ प्यार वाले लिफ़ाफ़े के बारे में, तो हमारी नई नई शादी हुई थी और इस पैसे से हम कभी चाट पकौड़ी खाने चले जाते थे, कभी फिल्म देखने, कभी घूमने और कभी कुछ और। इस प्यार वाले लिफ़ाफ़े को हम सिर्फ अपने मज़े के लिए ख़र्च करते थे और इस मज़े में किसी और को शामिल होने की इजाजत नहीं थी। ख़ास बात ये भी है की हमारा ये लिफाफा महिना खत्म होने के पहले ही खाली हो जाता था, और हम इसे कभी बचाने की कोशिश करते भी नहीं थे। इस लिफ़ाफ़े की वजह से कभी हमें हमारे बजट से शिकायत नहीं हुई, और कभी हमारा बजट हमें एक बंदिश भी नहीं लगा।

फिर बारी आती है चाहतों की और अन्य वाले लिफ़ाफ़े की तो मैं अक्सर इन दोनों लिफाफों को एक कर दिया करती थी। होता ये था कि कई बार पूरे महीने में कोई भी अन्य ख़र्च आता ही नहीं था और हमारी चाहतें या तो बहुत ही छोटी होती थीं जो की प्यार वाले लिफ़ाफ़े से ही पूरी हो जाती थीं या फिर वो इतनी बड़ी होती थीं की कोई भी लिफाफा उन चाहतों को पूरा नहीं कर सकता था।

तो इसलिए जब महीना पूरा हो जाता था तो मैं अन्य वाले लिफ़ाफ़े से पैसे निकालकर उसे चाहतों वाले लिफ़ाफ़े में रख दिया करती थी और ऐसे ही अगले कई महीनों तक हमारी आमदनी का 10% पैसा चाहतों के लिए जमा होता रहता था। और उसके बाद जब यही पैसा एक बड़ी रकम बन जाता था तो मैं अपनी चाहतों को पूरा करने के लिए कभी गहने बनवा लेती थे, कभी घर का कोई समान खरीद लेती थी और कभी तुम्हारे सर की पसंद की कोई चीज़ आ जाती थी। बस हम ये तय करते थे की जब इस तरह का कोई सामान खरीदते थे तो एक दूसरे से बात करके खरीदते थे और अगर एक की भी ना है तो उस सामान को हम नहीं खरीदते थे।"

बुआ की बात सुनकर मैंने सवाल किया, "इस तरह से तो आपके पास कई बार बहुत ज़्यादा पैसे जमा हो जाते होंगे और आप इन्वेस्टमेंट की बात कर रहे हैं तो क्या कभी उस पैसे को बचाने और इन्वेस्ट करने का ख्याल नहीं आता था?"

जवाब सर ने दिया और बोले "नहीं, कभी नहीं। हमने उस पैसे को अपनी चाहतों के लिए निकाला था इसलिए उस पैसे को बचाने या इन्वेस्ट करने के बारे में हमने कभी नहीं सोचा। हमने उस पैसे को चाहतों के लिफ़ाफ़े में डाला ही इसलिए था ताकि हम अपनी चाहतों को जी सके। अगर हम उस पैसे को चाहतों के लिए जमा करने के बाद फिर से इन्वेस्ट करने के लिए लगा देते तो हमें पैसे तो मिल जाते लेकिन हमारे दिल का सुकून खो जाता और उसके बाद शायद हम अपने बजट पर टिक कर भी नहीं रह पाते।"

मैंने सिर्फ अपने सर को हिला दिया और बुआ ने फिर से कहना शुरू किया "अब सिर्फ तीन लिफ़ाफ़े और बचे हैं जिनके बारे में मुझे और बात करनी है। इन लिफाफों में से एक मेरा लिफाफा था और एक इनका। दोनों में ही बराबर पैसे होते थे और इस पैसे के बारे में हम एक दूसरे से कोई बात भी नहीं करते थे। ये अपने लिफ़ाफ़े के पैसे अक्सर अपने दोस्तों के साथ, घूमने में, बाहर खाने पीने में और मस्ती में ख़र्च कर दिया करते थे और कई बार मेरे लिए उस पैसे से गजरा भी लेकर आते थे।

"और आपके लिफ़ाफ़े वाले पैसे?" श्रेया ने चमकती आँखों से सवाल किया।

बुआ चहकते हुए काफी ख़ुश आवाज़ में बोलीं, "मेरे लिफ़ाफ़े के पैसे भी मैं जैसे चाहती ख़र्च कर सकती थी, लेकिन मेरे कोई ख़र्च थे ही नहीं तो मैं अक्सर उस पूरे पैसे को बचा लेती थी और जब मेरे पास थोड़े ज़्यादा पैसे हो जाते थे तो मैं अपने लिए गहने खरीद लेती थी, वो भी इनको बिना बताये।"

"तो ये तो आपके उस अग्रीमेंट के खिलाफ है जहाँ आप दोनों साथ में तय करके कोई भी खरीदी करने वाले थे!" मैंने विरोध करते हुए अपनी बात रखी।

बुआ कुछ नहीं बोली, बस मुस्कुराते हुए मेरी तरफ देखने लगी और सर ने मुझे जवाब दिया, "ये हमारे अनुबंध के खिलाफ होता, अगर ये पैसे हमारे बजट के 95% हिस्से से आये होते। हमने तय किया था कि एक दूसरे के लिफ़ाफ़े वाले जो पैसे हैं हम उसके बारे में कोई बात ही नहीं करेंगे, मतलब तुम्हारी बुआ के लिफ़ाफ़े के पैसे मेरे लिए या हमारे घर के लिए उसी दिन

खत्म हो गए थे जिस दिन वो पैसे हमारे बजट में लिखे गए। अब अगर ये हर महीने उस पैसे को ख़र्च करने की जगह 10 महीने बाद एक साथ ख़र्च करती हैं तो इसमें मेरा होना ज़रूरी नहीं है क्योंकि ये पैसे तो मेरी जानकारी में पहले ही खत्म हो चुके थे। या हम ये भी कह सकते हैं की बाकी के पैसे हमारे थे लेकिन ये लिफ़ाफ़े वाले पैसे सिर्फ तुम्हारी बुआ के थे और उनके पास ये पूरा अधिकार था कि उसे वो कैसे ख़र्च करें।"

अब मैं सर की बात को समझ चुका था।

मुझे देखकर बुआ एक पल के लिए मुस्कुरा दीं लेकिन उसके बाद वो काफी सीरियस हो गईं, उनकी आवाज़ में एक भारीपन आ गया। ये भारीपन उदासी का नहीं लग रहा था, मुझे ये भारीपन एक अपराध बोध का लग रहा था उसी भारीपन के साथ और बोली "अब बारी है मेरे आखिरी लिफ़ाफ़े की और वो है उदारता वाला लिफाफा। सबको ये पता था की हमारे पास ये लिफाफा होता था लेकिन इस लिफ़ाफ़े को हम कहाँ ख़र्च करते थे इस बारे में हम दोनों ने आज तक किसी को नहीं बताया है, अक्षर, अनन्त, अर्णव और पार्वती को भी नहीं। अगर हालात कुछ और होते तो इस बारे में हम तुम दोनों को शायद कभी कुछ नहीं बताते लेकिन आज पहली और आखिरी बार ये बात हम तुम्हारे सामने रख रहे हैं।"

कहते कहते बुआ का गला कुछ भारी सा हो गया तो सर ने बात आगे बढ़ाते हुए कहा, "उदारता का वो लिफाफा हम दोनों के दिल के बहुत करीब था और करीब एक साल तक हम इस लिफ़ाफ़े में पैसे जोड़ते रहे लेकिन हमें ये समझ नहीं आया कि हमें करना क्या है। हम इस पैसे को कहीं ऐसी जगह दान नहीं करना चाहते थे जहाँ पर हमारे हाथों में कोई कंट्रोल न हो, कोई नियंत्रण ना हो। हम चाहते थे कि हमारी मेहनत की ये कमाई सही कामों में ख़र्च हो, ऐसी जगह ख़र्च हो जहाँ से समाज का भला होने की गारंटी हो। तो हम सिर्फ इस लिफ़ाफ़े में पैसे बढाते रहे।

साल भर के बाद मुझे पता चला की कुछ बच्चे अपने हॉस्टल की फीस भरने में सक्षम नहीं है इसलिए वो अपनी पढ़ाई छोड़ वापस लौट जाना चाहते हैं।

मुझे ये बात पता चली तो घर जाकर मैंने ये बात तुम्हारी बुआ को बताई और हम दोनों के दिल में एक ही बात आई थी की अब वक़्त आ गया है हमारे उदारता वाले लिफ़ाफ़े को खाली करने का। हम दोनों के दिल में उस वक़्त कोई सवाल नहीं था और उसके बाद हमने अपने उस लिफ़ाफ़े से तब पहली बार पैसे निकाल कर उन 4 लड़कों की हॉस्टल की फीस भर दी थी जो की कॉलेज छोड़ कर जाना चाहते थे। इस बारे में उन लड़कों को सिर्फ इतना ही बताया था की तुम्हारी फीस का इंतज़ाम हो गया है तुम बस पढ़ने पर ध्यान लगाओ।

उसके बाद मुझे ये भी पता चला की बच्चों को रविवार को खाना नहीं मिल पाता था तो मैंने उन्हें अपने घर पर खाने के लिए बुलाना शुरू कर दिया। फीस देने के बाद भी उदारता वाले लिफ़ाफ़े में पैसे बचे हुए थे तो उस पैसे को हमने बच्चों के खाने में लगा दिया। हम दोनों को यही लगा था कि अगर बच्चों के खाने और रहने का इंतज़ाम ठीक रहेगा, उनकी फीस भरी होगी तो उनका मन पढ़ने में लगता रहेगा और वही बच्चे देश का नाम रौशन करेंगे।

उसके बाद हम दोनों को ये समझ आ गया था की हमें अपने उदारता वाले लिफ़ाफ़े के पैसे कैसे ख़र्च करना हैं। तो उसके बाद हर साल हम कई बच्चों के लिए हॉस्टल, फीस और किताबों के साथ थोड़े खाने का इंतज़ाम करते रहे ताकि वो अपनी पढ़ाई पूरी कर सकें, और देश की तरक्क़ी में अपना योगदान दे सकें।

हमने उन बच्चों इस बारे कभी नहीं बताया लेकिन आज हम जानते हैं की उनमें से कई बच्चे आज कलेक्टर, पुलिस अधिकारी और दूसरी बड़ी बड़ी जगहों पर बैठकर देश को बेहतर बना रहे हैं। तो अब हमें लगता है की हम अपनी कोशिश में सफल हो पाए थे।"

सर की ये बात सुनकर वासू और मुझे फिर से अपने हॉस्टल के दिन याद आ गए जब तिवारी सर की वजह से हमें हॉस्टल में रहने की जगह मिल गई थी और लगभग हर रविवार को सर के यहाँ खाना मिल जाता था।

मेरी नज़रों में सर के लिए सम्मान और बढ़ चुका था, मैंने पूरे सम्मान के साथ सर से सवाल किया "मतलब हमारे हॉस्टल की फीस फ्री नहीं हुई थी, वो फीस आपने अपने उदारता वाले लिफ़ाफ़े से भरी थी।"

जवाब सर ने नहीं बुआ ने दिया था और वो बोली "हाँ, लेकिन सिर्फ पहले साल का। तुम दोनों के हॉस्टल के दूसरे और तीसरे साल की फीस हमारी उदारता वाले लिफ़ाफ़े से नहीं गई थी।"

वासू ने सवाल किया, "तो फिर वो फीस कहाँ से आई थी?" और तिवारी सर ने जवाब दिया "शिक्षा वाले लिफ़ाफ़े से, क्योंकि पहले साल के बाद तुम हमारे लिए गैर नहीं थे, तब तुम हमारे बच्चे हो चुके थे और तब तुम्हारी शिक्षा की ज़िम्मेदारी भी हमारी थी।"

उनका जवाब सुनकर वासू, श्रेया और मेरे दिल में तिवारी सर और बुआ के लिए जो सम्मान था वो श्रद्धा में बदल गया था। और मैं सिर्फ यही सोच रहा था कि क्या ईश्वर ऐसे इंसान बनाते भी हैं या ये दोनों ख़ुद ही ईश्वर हैं जो इंसान बनकर इस धरती पर आये हैं।

खैर मैंने कुछ कहा नहीं लेकिन वासू और मेरी आँखों में जो मोती आ गए थे उससे बुआ हमारी मनोदशा समझ चुकी थी। वो उठी पहले उन्होंने मुझे गले लगाया, फिर वासू को प्यार से गले लगाया और फिर श्रेया को गले लगाते हुए बोलीं, "तुम हमारे लिए अनन्त, अर्णव, पार्वती और अक्षर से अलग नहीं हो, तो आज के बाद कभी ख़ुद को गैर मानना भी नहीं।"

हम तीनों ने ही सर हिला कर उनकी बात का समर्थन किया फिर अचानक मेरे दिमाग में एक और सवाल आया, "और हम जो खाना खाने आते थे तो आप बहुत सारी दाल एक बड़े बर्तन से लिया करतीं थी और दो कटोरी दाल छोटे बर्तन से उसका राज भी इस उदारता वाले लिफ़ाफ़े से जुडा हुआ है क्या?"

इस बारे में वासू और श्रेया को कुछ पता नहीं था तो उन दोनों के चेहरे पर एक प्रश्नवाचक चिन्ह साफ़ दिख रहा था, लेकिन मेरे सवाल को सुनकर बुआ ने जवाब दिया "हाँ, उसमें उस बड़े बर्तन में जो दाल होती थी वो उदारता

वाले लिफ़ाफ़े से आती थी और छोटे बर्तन की दो कटोरी दाल घर के राशन वाले लिफ़ाफ़े से। उस दिन के पहले तक मैं छोटे बर्तन से सिर्फ एक कटोरी दाल लिया करती थी जो की मेरे और इनके लिए काफी थी, लेकिन जब तुम दोनों परिवार का हिस्सा हो गए, हमारे बच्चे हो गए तो तुम्हारे खाने के लिए भी मैं घर के छोटे बर्तन से दाल लेने लगी। तब तुम्हारा अधिकार घर पर हो गया था, हम पर हो गया था लेकिन उदारता वाले लिफ़ाफ़े से कुछ पाने का तुम्हारा अधिकार उसी दिन खत्म हो गया था।

बुआ की ये बात सुनकर मैं अपनी जगह से उठा और मैंने उनके पैर छू लिए और मेरे पीछे पीछे ही वासू भी आया और उसने बुआ को गले से लगा लिया। ये बिल्कुल वैसा ही अनुभव था जैसा सालों पहले हमने बुआ के किचन में महसूस किया था और इस अनुभव को तिवारी सर और श्रेया पहली बार देख रहे थे।

तिवारी सर कुछ देर देखते रहे और फिर बोले "ये क्या है, ये हम दोनों का जॉइंट अकाउंट था भाई, यहाँ सारा इंटरेस्ट सिर्फ एक को ही मिल रहा है, ये गलत है।"

सर की बात सुनकर हम सभी हंसने लगे और श्रेया ने उठ कर सर के पैर छूने की कोशिश की लेकिन सर ने उसे रोकते हुए उसके माथे को प्यार से चूमा और आशीर्वाद देते हुए बोले, "ख़ुश रहो बेटी, उम्र भर मुस्कुराते रहो।"

जो माहौल थोड़ा भारी हो चुका था वो सर की वजह से हल्का हो गया। उसके बाद सर बोले, "अब हमारे पास सिर्फ दो लिफ़ाफ़े बचे हैं जिसमें पहला है शिक्षा का। उस वक़्त हमारे कोई बच्चे नहीं थे और अगले 6 सालों तक हमने बच्चे प्लान किये भी नहीं थे पर फिर भी हम हर महीने अपनी आमदनी का 10% पैसा निकालकर शिक्षा के लिए अलग रखते रहे। ये शुरू में थोड़ा मुश्किल ज़रूर लगा था लेकिन इस एक बात की वजह से हम पैसे का एक ऐसा पेड़ लगाने में कामयाब हो गए थे जिसने हमारे सभी 6 बच्चों की पढ़ाई को पूरा करवाने में हमारी मदद की थी।"

सर की बात सुनकर मैंने कहा, "सर पैसे के पेड़ वाली ये बात मुझे थोड़ा गहराई से समझना है!"

सर बोले, "घबराओ मत, कोशिश करूंगा कि इसे इस तरह से समझाऊं की तुम्हें पूरा कांसेप्ट अच्छी तरह से समझ आ जाए।

पहले बता दूं पैसे के पेड़ के बारे में। तो जैसा मैंने कहा पैसे के पेड़ के लिए तुम्हें ही जमीन बनानी होती है, इसका बीज भी तुम्हें ही बनाना होता है, इसे सींचने के लिए पानी तुम्हें ही बनाना होता है, खाद तुम्हें ही बनाना होती है, इसकी देखभाल तुम्हें ही करना होती है और इस पेड़ की हिफाज़त भी तुम्हें ही करना होती है।"

"अब यहाँ तुम्हारा सवाल क्या होना चाहिए, बताओ?" सर ने गेंद हमारी तरफ फेंक दी।

सर की बात सुनकर वासू बोला, "ये करना कैसे हैं?"

फिर सर ने मेरी तरफ देखा और मैंने भी वही कहा "जी सर, सवाल तो यही है की ये करना कैसे है?"

सर ने कहा, "अब तुमने गलत सवाल किया है", और उसके बाद उन्होंने श्रेया की तरफ देखा।

श्रेया बोली, "सर, ये जमीन, बीज, पानी खाद बनाना किससे है और कैसे बनाना है?"

सर ने चहकते हुए कहा "ये हुआ ना सही सवाल।।" सर की बात सुनकर श्रेया के होंठों पर एक मुस्कुराहट आ गई और सर ने अपनी बात कहना जारी रखा, "बात करें तुम्हारे सवाल के जवाब की तो पैसे के पेड़ के लिए जमीन, बीज, खाद, पानी सब कुछ सिर्फ पैसे से ही बनता है। और कैसे बनता है वो भी आगे समझाता हूँ।

पैसे के पेड़ को लगाने के लिए पहले तुम्हें जमीन बनाना होती है। तुम्हें पैसे को बचत करने की आदत डालनी होती है, तुम्हें अपने पास छोटा ही सही पर एक अमाउंट तैयार करना होता है जिसे तुम किसी भी हालत में फिर से

टच नहीं कर सकते। ये बचत करने की आदत और एक फिक्स अमाउंट तुम्हारे पैसे के पेड़ के लिए जमीन हो गई।

अब इसके बाद तुम्हें इस जमीन पर बीज लगाना है और वो बीज भी तुम्हारे पैसे का ही बनेगा। तुम चाहे जितना छोटा अमाउंट चाहे जितनी छोटी रकम इसमें रखो ये वक़्त के साथ बढती रहेगी। अब अगर तुम इस बीज को बराबर पानी देते रहोगे, खाद देते रहोगे, इसकी हिफाज़त करते रहोगे तो ये छोटा सा बीज भविष्य में बहुत बड़ा पेड़ बन जायेगा। अब अगर तुमने इसे खाद पानी नहीं दिया लेकिन इसकी हिफाज़त करते रहे तो भी ये बीज एक पेड़ ज़रूर बनेगा लेकिन शायद ये पेड़ बहुत मज़बूत नहीं होगा और इसमें फल भी कम ही आयेंगे।

बात करें पैसे के पेड़ को पानी देने की तो तुमने एक बार तो थोड़ी सी रकम इन्वेस्ट कर दी अब अगले महीने तुम फिर से थोड़ा पैसा और इन्वेस्ट कर देते हो तो ये तुम्हारे पहले बीज को और ताकत देगा और वो तेजी से बढ़ेगा। कई बार ये हो सकता है की तुम्हें कुछ एक्स्ट्रा पैसे मिल जाये और ये जो एक्स्ट्रा पैसे हैं, तुमने उसे भी अपने इन्वेस्टमेंट में लगा दिया तो तुम्हारे इन्वेस्टमेंट वाले पौधे को और ज़्यादा ताकत मिल जायेगी और तुम्हारा पौधा तेजी से पेड़ बढने लगेगा। तुम अगले कुछ सालों तक ऐसे ही हर महीने अपने छोटे से बीज के पौधे को पैसे का पानी देते रहे और कभी कभी एक्स्ट्रा पैसे की खाद देते रहते हो तो तुम्हारा वो छोटा सा बीज कुछ सालों में एक मज़बूत पेड़ हो जायेगा। उसके बाद तुम उस पेड़ को पानी और खाद देते हो तो अच्छा है लेकिन अगर नहीं देते और सिर्फ इसकी हिफाज़त करते रहते हो तो भी ये पेड़ अपने आप बढ़ता रहेगा और तुम्हें फल के रूप में पैसे देते रहेगा।

“और हमें इस पेड़ की हिफाज़त किससे करनी है, क्यों करनी है और कैसे करनी है?” वासू ने सवाल किया।

सर ने कहा “बहुत खूब। चलो पहले बात करें इस पेड़ की हिफाज़त किस से करना है तो तुम्हें पूरी दुनिया से इस पेड़ को बचा कर रखना होगा और इसमें तुम ख़ुद भी शामिल हो। तुम्हारे इस पेड़ को सबसे पहला खतरा तुमसे

ही होता है क्योंकि कई बार ऐसे मौके आयेंगे जब तुम्हें अपनी चाहतों या ज़रूरतों के लिए पैसे की ज़रूरत पड़ेगी और तुम्हें अपना इन्वेस्टमेंट वाला पेड़ एक आसान तरीका दिखेगा उस पैसे को हासिल करने का। और समस्या ये है की इस पेड़ से तुम्हें लगातार फल मिल सकता है वो भी पेड़ के बड़े होने के बाद। लेकिन अगर तुमने इन्वेस्टमेंट के इस पेड़ से बीच में पैसे लेने की कोशिश की तो तुम्हें इस पेड़ को नुकसान पहूँचाना पड़ेगा, जो की आने वाले भविष्य में तुम्हें बहुत नुकसान देगा। तो पहले तुम्हें इस पेड़ को ख़ुद की चाहतों और ज़रूरतों से बचाना होगा।

उसके बाद बारी आती है तुम्हारे रिश्तेदारों की, परिवार के लोगों की और कई बार दोस्तों की भी। दुनिया में सभी को पैसे की कमी होती है और हर वक़्त होती है। जब लोगों को पता चलता है की तुम्हारे पास पैसे है तो वो तुमसे पैसे मांगने आ जायेंगे। अब अगर तुम उन्हें ये पैसे दे देते हो तो तुम अपने पेड़ को नुकसान पहुंचाते हो और नहीं देते तो अपने रिश्तों को।

ख़ुद के और रिश्तेदारों के बाद तुम्हें अपने इन्वेस्टमेंट के पेड़ को बचाना होता है मार्केट से और हालातों से। जब तुम इन्वेस्ट करते हो तो कहीं भी करो, वहाँ पर उतार चढ़ाव आते हैं और तुम्हें सिर्फ इस पर नज़र रखना होती है, अगर तुमने कोई इन्वेस्टमेंट सही जगह किया है तो तुम्हें परेशान होने की ज़रूरत नहीं होती लेकिन कभी कभी ज़रूरत पड़े तो एक्शन लेना होता है ताकि तुम अपने इन्वेस्टमेंट के पेड़ को कोई नुकसान ना होने दो।

अब तुम्हारा अगला सवाल था इस इन्वेस्टमेंट के पेड़ की हिफाज़त क्यों करना है तो जैसा मैंने अभी बताया तुम्हारे पेड़ को नुकसान पहुँचाने के लिए तुम्हारे हालात, रिश्तेदार, मार्केट के हालात पूरी कोशिश करते रहते हैं। अब अगर तुम्हारे इस पेड़ को थोड़ा भी नुकसान होता है तो आने वाले वक़्त में ये थोड़ा नुकसान बहुत बड़ा नुकसान साबित हो सकता है।

चलो इसे एक उदाहरण से समझाता हूँ। मान लो तुम्हारे घर में एक आम का 2-3 साल पुराना पौधा है जो की बड़ा हो रहा है लेकिन ये इतना बड़ा नहीं है की तुम बिना कोई नुकसान पहूँचाये इस पेड़ से डाल तोड़ सको या

इसके पत्ते ले सको। वहीं पर तुम्हारे कोई एक रिश्तेदार आये और उन्होंने कहा हमारे घर पूजा है और हमें आम के पौधे के कुछ पत्ते और डालें चाहिए। तुमने उनको मना किया लेकिन उन्होंने ज़िद की और मजबूरी में तुम्हें अपने इस मासूम पेड़ से एक डाल तोड़ कर उन्हें देना पड़ी। उसके बाद कुछ साल गुज़र गए तुम अपने पेड़ का ध्यान रखते रहे, और ये पेड़ बड़ा होता रहा। कुछ सालों के बाद इस आम के पेड़ पर आम के फल आने लगे, लेकिन जो डाल तुमने एक बार तोड़ कर दे दी थी वो डाल कभी बढ़ नहीं पाई। उस डाल से और शाखाएं नहीं निकली और उस छोटी डाल के टूटने का नुकसान ये हुआ कि तुम्हें उस हिस्से से कभी फल नहीं मिल सके।"

"मतलब एक छोटी सी भूल भविष्य में इतना नुकसान कर सकती है?" मैंने पूछा।

सर ने जवाब दिया "हाँ बिल्कुल, और बात यहीं खत्म हो जाये ज़रूरी नहीं है। मान लो तुमने एक रिश्तेदार के लिए वो एक डाल तोड़ कर दे दी और कुछ दिनों के बाद एक और रिश्तेदार आ गए, उनके घर भी पूजा थी और तुमने जब उनको पेड़ से डाल देने के लिए ना किया तो तुम पर आरोप लगने लगे। एक रिश्तेदार को तो तुमने हाँ कर दी लेकिन हमें ना कर रहे हो। हमारी सोसाइटी कुछ इस तरह से बनी है कि तुम्हें तुम्हारी ही चीज़ के लिए ना करने पर अपराधी बना दिया जाएगा। मजबूरी में तुम उनको हाँ करोगे फिर और किसी को और फिर और किसी को। इस तरह से थोड़ा थोड़ा करके तुम्हारा पेड़ सिर्फ एक ठूंठ बचेगा। लेकिन लोग वहाँ भी नहीं रुकेंगे, वो उस ठूंठ को भी तुमसे छीनने की कोशिश करेंगे और उसके बाद तुम्हारे पेड़ के बीज और जमीन को भी तुमसे छीन कर ले जायेंगे।

और ज़रूरी नहीं है की ये नुकसान सिर्फ तुम्हारे रिश्तेदार करें, ये नुकसान तुम्हारी चाहतें, तुम्हारी भावनाएं और ज़रूरतें भी कर सकती हैं। इसलिए तुम्हें अपने इन्वेस्टमेंट के पेड़ की हिफाज़त करना बहुत ज़रूरी है नहीं तो तुम्हारे पास कुछ भी नहीं बचेगा, ना आज के लिए, ना भविष्य के लिए।"

मैंने कहा, "ये तो काफी डरावना है"।

सर ने कहा "हाँ और तुम्हें इससे डर लगना भी चाहिए, वरना तुम अपने इन्वेस्टमेंट के पेड़ की हिफाज़त करने के लिए अपना जी जान नहीं लगाओगे।

अब अगला सवाल आता है इस पेड़ की हिफाज़त करना कैसे हैं, तो उसके लिए तीन बातें समझना होंगी। पहली इसकी हिफाज़त तुम्हें ख़ुद से करनी है तो कोशिश करो कि कभी भी अपनी ज़रूरतों और चाहतों को इतना मत बढ़ने दो कि तुम्हें अपने इन्वेस्टमेंट के पेड़ से वक़्त के पहले कुछ लेना पड़े। अगर तुम अपने पैसे मैनेज कर रहे हो, अगर तुम अपने बजट को बना कर हमेशा चल रहे हो तो तुम्हें कभी तुम्हारे इन्वेस्टमेंट से एक रुपया भी नहीं लेना होगा। तो ख़ुद से हिफाज़त करने के लिए ख़ुद की सोच और प्लानिंग पर भरोसा करना होगा।

दूसरी; हिफाज़त करना है रिश्तेदारों से, परिवार के दूसरे लोगों से और दोस्तों से तो उनसे हिफाज़त का सीधा तरीका है उन्हें इस बारे में पता ही मत चलने दो की तुम्हारे पास पैसे का कोई पेड़ है या तुम पैसे का ये पेड़ लगा रहे हो। तुम्हें अपने सभी इन्वेस्टमेंट, सेविंग और असेट्स को छुपा कर रखना है। कुछ भी हो जाए पति और पत्नी के सिवा ये बातें किसी को भी पता नहीं होना चाहिए। जब लोगों को ये पता ही नहीं होगा की तुम्हारे पास कोई इन्वेस्टमेंट है तो उस तक वो जायेंगे भी नहीं।

यहाँ ये भी हो सकता है कि तुम्हारी पूरी कोशिश के बाद भी कुछ लोगों को तुम्हारे इन्वेस्टमेंट के बारे में पता चल जाए और वो तुमसे पैसे मांगे तो उनको ना कर दो। हो सकता है ये बात उन लोगों को पसंद ना आये, हो सकता है इससे तुम्हारे रिश्ते बिगड़ जाएं लेकिन तुम्हें ध्यान रखना है अपने भविष्य का। एक बार ना करके तुम शायद एक रिश्ता थोड़े वक़्त के लिए बिगाड़ लोगे लेकिन अपने इन्वेस्टमेंट के पेड़ को नुकसान पहुँचा कर तुम अपना पूरा भविष्य बिगाड़ सकते हो। तो इसीलिए ज़रूरी है अपने इन्वेस्टमेंट के बारे में लोगों को कभी मत बताओ और अगर किसी को पता चल गया तो उनको ना करना सीखो।"

सर की बात सही तो थी लेकिन मेरे दिमाग में एक सवाल भी था, तो मैंने सवाल किया "अगर हम लोगों को ये नहीं बतायेंगे तो फिर लोग हमें गरीब नहीं समझेंगे क्या?"

सर बोले "बिल्कुल गरीब समझेंगे, लेकिन इसमें तुम्हारा क्या नुकसान है। हाँ ये हो सकता है कि वो तुम्हें अपने बराबर का नहीं मानेंगे या फिर तुम्हें अपमानजनक नज़रों से देखेंगे, लेकिन क्या तुम्हें इससे फर्क पड़ना चाहिए? तुम मुझे बताओ, तुम्हारा लक्ष्य क्या होना चाहिए, तुम्हें पैसे वाला दिखना है या सच में पैसे वाला होना?"

"सच में पैसे वाला होना", मैंने जवाब दिया।

सर बोले, "बस तो फिर ये चिंता मत करो की लोग क्या कहते हैं या क्या सोचते हैं। तुम सिर्फ अपनी चिंता करो और लोग अपने विचारों को वक़्त के साथ ख़ुद ही बदल देंगे।"

उसके बाद सर ने कहा, "अब तीसरी हिफाज़त करना है, मार्केट से, मार्केट के हालातों से। ये कैसे करना है उसका मेरे पास कोई सीधा जवाब नहीं है, क्योंकि इसका कोई सीधा जवाब होता ही नहीं है। इसके लिए तुम्हें मार्केट को समझना होगा। कई बार ये हो सकता है की जब मार्केट खराब है तो तुम्हें अपने पैसे निकालना सही होता है और कई बार मार्केट खराब होता है तो ये तुम्हारे लिए एक मौक़ा होता है और उसमें तब और पैसे इन्वेस्ट करना सही होता है।"

तो मार्केट से हिफाज़त करने के लिए तुम्हें मार्केट को समझना होगा सीखना होगा और ख़ुद को बेहतर बनाना होगा।

अच्छी बात ये है की ये सीखना नामुमकिन नहीं है, तुम्हें सिर्फ वक़्त देना होगा, तुम्हें बहुत सी किताबें मिल जाएँगी जो तुम्हें इन्वेस्टमेंट की छोटी से छोटी बातों को सिखा सकती हैं और जब तुम थोड़े वक़्त तक इन्वेस्टमेंट करते रहोगे तो तुम्हें मार्केट समझ आने लगेगा और तब तुम सही फैसले लेने के काबिल हो जाओगे। तो मार्केट से हिफाज़त करने के लिए तुम्हें सिर्फ मार्केट

में होना पड़ेगा, मार्केट पर नज़र रखना पड़ेगी और वो करना होगा जो एक्सपर्ट कर रहे हैं।

"अगर तुमने ये कर लिया तो तुम्हारे लिए अपने पैसे के पेड़ की हिफाज़त करना आसान हो जायेगा।"

मैंने सर की बात को सुना और फिर कहना शुरू किया "मतलब अगर हमें पैसे का पेड़ लगाना है तो सबसे पहले बजट को अपनी आदत बनाना होगा, उसके बाद हर महीने पैसे बचाना शुरू करना होगा, फिर कुछ पैसे बचने के बाद इन्वेस्टमेंट शुरू करना होगा, उसके बाद हर महीने इस इन्वेस्टमेंट में अपनी बचत के और पैसे जोड़ते जाना होगा और अगर कोई एक्स्ट्रा पैसे मिले तो उसे भी इस इन्वेस्टमेंट में डाल देना होगा।

उसके साथ ही हमें ये भी ध्यान रखना है कि इस इन्वेस्टमेंट से ना ही हम कोई पैसा ले और ना ही किसी और कोई इस पैसे में हाथ लगाने दे। सबसे अच्छा तो यही होगा की हम किसी को इस इन्वेस्टमेंट के बारे पता भी ना चलने दे और ये काम हम अगले कई सालों तक करते रहे जब तक हमें हमारे इन्वेस्टमेंट से रिटर्न ना मिलने लगे।"

सर ने कहा, "बिल्कुल सही कहा तुमने। पैसे का पेड़ लगाने के लिए बिल्कुल यही करना है।

चलो अब तुम ये समझ चुके हो की पैसे का पेड़ कैसे लगाना तो तुम्हें बताता हूँ हमारे शिक्षा वाले लिफ़ाफ़े के बारे में और कैसे उस लिफ़ाफ़े ने हमें पैसा का एक पेड़ लगाने में मदद की और कैसे उस पेड़ से हम अपने बच्चों की पढ़ाई पूरी करवा पाए।

हमें पहले दिन से शिक्षा वाले लिफ़ाफ़े को ख़र्च करने की ज़रूरत नहीं थी तो हमने पहले महीने से ही उस पैसे को बचाने और इन्वेस्ट करने में लगाना शुरू कर दिया था। अगले सात सालों तक हमने कोई भी बच्चे प्लान नहीं किया था तो हम उस पैसे को सिर्फ स्टॉक मार्केट में इन्वेस्ट करते रहे और उसके बाद जब हमारा पहला बच्चा हुआ तो भी अगले तीन साल तक हमें इस पैसे की ज़रूरत नहीं थी। हम इस पैसे को इन्वेस्ट करते रहे और दस

साल के बाद हमने इसे इन्वेस्ट करना बंद कर दिया। उसके बाद जब अनंत स्कूल जाने लगा तो हमें शिक्षा वाले लिफ़ाफ़े से थोड़े पैसे ख़र्च करना पड़ते थे और अनंत से दो साल छोटा अर्णव था और उस से दो साल छोटी पार्वती तो एक बार ये सिलसिला शुरू और हमें लगातार इस लिफ़ाफ़े से पैसे निकालने की ज़रूरत पड़ती थी।

अक्षर, अनन्त से पूरे 13 साल छोटा था और हमने उसके लिए प्लान नहीं किया था, लेकिन फिर भी हमें कोई परेशानी नहीं हुई।"

"फिर जो दस साल तक इन्वेस्टमेंट किया था उसका क्या किया आपने?" मैंने सवाल किया।

"जब बच्चे स्कूल में थे तो उनके लिए ज़्यादा पैसे ख़र्च करने की ज़रूरत नहीं थी, और जो ख़र्च लगता था वो हमारी आमदनी के 10% से ही हो जाता था। लेकिन जब वो लोग कॉलेज जाने लगे तो उनके ख़र्च बढ़ चुके थे और उस वक़्त हमारा लगाया हुआ पैसे का पेड़ हमें मदद करने लगा।

जब अनन्त पहली बार कॉलेज गया था तो हमारी शादी को 26 साल हो चुके थे और इतने वक़्त में हमारा इन्वेस्टमेंट काफी बढ़ चुका था और इन्वेस्टमेंट से हमें काफी रिर्टन मिल रहा था। तो हमें अनन्त की कॉलेज की फीस भरने के लिए अपने किसी और इन्वेस्टमेंट को छूने की ज़रूरत नहीं पड़ी और ऐसा ही बाकि तीनों बच्चों के लिए भी था। तुम दोनों ने आगे पढ़ने की जगह काम करने को वैल्यू दी थी, नहीं तो तुम्हारे लिए भी पैसे की कमी नहीं होती।

"मतलब आपने बच्चे होने के पहले से ही बच्चों की शिक्षा के लिए प्लान करना शुरू कर दिया था?" मैंने सवाल किया।

"हाँ" सर ने कहा।

"पर हम तो माता पिता बन चुके हैं हमें क्या करना चाहिए?"

सर ने मेरे सवाल के जवाब में कहा "एक चाइनीज कहावत है। एक पेड़ लगाने के लिए सबसे अच्छा वक़्त आज से 20 साल पहले था, लेकिन दूसरा सबसे अच्छा वक़्त आज है। तो तुम लोग आज से शुरू कर सकते हो और

जब जयंत स्कूल जाना शुरू करेगा तब तक तुम इस पेड़ को काफी मज़बूत बना चुके होगे। उसके बाद चाहो तो हर महीने थोड़ा थोड़ा पैसा इसमें और जोड़ते जाना ताकि जब जयंत के कॉलेज जाने का वक़्त आए तो तुम्हें पैसे की कोई कमी ना हो।"

"और अगर जयंत स्कूल जाना शुरू कर चुका होता तो फिर आपकी क्या सलाह रहती?" मैंने फिर सवाल किया।

"तब हम ये कहते की अपने पैसे को मैनेज करते रहो और कोशिश करो की हर महीने थोड़ा एक्स्ट्रा पैसे अपने बच्चे की आगे की शिक्षा के लिए जमा करते रहो। इस बात से कोई फर्क नहीं पड़ता की अमाउंट कितना छोटा है, फर्क पड़ता है लगातार कोशिश करते रहने से, और वक़्त देने से। अगर किसी भी बीज को थोड़ा प्यार, समय, पानी और खाद मिलता रहे तो वक़्त के साथ वो बीज पेड़ बनता ही है। जब तुम लगातार कोशिश करते हो तो कुछ सालों में एक बडी रकम अपने आप जमा हो ही जाती है।

अगला सवाल वासू का था।

"और अगर कोई अकेला है तो क्या उसे भी बच्चों की शिक्षा के लिए ऐसे ही पैसे जमा करना चाहिए?"

सर ने कहा "हाँ बिल्कुल करना चाहिए। देखो पहली बात ये है की आज नहीं तो कल, वो अकेला इंसान शादी तो करेगा ही, और जब शादी करेगा तो बच्चे भी होंगे और बच्चे होंगे तो उनकी शिक्षा की ज़रूरत भी पड़ेगी तो आज से ही पैसे बचाने में बुराई क्या है।"

वासू ने फिर कहा "और अगर कोई शादी के बंधन में बंधना ही नहीं चाहता तो उसके लिए तो ये प्रैक्टिकल होता ही नहीं, तो उसे क्या करना चाहिए?"

सर ने जवाब दिया "हाँ बिल्कुल, कुछ लोग ऐसे हो सकते हैं जो की शादी के बंधन में नहीं बंधना चाहते, वो अकेले रहना चाहते हैं। कई बार उनके पास शादी करने की कोई वजह नहीं होती और वो लम्बे वक़्त तक अकेले भी रहते है। लेकिन फिर एक दिन कोई ख़ास उनकी ज़िंदगी में आता है जो उन लोगों की सोच को पूरी तरह से बदल देता है। तब वो शादी भी करते

हैं, बच्चे भी करते हैं लेकिन उम्र के पड़ाव पर वो आगे बढ़ चुके होते हैं तो कई बार उनके पास बच्चों की शिक्षा को प्लान करने के लिए वक़्त नहीं बच पाता। इसलिए अगर कोई इंसान अकेला है और वो शादी नहीं करना चाहता तब भी उसे बच्चों की शिक्षा के लिए पैसे ज़रूर जमा करना चाहिए। इस तरह से वो इंसान अगर कभी भविष्य में शादी करता है, तो उसे चिंता की ज़रूरत नहीं होगी, और अगर वो शादी नहीं करता तब भी पैसे तो उसके ही है, वो जैसे चाहे वैसे इस्तेमाल कर सकता है।"

"समझ गया", वासू ने सर हिलाते हुए कहा।

अब सिर्फ एक लिफ़ाफ़े के बारे में बात करना बची थी और वो था मकान वाला लिफाफा।

सर ने कहना शुरू किया अब सिर्फ मकान वाले लिफ़ाफ़े के बारे में बताना बचा है। तो इसके लिए हमने सिर्फ यही किया की हम इस पैसे को 4 सालों तक जमा करते रहे और जब ये एक बडी रकम हो गई तो हमने उस पैसे में और पैसे मिला कर एक छोटा सा मकान खरीद लिया था।

ये मकान काफी सस्ता था, छोटा था लेकिन हमारे लिए ठीक था क्योंकि हमें उसमें रहना नहीं था, हमें तो उसे किराए पर देना था तो हमने वही किया। हमने उस मकान को किराए पर दे दिया और उस किराए के पैसे को मकान वाले लिफ़ाफ़े में ही जमा करते रहे। तो इस तरह से हमारे पास मकान वाले लिफ़ाफ़े में 10% पैसा तो हमारी आमदनी से जाता था और उसके साथ ही किराए वाला पैसा भी जाता था। ये सिलसिला चलता रहा और 3 साल के बाद हमने एक मकान और खरीद लिया था और उसे भी किराए पर दे दिया था। और फिर से मकान वाले लिफ़ाफ़े में अपने पैसे जमा करते रहे।

"तो इस तरह से आपने अपने लिए बहुत सारे मकान, हॉस्टल और दूसरी प्रोपर्टी बनाई थी?" मैंने सर से सवाल किया।

सर ने कहा "हाँ, हम लोगों ने बहुत धीरे धीरे शुरुवात की थी और जैसा की मैंने बताया हमारा खरीदा हुआ पहला मकान बहुत अच्छा नहीं था लेकिन वक़्त के साथ उस मकान की कीमत भी बढ़ती रही। तो अगर आज हम ख़ुद

को थोड़ा धनवान कह सकते हैं तो उसका एक बड़ा कारण वो सभी प्रोपर्टीज़ है जो हमने खरीदी थी।"

मैंने फिर सवाल किया "आपने कहा था, मकान वाले लिफ़ाफ़े के पैसे के साथ ही आपने और पैसे भी मिलाये थे तो वो पैसे आपने कहाँ से लिए थे?"

सर ने जवाब दिया "जैसा की हमने तुम्हें बताया हम अपने 20% पैसे को पहले दिन से ही जमा कर रहे थे तो उसमें से आधे पैसे हम स्टॉक में लगाते थे और आधे पैसे हर महीने थोड़े वक़्त के लिए FD कर दिया करते थे। तो जो पैसा हमने FD में जमा किया था उसमें से आधा पैसा लेकर इस मकान को खरीदा था।"

"लेकिन सर आपको किराया नहीं देना होता था, तो आप ये करने में कामयाब हो गए थे लेकिन हमें अगर किराया देना है तो फिर हम क्या करें, हमारा तो पूरा पैसा किराए में ही चला जाता है, हम अपने लिए घर कैसे खरीदें?" मैंने सवाल किया।

सर ने जवाब दिया, "तुम पहले बजट बनाओ, पैसे जमा करना शुरू करो और कोशिश करो तुम अपने लिए जो घर किराए से लो वो बहुत महंगा ना हो और जितने पैसे बचा सकते हो उतने पैसे बचाते रहो। कुछ सालों तक यही कोशिश करते रहना है और उसके बाद तुम्हारे पास जब पैसे जमा हो जायें तो तुम अपने लिए मकान खरीद सकते हो।"

अच्छी बात ये भी है की अब बैंको से घर खरीदने या बनाने के लिए कर्ज़ मिल जाता है तो तुम चाहो तो घर के लिए तुम्हें होम लोन भी मिल सकता है। तुम चाहो तो 20 से 30% पैसा जमा करके बाकी होम लोन ले सकते हो।

"लेकिन आपने तो कहा था कि कर्ज़ कभी नहीं लेना चाहिए?" मैंने सवाल किया।

"हाँ और मैं अभी भी कहता हूँ की किसी काम के लिए कर्ज़ कभी लेना नहीं चाहिए लेकिन अगर घर खरीदना या बनाना है, और तुम्हारे ऊपर कोई दूसरा कर्ज़ नहीं है, तुम्हारे पास घर खरीदने के लिए 30% पैसे हैं तो बाकी का

पैसा तुम बैंक से होम लोन के ज़रिये ले सकते हो। बस इस जगह ये ध्यान रखना की जब तुम बैंक से होम लोन लो तो तुम्हारी महीने की किश्तें तुम्हारे महीने की आमदनी का 25% या उससे कम हों, पर उससे ज़्यादा बिल्कुल नहीं।

साथ ही ये भी ध्यान रखना की तुम्हारे पास हर वक़्त कम से कम 6 महीने की किश्तें जमा रहें ताकि कभी कोई परेशानी आये तो भी तुम्हें दिक्कत ना हो और तीसरी सबसे ज़रूरी बात ये है की तुम्हें घर रहने के लिए खरीदना है दिखाने के लिए नहीं। तो अपनी ज़रूरत को ध्यान रखते हुए घर खरीदो और कोशिश करो ये महंगा बिल्कुल ना हो। पर इस एक जगह को छोड़ कर तुम्हें कभी भी कहीं और किसी काम के लिए कर्ज़ नहीं लेना है।"

मैंने कहा "समझ गया, लेकिन अगर किसी इंसान के ऊपर पहले से ही कर्ज़ है तो वो क्या करे, क्या उसे भी आपके बताये नियमों के हिसाब से ही पैसे मैनेज करना चाहिए?"

सर ने कहा, "अगर किसी पर कर्ज़ है तो उसके लिए पैसे मैनेज करना और ज़्यादा ज़रूरी हो जाता है, वर्ना कर्ज़ बढ़ते रहेंगे। लेकिन कर्ज़ होने पर हमारा बताया तरीका काम नहीं करेगा, वहाँ पर दूसरा नियम मानना पड़ेगा।

देखो कर्ज़ एक दुश्मन की तरह होता है और कर्ज़ मिटाने के लिए आपको एक जंग लड़ना होगी। अगर आप अपने दुश्मन को जंग में हराना चाहते हैं तो पहले अपने दुश्मन की कमज़ोरी और ताकत के बारे में आपको पता होना चाहिए। तो अगर तुम पर कर्ज़ है तो सबसे पहले अपना हर कर्ज़ कागज पर लिख लेना चाहिए। ये बहुत ही ज़रूरी है। इस तरह से तुम्हें पता होता है की तुम जिस दुश्मन से लड़ रहे हो, वो दुश्मन कितना मज़बूत है, और कितना कमजोर। एक बार कागज पर लिख लिया तो इसे बढ़ते से घटते क्रम में जमा लो। मतलब अगर एक कर्ज़ 10 हजार रूपये का है, एक कर्ज़ 7500 रूपये का, एक कर्ज़ 3000 रूपये का और एक कर्ज़ 200 रूपये का तो सबसे पहले 10 हजार वाला कर्ज़ लिखो, फिर 7500 वाला, फिर 3000 वाला और फिर 200 रूपये वाला।

इसके बाद अपने बजट को मैनेज करना है तो अपनी पूरी इनकम को कागज पर लिख लेना चाहिए, इसमें से खाना, मकान, शिक्षा, आवागमन और इलाज के लिए पांच लिफ़ाफ़े बना लेना चाहिए। यहाँ कोशिश ये होना चाहिए कि ये पांचों ख़र्च कम से कम पैसे में खत्म हो जाएं।

उसके बाद अब दो लिफ़ाफ़े और बनाने है जिसमें से एक लिफाफा है बचत का और दूसरा लिफाफा है कर्ज़ का। बचत वाले लिफ़ाफ़े में आमदनी का 10% पैसा जमा करना है और इसे बैंक में सुरक्षित रख देना है। इसे कहीं इन्वेस्ट नहीं करना है क्योंकि इन्वेस्ट करने पर पैसे खोने का डर भी होता है। हमें इस पैसे को सुरक्षित बैंक में रखते जाना है, और इस पैसे को कभी भी छूना नहीं है।

अब अगली बार आती है कर्ज़ वाले लिफ़ाफ़े की तो बचे हुए पैसे में से हर कर्ज़ की जो न्यूनतम या कम से कम रकम तुम्हें महीने में देना है, वो सभी कर्ज़ देने वालों को एक एक करके दे दो और इसके बाद जो बचा हुआ पैसा है उसे सबसे छोटे कर्ज़ में जमा दो। इस तरह से कुछ महीनों में तुम्हारा सबसे छोटा कर्ज़ खत्म हो जायेगा, और तुम्हारी महीने की एक किश्त खत्म हो जाएगी।

अब यहाँ तुम्हें ख़ुशियाँ नहीं मनाना है बल्कि तुम्हें और जोश के साथ अगले कर्ज़ को खत्म करने में लग जाना है। तुम्हें फिर से सभी कर्जो की न्यूनतम किश्त जमा करते रहना है और अब ये किश्ते देने के बाद तुम्हारे पास जो एक्स्ट्रा पैसा बच रहा है उसे सबसे छोटे कर्ज़ में जमा कर दो। यही तरीका इस्तेमाल करते हुए कुछ महीनों में ही तुम्हारे सभी कर्ज़ खत्म हो जायेंगे, और जब एक बार तुम्हारे सभी कर्ज़ खत्म हो जाएं तो तुम उस तरीके से अपने पैसे मैनेज कर सकते हो जैसे हमने बताया है या फिर कोई और तरीका अपने बजट और चाहतों के हिसाब से बना सकते हो।

मैंने सवाल किया “लेकिन सर आपने इसमें ब्याज दर की बात नहीं की, मान लीजिये मैंने जो कर्ज़ लिया है उसमें किसी कर्ज़ पर ज़्यादा ब्याज है और

किसी पर कम तो क्या मुझे ज़्यादा ब्याज वाला कर्ज़ पहले खत्म नहीं करना चाहिए?"

सर ने कहा "हाँ, गणित के हिसाब से तो वही ठीक रहता है, लेकिन अगर गणित ठीक से काम कर रहा होता तो ये कर्ज़ होता ही क्यों। यहाँ समस्या गणित की नहीं मनोविज्ञान की है।

इसे मैं उदाहरण से समझाता हूँ मान लो जिस कर्ज़ पर तुम सबसे ज़्यादा ब्याज देते हो, वही तुम्हारा सबसे बड़ा कर्ज़ भी है। तो इस कर्ज़ को खत्म करने के लिए तुम्हें वक़्त भी ज़्यादा लगेगा और ज़्यादा समय लगने से तुम थोड़े वक़्त के बाद कर्ज़ मिटाने की अपनी ऊर्जा खो दोगे क्योंकि तुम्हें कोई नतीजे नहीं दिखेंगे। दूसरी तरफ अगर तुम सबसे छोटा कर्ज़ पहले खत्म करते हो तो वो कर्ज़ कुछ महीनों में खत्म हो जायेगा, इस वजह से तुम्हें अंदर से ख़ुशी मिलेगी, तुम्हें नतीजे दिखेंगे, तुम्हें जीतने का अहसास होगा और फिर तुम अगले कर्ज़ को मिटाने के लिए और ज़्यादा जी जान से कोशिश करने लगोगे।"

"समझा, लेकिन कर्ज़ मिटाने वाले इस प्लान में आपने कहीं भी चाहतों की बात नहीं की, प्यार की बात नहीं की, न ही उदारता की बात की, ऐसा क्यों?" मैंने सवाल किया।

सर बोले, "वो इसलिए क्योंकि तुम्हारी चाहतों ने ही तुम्हें कर्ज़ में धकेला था और अगर तुम कर्ज़ में डूबे हुए हो तो तुम थोड़ी बहुत उदारता तो दिखा सकते हो लेकिन उदारता के लिए अलग से प्लान नहीं कर सकते। उसके लिए पहले तुम्हें कर्ज़ से बाहर निकलना होगा और फिर उदारता की कोशिश करनी होगी। ध्यान रखो, जब तुम हवाई जहाज में सफर करते हो तो वहाँ तुम्हें बताया जाता हैं अगर जहाज में हवा का दबाव कम हो तो पहले ख़ुद को ऑक्सीजन मास्क लगाओ और फिर दूसरों की मदद करो। यही कर्ज़ में डूबे लोगों के साथ भी होता है, उन्हें पहले ख़ुद की मदद करना चाहिए और तब वो दूसरों की मदद के काबिल बनते हैं।"

“अगर ऐसा है तो फिर आपने 10% बचत के लिए क्यों कहा? हम उस पैसे को भी तो कर्ज़ उतारने में लगा सकते थे, इस से कर्ज़ थोड़ा और जल्दी खत्म हो जाता!” मैंने फिर से अपनी बात कही।

“हाँ, हो सकता है लेकिन एक इंसान आमतौर पर कर्ज़ लेता है दो कारणों से। एक चाहतों की वजह से और दूसरा होता है मजबूरी की वजह से। अब इस बात की कोई गारंटी नहीं होती कि तुमने पैसे मैनेज करना शुरू कर दिया है तो बाद में कोई परेशानी नहीं आएगी। हो सकता है की फिर से परेशानी आ जाये और जब फिर से परेशानी आएगी तो ये सेविंग वाला पैसा काम आएगा और तुम्हें फिर से कर्ज़ लेने की ज़रूरत नहीं पड़ेगी। पर बस ये ध्यान रखने की ज़रूरत है कि हर छोटी बड़ी ज़रूरत के लिये तुम्हें इस पैसे को नहीं निकाल लेना है, इस पैसे को तभी निकालना है जब सच में मजबूरी हो।”

“इस तरह से हम ख़ुद के लिए, ख़ुद की चाहतों के लिए एक रुपया भी ख़र्च नहीं कर रहे तो क्या हमें निराशा नहीं होगी?”

“होगी, बिल्कुल होगी, लेकिन उस सिचुएशन में तुम्हें ये देखना है की तुम कहाँ थे और कहाँ पर आ चुके हो। जब तुमने ये समझ लिया तो निराशा कम हो जाएगी, और उसके साथ ही तुम्हें ख़ुद को ये भी बताना है कि ये हालात हमेशा के लिए नहीं है, ये सिर्फ थोड़े वक़्त के लिए हैं। जब तुमने ये समझ लिया तो तुम्हारी निराशा की वजह खत्म हो जाएगी और फिर तुम अपनी पूरी कोशिश कर पाओगे।”

अब मुझे सर की बात समझ आ गई थी तो मैंने हाँ में सर हिला दिया और सर ने कहा, “हम अपने पहले सवाल को लगभग खत्म कर चुके हैं, अब बस एक ख़ास सवाल और बाकि बचा है।” ये कहते हुए सर उठे, बोर्ड के पास गए और वहाँ उन्होंने फिर से लिखा -

क्या मैं और श्रेया कभी पैसे की कमी को दूर कर पायेंगे?

फिर हमारे पास आये और सर ने कहा “इस सवाल का जवाब तुम ही दो, तुम बताओ तुम पैसे की कमी को दूर कर सकते हो की नहीं?”

मैंने कहा "हम पैसे की कमी को दूर कर सकते हैं, और हम अमीर भी बन सकते है। बस इसके लिए हमें पहले ये समझना होगा की समस्या हमारी इनकम या आमदनी नहीं हमारे खर्चे और आदतें हैं। पहले हमें बजट बनाने की आदत बनानी होगी और अपने खर्चे उस हिसाब से करने होंगे। हमें कोशिश करना है कि हम ये बजट अपनी ज़रूरतों चाहतों और बचत को ध्यान रखते हुए बनाएं और कोशिश ये भी करना है कि कभी अपने बजट से अलग ना हों।"

मेरी बात को आगे बढाते हुए श्रेया बोली, "और हमें ये भी ध्यान देना है कि जो पैसे घर में आ रहे हैं वो ना इनके हैं ना मेरे, वो हमारे पैसे हैं, हमें उस पैसे को समझदारी से साथ मिलकर ख़र्च करना है और उससे भी ज़्यादा ज़रूरी ये है कि हम अपनी लाइफ के छोटे से छोटे और बड़े से बड़े फैसले को साथ करें। हम दोनों एक दूसरे का सम्मान करें, एक दूसरे की चाहतों और ज़रूरतों का सम्मान करें और अगर किसी जगह पर कोई एक राज़ी नहीं है तो दोनों ही लोग उस ख़र्च के लिए बिना किसी परेशानी के ना कर दें।"

उसके बाद वासू बोला, "और हमें ये भी ध्यान रखना है कि हम अपने भविष्य के लिए एक या ज़्यादा पैसे के पेड़ लगाएं ताकि हमें कभी भी किसी भी काम के लिए पैसे की कमी ना हो।"

फिर बात को खत्म करते हुए मैंने कहा "और अगर हम पर कर्ज़ है तो बजट बना कर पहले हमें छोटे से शुरू करके बड़े कर्ज़ खत्म करना है ताकि हम बिना किसी चिंता के पैसे को मैनेज कर सकें, पैसे को बचा सकें और बढ़ा सकें। साथ ही हमें अपने घर के लिए भी सोच समझ कर प्लान करना चाहिए। और अगर हमने ये कर लिया तो हमें पैसे की कमी तो होगी नहीं, हम अमीर भी बन सकते हैं।"

"वेरी गुड। तुम्हें ये बात तो समझ आ गई है। बस तुमने एक बात मिस कर दी है कि पैसे मेनेज करने के लिए तुम्हें लगातार सीखते रहना होगा और हालातों के हिसाब से ख़ुद को बदलना भी होगा", सर ने कहा।

हम तीनों ने ही हाँ में सर हिला दिया और सर ने कहा "वेरी गुड, तो हम इस सवाल को अब खत्म करें?" हम तीनों ने फिर से हाँ में सर हिला दिया तो सर उठे और उन्होंने बोर्ड को पूरी तरह से साफ़ कर दिया।

उसके बाद बुआ ने सवाल किया, "तुम लोगों को भूख तो नहीं लग रही? अगर तुम कहो तो बाकी बाद में करें?"

हमने देखा घड़ी में 7 भी नहीं बजे थे, श्रेया को जयंत की चिंता भी नहीं थी, तो श्रेया बोली, "नहीं बुआ जी अभी ही करते है।"

बुआ ने कहा, "बहुत अच्छी बात है।"

****

उसके बाद बुआ अपनी जगह से उठीं, उन्होंने चॉक को उठाया और बोर्ड पर अगला सवाल लिखा।

सवाल नम्बर 3 – परिवार

एक खुशहाल परिवार धरती पर ही स्वर्ग है _ जॉर्ज बर्नार्ड शॉ

परिवार में ज्यादा खुशियों के लिए उम्मीदों का सही होना ज़रूरी है।

ये फिर से मेरी सोच के बाहर था क्योंकि मुझे लगा था अब बुआ प्यार लिखेंगी। लेकिन अब तक मैं ये समझ चुका था कि बुआ और तिवारी सर की सोच बहुत आगे की है तो मैंने सवाल करने की जगह इस पर ध्यान दिया कि बुआ क्या कहती हैं।

बुआ बोली "घबराओ मत, प्यार और पेरेंटिंग की बातें भी करेंगे लेकिन उसके पहले बात करते हैं परिवार की। और परिवार की बात करना इसलिए ज़रूरी है क्योंकि परिवार नाम के इस ताने बाने में बहुत सी ऐसी बातें हो सकती हैं जिन पर तुम्हारा कोई अधिकार नहीं होता। परिवार से जुड़े होने पर कई बार तुम्हें नुकसान भी होते हैं और कई बार परिवार की वजह से तुम्हारा अपमान भी होता है, दिल दुखता है और जाने कितनी परेशानियों का सामना करना पड़ता है। ये तकलीफें, परेशानियां, दुःख, अपमान और ऐसी ही बातें होती हैं जो लोगों को अपने परिवार और रिश्तेदारों से दूर कर देती हैं।

अब हम ये नहीं कह रहे हैं की परिवार का होना सिर्फ परेशानी देता है। असल में परिवार से प्यार भी बहुत मिलता है, साथ भी बहुत मिलता है लेकिन हम इंसान सिर्फ वही देखते हैं और महसूस करते हैं जो हम देखना चाहते हैं, महसूस करना चाहते हैं। और इसके साथ हम हमेशा तुलना करते हैं और जब हम पाने और खोने की तुलना करते हैं तो हमें हमेशा ही ये लगता है की हमने खोया ज़्यादा है और पाया कम है। यही वजह है कि हमारे रिश्ते कई बार बिगड़ जाते हैं और कभी सुधर भी नहीं पाते।"

"तो फिर हमें करना क्या है?" मैंने सवाल किया।

बुआ बोली "तुम्हें परिवार से रिश्तों के लिए नियम बनाने होंगे, एक दूसरे के साथ मिलकर सीमाएं तय करनी होंगी, कुछ उम्मीद करना बंद करना होगा और कई बार ना करना सीखना होगा।"

उसके बाद मैं कोई और सवाल करता उसके पहले बुआ उठीं, बोर्ड के पास गईं और उन्होंने गुलाबी रंग के चॉक से बोर्ड पर लिखा -

परिवार में सब को साथ कैसे रखें?

फिर उसके बाद वो वहीं खड़ी रहीं और और बोलीं, "अगर तुम्हें परिवार में सबको साथ रखना है तो सबको ख़ुश करने की, सबको साथ रखने की कोशिश बंद करनी होगी। तुम्हें परिवार के सभी लोगों के लिए दायरे बनाने होंगे, अपने परिवार और दोस्तों को उन दायरों में बांटना होगा और फिर उन दायरों में रह कर ही तुम्हें उनके लिए कुछ भी करना होगा।"

"ये बात समझ नहीं आई", मैंने कहा।

बुआ बोलीं, "जानती हूँ" और उसके बाद उन्होंने बोर्ड पर एक छोटा गोला बनाया और उसमें लिखा - पति पत्नी, उसके बाद उस गोले को कवर करते हुए एक थोड़ा बड़ा गोला बनाया और उसमें लिखा - माता पिता, बच्चे, खास दोस्त, बहन, भाई, आदि। और फिर उस के भी आगे जाकर एक और बड़ा गोला बनाया और उसमें लिखा - दोस्त, रिश्तेदार, परिचित आदि और आखिरी गोले में लिखा - कोई नहीं।

ये बनाने के बाद बुआ हमारे पास वापस आकर बैठ गईं और बोलीं, "तुम्हें अपने रिश्तों को इस तरह से अलग अलग करना होगा। तुम्हें सबसे पहले एक गोला बनाना होगा जिसमें सिर्फ पति पत्नी होंगे और कोई नहीं।

दूसरे गोले में तुम उनको रखो जो तुम्हारे दिल के बहुत करीब हैं, तुम्हारे लिए पूरी दुनिया में सबसे ख़ास लोग हैं और इनके लिए तुम पूरी दुनिया को छोड़ सकते हो। तुम्हारे केस में इस दूसरे गोले में जयंत हो सकता है, तुम्हारे माता पिता हो सकते हैं और वासू हो सकता है।"

"और आप दोनों हों सकते हैं", मैंने बात काटते हुए कहा।

बुआ बोलीं, “हाँ हम भी हो सकते हैं। ख़ास बात ये है कि इस गोले में सिर्फ उन लोगों को रखना है जो तुम्हारे लिए सबसे ख़ास हों। अगर तुम इसमें अपने भाई बहन को शामिल करना चाहते हो तो उनको करो, नहीं करना चाहते तो मत करो, दोस्तों को रखना है तो उनको रखो, नहीं रखना तो मत रखो। ये तुम्हारा अधिकार है तो इसे तुम ही तय करो।

अगले गोले में तुम अपने नज़दीकी रिश्तेदारों को रख सकते हो, ऐसे दोस्तों को रख सकते हो जिनको पहले गोले में नहीं रखा, और इस तरह से तुम तीन से लेकर 5 गोले बना सकते हो और ज़रूरत पड़े तो ज़्यादा भी।

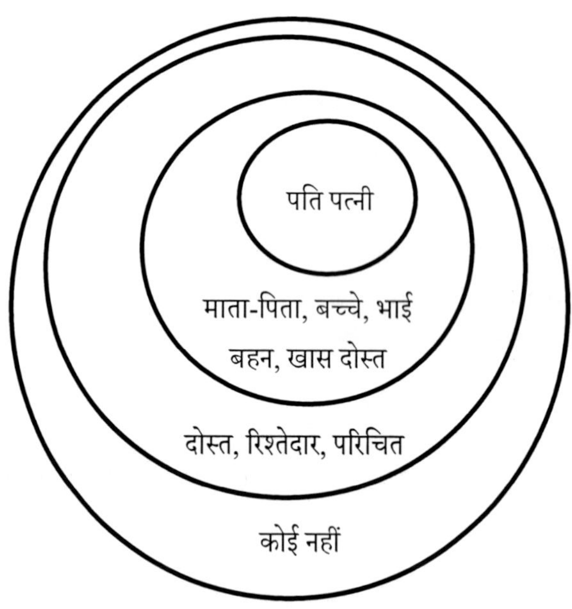

इस गोले में तुम दोनों को ही एक साथ मिलकर नाम तय करने हैं और तुम्हें ये भी देखना है कि यहाँ तुम या मैं नहीं, हम होना चाहिए। अगर हम नहीं है तो ये तरीका कभी काम नहीं करेगा और इसमें जो नाम आयेंगे उसमें बिल्कुल बहस नहीं होगी। अगर गोविन्द कहता है की मेरे लिए एक इंसान इस गोले में होना चाहिए तो उसे वहीं रखना है। और ऐसे ही अगर श्रेया कहती है की मैं इस इंसान को किसी ख़ास गोले में रखना चाहती हूँ तो उसे

उस गोले में रखना है। यहाँ दोनों की रजामंदी अपने आप ही बन जाना चाहिए।

और जब इन गोलों में तुम लोगों को रखो तो जो पहला गोला है तुम्हें सबसे ख़ास लोगों का गोला, उसमें कोशिश करो बहुत ही कम और सबसे ख़ास लोगों को रखने के लिए, क्योंकि इस गोले में जो लोग हैं उनके लिए तुम बहुत कुछ देने वाले हो।"

और उसके बाद इसी तरह से बाकी के गोलों के लिए नाम तय करने हैं।

वासू ने सवाल किया "लेकिन इसके लिए कोई तो मापदंड होंगे, कोई तो क्राइटेरिया होगा जिसके बेस पर हम ये नाम चुन सकें?"

इस बार सर ने बुआ की लाइन को दोहराते हुए कहा, "बहुत अच्छा सवाल है और इसका जवाब है टाइम और पैसा। तुम ये देखो की किसी रिश्ते के लिए तुम कितना पैसा और कितना वक़्त ख़र्च करने के लिए तैयार रहोगे। उदाहरण के लिए बच्चों की बात की जाए तो उनके लिए कोई भी माता पिता अपना पूरा पैसा पूरा वक़्त देने को तैयार हो जाते हैं, यही बात माता पिता के लिए हो सकती है, कभी कभी कुछ ख़ास दोस्तों के लिए हो सकती है लेकिन उससे ज़्यादा नहीं।"

फिर कई बार ये भी हो सकता है कि कुछ लोगों के लिए तुम थोड़ा पैसा और ज़्यादा वक़्त देने को तैयार हो सकते हो। ये लोग तुम्हारे दूसरे गोले में हो सकते हैं, उसके बाद कुछ ऐसे रिश्ते भी हो सकते हैं जिनके लिए तुम अपने कामों से निकाल कर थोड़ा वक्त, देने को तैयार रहोगे लेकिन पैसा नहीं तो वो उसके बाद आ सकते हैं और फिर ऐसे रिश्ते हो सकते हैं जिनके लिए अगर तुम्हारे पास वक़्त है तब देना चाहोगे नहीं तो बिल्कुल नहीं और पैसा होगा तो भी सिर्फ इतना ही ख़र्च करना चाहोगे जितना दाल में नमक।"

अब श्रेया ने सवाल किया, "मतलब हमें हर गोले को बहुत सोच समझ कर बनाना होगा क्योंकि अगर हमने गलत नाम चुन लिए तो ये हमारी लाइफ को नुकसान पहुंचा सकते हैं!"

बुआ बोली "हाँ बिल्कुल सही कहा तुमने, अगर तुम्हें कोई डाउट है तो अपने पार्टनर के साथ मिलकर तुम इस बारे में बात कर सकती हो लेकिन जो भी फैसला होगा वो तुम्हारा होगा तो इसे बहुत ही सोच समझ कर और ख़ुद के भविष्य को ध्यान रखते हुए करना है।

अब यहाँ एक बात और भी तुम्हें समझना होगी और वो है किसी भी रिश्ते से उम्मीद ना करना। अधिकतर रिश्ते इसलिए खराब होते हैं क्योंकि लोग अपने रिश्तों से उम्मीद करते हैं, लोग सोचते हैं हम कर रहे हैं तो सामने वाला भी हमारे लिये सब कुछ करे और वही गलती हो जाती है। हम जब इस तरह से रिश्ते बनाते हैं तो वहाँ व्यापार होने लगता है और व्यापार में जब लेन देन बराबर ना हो तो शिकायतें होने लगती है, शिकायतें कई बार बड़ी भी होती है और वही रिश्तों को तोड़ने लगती है। तो सबसे अच्छा ये होगा कि तुम अपने किसी भी रिश्ते से कोई उम्मीद ना करो और जब बात हो रही है किसी भी रिश्ते से तो यहाँ माता पिता और संतान भी शामिल हैं। तुम्हें इनके लिए करना है लेकिन इनसे उम्मीद नहीं करनी है। अगर इन्होंने तुम्हारे भले के लिए कुछ किया तो बहुत अच्छी बात है और नहीं किया तो कोई बात नहीं। जब तुम उम्मीद क़रना बंद कर दोगे तो तुम्हारी शिकायतें नहीं होंगी और शिकायतें नहीं होंगी तो रिश्ते भी नहीं टूटेंगे।"

"और जो आपने आखिरी गोले के बाहर लिखा है - कोई नहीं, उसका क्या?" वासू ने सवाल किया।

बुआ ने जवाब दिया "कोई नहीं वाले हिस्से की बात करें तो ये रिश्ते होंगे जो तुम्हारे लिए कोई मायने नहीं रखते। इन रिश्तों को ना ही तुम अपना वक़्त देना चाहते हो, ना पैसा और ना ही सोच में कोई हिस्सा। कई बार ऐसा होता है जब तुम्हें हालातों के चलते कुछ रिश्तों के लिए ना करना होता है और जब तुम उन रिश्तों को ना कर देते हो तो, उनके बारे में सोचना भी नहीं चाहते और वही लोग इस 'कोई नहीं' वाले हिस्से में आते हैं जिनके बहुत दूर चले जाने से भी तुम्हें कोई फर्क नहीं पड़ेगा, उनका होना और ना होना तुम्हारे लिए मायने ही नहीं रखता।"

वासू बोला “मतलब अगर मेरा एक रिश्ता था जो की अब नहीं है, और मैं उनसे कोई सम्बन्ध भी नहीं रखना चाहता तो उनको कोई नहीं वाले हिस्से में रख सकता हूँ?”

बुआ बोली “हाँ।”

वासू ने पूछा, “तो इससे रिश्ते अच्छे कैसे होंगे?”

बुआ ने जवाब दिया “जब तुम अपने एक या ज़्यादा मरे हुए रिश्तों को कोई नहीं वाले हिस्से में डाल दोगे तो तुम बंधन से मुक्त हो जाओगे, तुम ख़ुद को हल्का महसूस करने लगोगे, तुम्हारे दिल और दिमाग से एक बोझ खत्म हो जायेगा और तब तुम अपना वक्त, और ताकत उन रिश्तों को दे पाओगे जो तुम्हारे लिए मायने रखते हैं।

साथ ही तुम उन रिश्तों से उम्मीद भी पूरी तरह से बंद कर दोगे। हमने यहाँ कहा की रिश्तों से उम्मीद नहीं करना है और हम इस दिशा में अपनी कोशिश भी कर सकते हैं लेकिन इंसान अपने रिश्तों से ना चाह कर भी थोड़ी उम्मीद तो रखता ही है। हम माता पिता बच्चों से ये उम्मीद करते हैं कि वो हमें ज़्यादा नहीं, थोड़ा सही दिल से प्यार ज़रूर करें, अपने दोस्तों और रिश्तेदारों से उम्मीद करते हैं ज़्यादा कुछ नहीं, लेकिन ये ज़रूर पूछ ले की तुम कैसे हो, और दूर के रिश्तेदारों से ये उम्मीद ज़रूर होती है कि अगर कहीं मौका आये तो वो हमें पहचान ज़रूर लें। लेकिन जब तुम किसी को कोई नहीं वाले हिस्से में डाल देते हो तो उनसे रत्ती भर की उम्मीद भी बाकी नहीं रह जाती और ऐसे भी ये तुम्हारे लिए बेहतर होता है।

अब इसमें जो आखिरी बात तुम्हें समझना है वो है पैसे का ध्यान रखना। पैसे के सवाल के बारे में जवाब देते हुए हमने दो बातें कही थीं उसमें एक ये थी की परिवार के लिए एक अलग हिस्सा निकाल कर रख लेना है और उसके बाद ये भी कहा था की अपने पैसे के पेड़ की हिफाज़त रिश्तेदारों से करना है।

रिश्ते बनाने और निभाने के लिए ये बहुत ही ज़रूरी बात हैं। जैसा की हमने तुमको बताया था परिवार में कई बार उत्सव होते हैं शादियाँ होती है या फिर

कई बार परिवार या रिश्तेदार तुम्हारे घर आते हैं और इस सब में पैसा ख़र्च होता है। तो तुम्हें कोशिश ये करना है की ये जो ख़र्च करना है उसे परिवार वाले लिफ़ाफ़े से ही करना है और किसी भी हालात में उस लिफ़ाफ़े के ख़र्च के बाहर नहीं जाना है। अगर तुम्हारे लिए ये ख़र्च उठाना नामुमकिन हो रहा हो तो विनम्रता के साथ सामने वाले को ना कर दो लेकिन किसी भी हालत में अपने बजट को मत बिगाड़ो।"

श्रेया बोली, "लेकिन इससे तो रिश्तेदारों को बुरा लग सकता है, वो बाहर जाकर रिश्तेदारों में हमारा अपमान कर सकते हैं!"

बुआ ने कड़क आवाज़ में कहा "तो लग जाने दो और बुराई करने दो। अगर तुम्हारे घर में राशन नहीं होगा तो ये बुरा मान जाने वाले रिश्तेदार तुम्हारे लिए राशन लेकर नहीं आ जायेंगे। अगर ऐसे रिश्तेदारों की वजह से तुम्हारे बच्चे की स्कूल फीस नहीं भरी तो ये उसकी चिंता नहीं करेंगे, अगर इलाज के लिए दवाइ नहीं मिली तो ये उसकी चिंता नहीं करेंगे, बल्कि उसके लिये भी तुम्हें ही गलत बतायेंगे और दुनिया में जाकर ये कहेंगे कि तुम किसी काबिल नहीं हो। हमेशा ध्यान रखो रिश्तेदार ठीक हैं लेकिन ज़रूरी परिवार है अगर तुम्हारा परिवार ख़ुश है तो रिश्तेदार फिर से आ जायेंगे और अगर वो रिश्ता नहीं रखना चाहते तो उनके लिए कोई नहीं वाला हिस्सा हमेशा खुला रखना।

और इसके साथ एक और बात ये भी याद रखना है की किसी भी रिश्तेदार से पैसे की रिश्तेदारी नहीं रखना वरना रिश्ते ख़राब होंगे ये तय है। अगर तुम्हारे रिश्तेदार तुमसे पैसे उधार लेते हैं तो ज़्यादातर तो यही होगा की वो पैसे वापस देंगे नहीं और अगर तुमने मांग लिए तो तुम उनके लिए बुरे बन जाओगे। और अगर तुम्हारे मांगने से उन्होंने पैसे दे दिए तो भी तुम तो बुरे हो ही जाओगे और रिश्ते हमेशा के लिए बिगड़ जायेंगे। और अगर उन्होंने पैसे वापस नहीं दिए तो भी रिश्ते बिगड़ने का डर हमेशा रहेगा। इसलिए सबसे अच्छा यही होता है कि किसी भी रिश्तेदार, दोस्त या परिचित से पैसे की रिश्तेदारी करो ही मत।"

"और अगर हमने किसी से पैसे लिए हुए हैं तो फिर क्या करें?" मैंने सवाल किया।

बुआ बोली "तो पहली बात उस रिश्तेदार के लिए हमेशा शुक्रगुजार रहो और ये बात उसे अपने शब्दों में बताओ, दूसरी बात उससे कभी मुँह मत चुराओ, कभी उससे बचने की कोशिश मत करो, और आगे होकर अपने रिश्तेदार का पूरा कर्ज़ चुका दो। अगर तुम आज नहीं चुका सकते तो भी उस रिश्तेदार से बात करते रहो, और थोड़ा थोड़ा करके सही उसे पैसे देते रहो और उसके साथ ये भरोसा भी दिलवाते रहो की मेरे हालत खराब है नियत नहीं, मुझे तुम्हारे पूरे पैसे चुकाने हैं और ये जल्द से जल्द हो जायेगा। और कहने के साथ इस कर्ज़ को जल्द से जल्द उतार भी दो। कर्ज़ कैसे उतारना है उसके बारे में पैसे वाले सवाल पर तुम्हें जवाब मिल ही गया है। और एक बार क़र्ज़ उतार दिया तो कोशिश करो किसी भी रिश्तेदार से कर्ज़ ना लेना पड़े।"

अब इसके बाद बुआ उठीं बोर्ड तक गईं और वहाँ हरे रंग का चॉक लेकर लिखा -

बुआ और तिवारी सर के रिश्ते परिवार से अच्छे कैसे थे?

उसके बाद बुआ वापस अपनी जगह बैठकर बोलीं, "हमारे रिश्ते परिवार से अच्छे थे लेकिन अगर हम ये कहीं कि हमारा रिश्ता परिवार के सभी लोगों के साथ अच्छा था तो ये गलत होगा। हमारे रिश्ते कई लोगों के साथ खराब भी थे और हम ये नहीं कह रहे की उसमें हमारी गलती नहीं रही होगी। हो सकता है वहाँ हमारी गलती हो लेकिन हमारी प्राथमिकता हमेशा हमारे बच्चे, और हमारे माता पिता थे तो हमें इस बात से फर्क भी नहीं पड़ता था।

परिवार से अच्छे रिश्ते के लिए हमने वही किया था जो हमने तुम्हें बताया। हमने एक दूसरे के साथ अग्रीमेंट किया था और हर रिश्ते को कागज पर लिखा और उसे प्राथमिकता के हिसाब से नम्बर दिए। बच्चों और माता पिता को हमने 1 नम्बर दिया", वासू और मेरी तरफ इशारा करते हुए बोलीं, "हमारे दोस्त तुम दोनों जैसे कभी नहीं थे तो हमारे दोस्तों को हमने उसके बाहर वाले हिस्से में रखा और वहाँ पर हमने दोस्तों को रखा, भाई बहन की तरफ

से हमें बहुत मदद नहीं मिलती थी तो हम उनको देने के लिए भी इतना नहीं सोचते थे इसलिए उनको भी हमने दूसरे हिस्से में रखा, तीसरे हिस्से में हमारे चाचा, मामा और इस तरह के रिश्ते थे, इसमें कभी कभी पड़ोसी भी आ जाते थे और उसके बाद वाले हिस्से में हमने जानने वालों को रखा और आखिरी में, उसके बाहर बहुत से कोई नहीं भी थे।

हमने ये भी तय किया था कि हम दोनों ही एक दूसरे के माता पिता का, रिश्तों का सम्मान करेंगे और हम कभी भी एक दूसरे का अपमान नहीं होने देंगे। अगर कभी मेरे माता पिता ने तुम्हारे तिवारी सर के लिए एक भी गलत शब्द कहा तो उन्हें ये कुछ नहीं कहते थे लेकिन मेरे माता पिता को तुरंत ही मेरे विरोध का सामना करना पड़ता था और मुझे कोई गलत कहता था तो उसे इनके विरोध का सामना करना होता था।

उसके साथ ही हम अपने रिश्तेदारों के लिए अपने दिल और घर के दरवाजे खोल कर रखते थे लेकिन उन्हें वक़्त देते हुए हम अपनी सीमाओं को ध्यान में रखते थे। कई बार ज़रूरत पड़ने पर हमें ना भी करना होता था जिसे रिश्तेदार कभी समझते थे कभी नाराज हो जाते थे, लेकिन हम अपनी जगह पर टिके रहते थे।

साथ ही कभी हमने किसी रिश्तेदार से पैसे की रिश्तेदारी नहीं रखी तो इस दिशा में कोई शिकायत हुई नहीं और इस तरह से रिश्ते ठीक बने रहे।"

यहाँ अब मेरे और श्रेया के पास तो कोई सवाल था नहीं लेकिन वासू के पास एक सवाल ज़रूर था।

उसने सवाल किया, "और अगर कोई शादी शुदा नहीं है तो उसे क्या करना चाहिए?"

बुआ ने कहा, "उसे भी अपने रिश्तों को इसी तरह से निभाना चाहिए और शादी होने के बाद इसमें बदलाव किये जा सकते हैं।"

और बुआ बोली "एक बात और भी ध्यान रखना, ये ज़रूरी नहीं है कि जो रिश्ते आज किसी एक गोले में आ गए हैं वो अंदर या बाहर नहीं हो सकते। कई बार हालात ऐसे होंगे की कुछ रिश्ते सबसे करीबी गोले में आ जायेंगे

और कुछ बाहर निकल जायेंगे, तो वक़्त पर अपने इस चार्ट को बदलते भी रहना है।”

उसके बाद बुआ कुछ नहीं बोली और उठ कर बोर्ड तक गईं और वहाँ एक नए चॉक से लिखा -

क्या मैं और श्रेया अपने परिवारों के साथ अच्छे रिश्ते बना पायेंगे?

फिर हमारी तरफ देखते हुए बोली, जवाब तुम ही दो।

मैंने कहा, “हम अपने रिश्ते अच्छे कर सकते हैं, पर उसके लिए पहले हमें पैसे मैनेज करना होगा बिना पैसे मैनेज किये तो रिश्ते मैनेज नहीं हो पायेंगे, उसके बाद हमें रिश्तों को भी मैनेज करना होगा और ये तय करना है की किस रिश्ते को कितना वक़्त कितना पैसा देने के लिए तैयार रहना है। उसके साथ ही हमें किसी भी रिश्ते से उम्मीद नहीं करना है, या यूँ कहे की ज़्यादा उम्मीद नहीं करना है और सभी को ख़ुश करने की कोशिश नहीं करना है बल्कि अपनी प्राथमिकता को तय करना है।”

मेरे चुप होने के बाद श्रेया बोली “और हमें ये भी तय करना है कि रिश्ते हमारे हैं, ना मेरे और ना इनके बल्कि हमारे और हमें हर रिश्ते का सम्मान करना है और उससे भी ज़्यादा ज़रूरी ये है की हमें एक दूसरे का बहुत सम्मान करना है, और हमारे किसी भी रिश्ते को इस बात की इजाज़त नहीं देना है की वो हमारे पार्टनर का अपमान कर सके।”

अब बारी वासू के बोलने की थी तो उसने कहा, “और कई बार हमें अपने अच्छे रिश्तों के लिए कुछ रिश्तों को छोड़ने के लिए तैयार भी रहना होगा।”

इसके बाद बुआ ख़ुश होते हुए बस इतना ही बोलीं, “बहुत अच्छे।”

****

फिर सर उठे, बोर्ड के पास गए और पुराना सब मिटा कर वहाँ उन्होंने लिखा

सवाल नम्बर 2 – प्यार

बिना प्यार के ज़िंदगी ऐसी ही है जैसे बिना फूल और फल के पेड़ – खलील जिब्रान

हर रिश्ते और प्यार को पूरा होने के लिए पाना और देना दोनों ही ज़रूरी है।

उसके बाद वो वापस आये और उन्होंने बोलना शुरू किया "प्यार हमेशा दो तरह का होता है, एक होता है कंडिशनल या शर्तों के आधार पर प्यार और दूसरा होता है अनकंडिशनल या शर्तों के बिना प्यार। अब तुम्हें बहुत से लोग ये कह सकते हैं की प्यार में शर्तें नहीं होती या प्यार हमेशा अनकंडिशनल होता है, लेकिन ये सच नहीं है। सिर्फ कुछ ही जगह होती हैं, जहाँ बिना शर्तों का प्यार होता है।

उदाहरण के लिए एक माँ का प्यार अपने नवजात बच्चे के लिए हमेशा ही शर्तों से परे होता है। एक नवजात बच्चा अगर दूध पीते हुए माँ के वक्ष पर नाख़ून लगा दे या फिर वो माँ के कपड़े गीले कर दे तब भी माँ को उसमें आनंद ही मिलता है। माँ कभी अपनी नवजात सन्तान से ये उम्मीद नहीं करती की वो बच्चा भी माँ को प्यार करे, या माँ का ध्यान रखे। लेकिन जैसे जैसे बच्चा बड़ा होता रहता है माँ के प्यार में भी शर्तें आती जाती हैं। माँ के अंतर्मन में तो बहुत प्यार होता है लेकिन उसमें उम्र के साथ शर्तें भी जुड़ती जाती हैं और अगर वो शर्तें पूरी नहीं होती तो अंतर्मन का प्यार भी धीरे धीरे खत्म होने लगता है।

जब माँ और सन्तान का प्यार कभी भी शर्तों से परे नहीं होता तो पति और पत्नी के प्यार को शर्तों से अलग कहना या तो मूर्खता है या झूठ।"

सर की बात सुनकर मैंने कहा "पर इस बात पर यकीन करना बड़ा मुश्किल लगता है की पति और पत्नी का प्यार शर्तों में बंधा होता है।"

सर हंस कर बोले, "अब इस पर यकीन करने में क्या मुश्किल है, तुम ही बताओ शादी के 7 फेरे लेते समय 14 वचनों का लेन देन नहीं होता क्या?"

"मतलब अगर शर्तों को नहीं माना गया तो पति पत्नी का रिश्ता खत्म हो जाता है?" मैंने सवाल किया।

सर ने कहा "होना तो यही चाहिए लेकिन ऐसा होता नहीं है, लेकिन प्यार ज़रूर खत्म हो जाता है और इसीलिए प्यार को बना कर रखना है तो शर्तों को समझ कर उन्हें हमेशा मानना चाहिए।"

"तो ये शर्तें सभी के लिए अलग होती हैं या एक ही होती हैं?" मैंने सवाल किया।

सर बोले "हमारा अनुभव तो यही कहता है कि प्यार को ज़िंदा रखने के लिए कुल 5 शर्तें होती हैं और वो सभी के लिए एक जैसी ही होती है। इन शर्तों में जो 5 बातें शामिल होती हैं, वो हैं; पैसा, परिवार, सम्मान, साथ और प्राथमिकता। और ख़ास बात ये है की कई बातें हमने अपने विकास चक्र से सीखी हैं।"

हम तीनों कुछ बोले तो नहीं लेकिन तीनों के चेहरे पर ही बड़े से प्रश्न चिन्ह थे जो की सर को भी समझ आ रहे थे।

सर हंस कर बोले, "रुको समझाता हूँ। डार्विन के विकासवाद के सिद्धांत के अनुसार हम सभी बंदर से इंसान बने हैं और इसमें हमें करीब 40 लाख साल का वक़्त लगा है। और अगर हम होमोसेपियंस के वक़्त से आज तक के इंसान की बात भी करें, तो भी हमें कम से कम 20 हजार सालों का वक़्त लगा है। इस बीच पिछले कुछ हजार सालों को छोड़ दें तो हम जंगल में या खुले में रहा करते थे और हमें हमेशा ही अपनी जान की चिंता होती थी।

ऐसे हालात में एक साथी के होने से जान की चिंता काफी कम हो जाती थी, यही बात परिवार के लिए भी कही जा सकती है इस तरह से परिवार और साथ ज़रूरी हो जाते हैं। साथ ही जीवनसाथी के होने से जीवन जीने के लिए जो भी ज़रूरतें रहती थी वो आसानी से पूरी हो सकती थीं। सम्मान की बात की जाए तो आज से ही नहीं हम जब जंगलो में रहते थे तब से ही सबसे

पहले सबसे ज़्यादा खाना हम देते थे परिवार के उस इंसान को जिसका सबसे ज़्यादा सम्मान किया जाता था और जब जंगल में खतरे की बात होती थी और अगर सभी को नहीं बचाया जा सकता था तो लोग अपनी प्राथमिकता तय करते थे और उस हिसाब से एक दूसरे की हिफाज़त करते थे।

अब आज हमें इस तरह की चिंता नहीं होती लेकिन जो बात हमने कई लाख सालों के विकास चक्र से सीखी है वो कुछ हजार सालों में बदल जाए ये सम्भव नहीं है, इसलिए जब भी पति पत्नी के प्यार की बातें होती हैं, तो ये पांच शर्तें अपने आप ही ज़रूरी हो जाती हैं।"

यहाँ मैंने सवाल किया, "सर इसमें परिवार, सम्मान, साथ और प्राथमिकता तो समझ आ गया लेकिन पैसे वाली बात समझ नहीं आई, पैसा तो इंसान के सुरक्षित होने के बाद ही आया है!"

सर बोले "सही बात है लेकिन यहाँ असल में कीमत पैसे की होती भी नहीं हैं, कीमत होती है ज़रूरत की। पैसे से सभी ज़रूरतें पूरी हो जाती हैं इसलिए दिमाग में पैसा प्यार के लिए एक शर्त हो जाता है।

तो हम ये कह सकते हैं की प्यार को ज़िंदा रखने के लिए लिए 5 मूलभूत बातों या शर्तों को पूरा करना होगा जिसमें पहली शर्त है ज़रूरत के लिए पर्याप्त पैसा होना ताकि भूख, घर और कपड़ों की चिंता ना हो। दूसरी ज़रूरत है परिवार का साथ होना ताकि जब हमें परेशानी आये हम सब एक दूसरे की हिफाज़त कर सके, तीसरी ज़रूरत है सम्मान ताकि ये निश्चित रहे कि हमारे पास जो है उसमें सबसे पहला अधिकार तुम्हारा है, चौथी ज़रूरत है साथ ताकि अगर हममें से कोई एक ज़ख्मी हो जाए, तेजी से ना चल पाए तो भी दूसरा मदद करे आगे बढ़ने में और आखिरी ज़रूरत है प्राथमिकता ताकि खतरे के वक़्त तुम सबसे पहले मेरी हिफाज़त करो।

अब ये बातें यहाँ बहुत ही कड़वी लग रही हैं लेकिन अगर इन पांच शर्तों को मान लिया, समझ लिया तो पति और पत्नी का प्यार हमेशा ही ज़िंदा रहता है।"

मेरे और श्रेया के लिए इस बात को मानना थोड़ा मुश्किल लग रहा था, पर हम इसका विरोध भी नहीं कर पा रहे थे और इसीलिए हमारे पास कोई सवाल भी नहीं थे, तो हम सिर्फ चुप रहे।

फिर सर उठे और उन्होंने बोर्ड के पास जाकर पिंक चॉक से फिर लिखा

तिवारी सर और बुआ में इतना प्यार कैसे **था?**

उसके बाद सर आये कुर्सी पर बैठे और मुस्कुराते हुए बोले "हम दोनों में बहुत प्यार था, आज भी है और कल भी रहेगा, पर तुम्हें एक राज़ की बात बताऊँ?"

हम तीनों ने एक सुर में कहाँ "हाँ, प्लीज बताइए।"

सर बोले "हम दोनों आज भी लड़ते हैं, शादी के वक़्त से ही लड़ते रहे हैं और कई बार तो दिन में दो बार भी लड़ाई हो जाती है, पर ये नोक झोंक वाली लड़ाई होती है जो कुछ सेकंड या मिनट में खत्म हो जाती है।

तो अगर तुम ये सोच रहे हो की प्यार है तो नोक झोंक, बहस या लड़ाई नहीं होगी तो तुम गलतफहमी में जी रहे हो, ऐसा नहीं होने वाला।"

सर की बात सुनकर हम तीनों ही हंसने लगे और सर अपनी बात कहते रहे, "हम तीनों में भी नोक झोंक होती थी लेकिन हमने अपने अनुबंध में पहले पैसे की बातों को तय कर लिया था इस वजह से हमें कभी पैसे की कमी नहीं पड़ी, उसके बाद हमने परिवार के लिए भी अपने नियम बना लिये थे उस वजह से कभी परिवार भी हमारे लिए चिंता का मुद्दा नहीं बना।

बात करें सम्मान की तो हम हमेशा ही एक दूसरे का सम्मान करते थे, एक दूसरे की सोच का सम्मान करते थे और एक दूसरे की चाहतों का भी सम्मान करते थे। कई बार ऐसा भी होता था कि मैं तुम्हारी बुआ की सोच को गलत कहता था और कई बार ये मेरी सोच को गलत कहती थीं, लेकिन इसके बाद भी हम एक दूसरे की सोच को नीचा दिखाने की कोशिश नहीं करते थे, हम कोशिश करते थे अपनी राय रखने की और एक दूसरे को समझाने की। कई बार ऐसा होता था की हम एक दूसरे से बात करके एक ही पन्ने पर आ जाते थे और कभी उस काम को करते थे और कभी नहीं करते थे।

कई बार ऐसा भी होता था कि हममें से एक किसी काम को करना चाहता था और दूसरा नहीं लेकिन इसके करने से हमें पैसे का कोई बड़ा नुकसान नहीं होता था तो भी हम उस काम को एक दूसरे की चाहतों या सोच का सम्मान करते हुए कर लेते थे। और इस वजह से हमें कभी नुकसान हुए और कभी फायदे भी लेकिन हमारा प्यार हमेशा ही मज़बूत होता रहा।

उसके बाद बारी आई साथ की तो हमने पहले ही दिन तय कर लिया था हम हमेशा एक दूसरा का साथ देंगे और शादी का मूल मकसद यही है कि हालात अच्छे हों या बुरे, तुम्हें एक दूसरे का साथ देना है, दुनिया तुम्हारे खिलाफ खड़ी हो या तुम्हें छोड़ कर आगे चली जाए तब भी तुम्हें अपने जीवन साथी का साथ किसी हाल में नहीं छोड़ना है। हमने अपने जीवन के शुरुवाती दिनों में बहुत सी मुश्किलें झेली थीं लेकिन हम एक दूसरे के साथ बने रहे और आज जब हम अपने सपने को पूरा कर रहे हैं, तो भी हम एक दूसरे के साथ हैं और यही वजह है की हमारा प्यार आज भी जिन्दा है।

अब आखिरी बारी आती है प्राथमिकता की तो मेरे लिए हमेशा मेरी प्राथमिकता सिर्फ तुम्हारी बुआ रही हैं। मैंने ख़ुद से पहले तुम्हारी बुआ को प्राथमिकता दी है और इन्होंने मुझे। ये बात छोटी लगती है लेकिन इसका असर बहुत बड़ा होता है और प्यार को ज़िंदा रखने में ये प्राथमिकता बहुत बड़ी दवा का काम करती है।

और अगर तुम ये कहो की ये तो शर्तें हैं प्यार नहीं तो तुम बताओ प्यार क्या होता है। एक दूसरे को समझना, एक दूसरे के साथ होना, एक दूसरे की ख़ुशियों को पहले देखना, एक दूसरे का सम्मान करना और एक दूसरे के साथ ज़िंदगी के अच्छे और बुरे पलों को जीना, अगर प्यार नहीं है तो प्यार क्या होता है?”

हमारे पास इस सवाल का कोई जवाब होता तो देते, तो हम दोनों ही चुप रहे, लेकिन ये तय था की उस वक़्त श्रेया और मैं एक दूसरे के और करीब आ चुके थे।

कॉलेज के वक़्त एक दूसरे को I love you कहने के लिए हमने एक अपना ही एक मोर्स कोड बना रखा था जिसके बारे में हमने किसी को कुछ नहीं बताया था, वासू को भी नहीं।

इस मोर्स कोड में एक बार पलकों को झपकने का मतलब I था दूसरी बार आँखों को झपका कर 1 सेकंड के लिए बंद कर लेने का मतलब Love था और उसके बाद दो बार तेजी से पलकें झपकाने का मतलब you था। और उसके बाद 2 सेकंड के लिए आँख बंद करने का मतलब था I love you too.

उस वक़्त मुझे श्रेया को I Love You कहने का मन था तो मैंने श्रेया की तरफ देखा, उसने मेरी तरफ देखा और पहले एक बार पलकें झपकाई, फिर दूसरी बार पलकें झपका कर एक एक सेकंड के लिए आँखे बंद की और फिर तेजी से दो बार पलकें झपका दी।

श्रेया एक सेकंड के लिए तो चौंक गई थी, लेकिन फिर उसके बाद उसके चेहरे पर एक बहुत बड़ी स्माइल आ गई थी और उसने भी मुस्कुराते हुए अपनी पलकों को 2 सेकंड के लिए बंद करते हुए मुझे I Love You Too कह दिया।

शायद बुआ ने हमें आँखों से बात करते हुए देख लिया था क्योंकि वो हमें देखकर मुस्कुराने लगी थीं और फिर श्रेया शर्मा भी गई, लेकिन बुआ उसके बाद भी कुछ बोली नहीं।

उसके बाद सर अपनी जगह से उठे और उन्होंने बोर्ड पर जाकर प्यार का आखिरी सवाल लिखा।

क्या **मैं** और श्रेया एक **दूसरे** से उम्र के **आखिरी पड़ाव तक प्यार कर पायेंगे?**

उसके बाद सर हमारी तरफ पलट कर कोई सवाल करते उसके पहले ही मैंने अपना मुँह खोल दिया, "हाँ हम दोनों एक दूसरे से उम्र के आखिरी पड़ाव तक प्यार कर पायेंगे। वो इसलिए क्योंकि हमारी बड़ी समस्या पैसे और परिवार को मैनेज ना करने की वजह से हो रही थी, श्रेया हमेशा मेरा सम्मान करती है, वो हर मौके पर मेरा साथ देती है और उसकी प्राथमिकता हमेशा

मैं ही रहा हूँ। हाँ कभी कभी वो जयंत को मुझसे ज़्यादा तवज्जो दे देती है पर मुझे लगता है इस मामले में जयंत से पीछे रहने पर भी मुझे शिकायत नहीं होगी।"

मेरी आखिरी बात सुनकर सभी हंसने लगे पर मेरा बोलना जारी था।

"रही बात मेरी तो पैसे और परिवार तो हम दोनों मिलकर मैनेज कर लेंगे और मैं पूरी कोशिश करूंगा की श्रेया को सम्मान दूं, उसका साथ दूं और मेरी पहली प्राथमिकता वही हो।"

श्रेया जैसे मेरे चुप होने का ही इंतज़ार कर रही थी क्योंकि मेरे चुप होते ही वो बोली, "हाँ मुझे भी यकीन है की हम दोनों एक दूसरे को उम्र के आखिरी पड़ाव तक प्यार कर पायेंगे क्योंकि हमारी सबसे बड़ी समस्या सच में पैसे और परिवार की थी जो की हम समझदारी से दूर कर लेंगे। पर उसके सिवा बाकि बातों के बारे में कहें तो गोविन्द के लिए मैं ही उनकी प्राथमिकता हूँ, वो हमेशा मेरे सम्मान का ध्यान रखते हैं, मुझे अपने बराबर का मानते हैं, मुझे हमेशा साथ रखना चाहते हैं तो हम उम्र भर प्यार कर पाएंगे ये तय है। और ये मुझे सम्मान देते हैं, मेरा साथ देते और मुझे प्राथमिकता देते हैं ये साबित करने के लिए तो मेरे पास एक सबूत भी है।"

ये सबूत वाली बात मुझे थोड़ी अजीब लगी तो मैंने बड़े प्यार से कहा, "अब इसका सबूत कहाँ से आ गया सोनिये?"

मेरा सोनिये सुनकर श्रेया तो शर्मा गई लेकिन बुआ ने डायरी को हाथ में लेते हुए कहा श्रेया का सबूत ये डायरी है।

मैंने कहा, "कैसे?"

बुआ बोली "सिर्फ सवाल नम्बर 6 को छोड़ दिया जाये तो एक भी सवाल ऐसा नहीं है जहाँ तुमने श्रेया को अपने आप से अलग किया हो, एक भी टारगेट ऐसा नहीं है जो तुमने सिर्फ ख़ुद के लिए बनाने का सोचा हो और एक भी जगह ऐसी नहीं है जहाँ तुमने श्रेया को अपने बराबर का दर्जा ना दिया हो। ये साथ प्राथमिकता और सम्मान नहीं है तो क्या है?"

बुआ की बातें सुनकर मेरे पास कुछ कहने के लिए था ही नहीं। मैं चुप था और मैंने उसके बाद श्रेया की तरफ देखा और जैसे ही हमारी नज़रें मिलीं, तो इस बार उसने मुझे हमारे सीक्रेट कोड में I love you कह दिया और मैंने उसे I Love You too.

और इस बार सर ने पूछ ही लिया, बोले "ये तुम्हारे इशारे का मतलब बताओगे मुझे भी!"

श्रेया को लगा हमारी चोरी पकड़ी गई तो वो शर्म से लाल हो गई और मैंने ख़ुद को संभालते हुए कहा, "नहीं सर कुछ नहीं है।"

सर बोले, "ठीक है बच्चू, तुम मुझे इसका मतलब मत बताओ मैं तुम्हें आगे के सवालों के जवाब नहीं बताऊँगा।"

बुआ ने उन्हें रोका भी लेकिन सर ने तो ज़िद पकड़ ली थी।

मुझे पता है कि सर दिल से ईश्वर की तरह पवित्र हैं लेकिन कई बार वो बच्चों की तरह मासूम ज़िद कर भी लेते थे और तब उनकी ज़िद के आगे झुकना ही पड़ता था, तो मैंने भी उन्हें पूरी बात बता दी।

इस वजह से श्रेया तो शर्मा गई थी लेकिन सर की आँखों में चमक आ गई और बोले, "सालों पहले बता देते तो तुम्हारा क्या जाता है, हम दोनों का भला हो जाता ना यार।"

उसके बाद सर बुआ की तरफ पलटे और अपनी आँखों के इशारो से उनको I Love You कहा और बुआ ने भी पलट कर I Love You Too कह दिया। हम सभी के चेहरे पर एक कान से लेकर दूसरे कान तक मुस्कुराहट फैली हुई थी और बुआ वासू से बोलीं, "तू याद रखना तेरे काम आयेगी इन दोनों की ये तरकीब।"

इस बार वासू ने विरोध नहीं किया बल्कि शरमाते हुआ बोला, "हाँ ठीक है ठीक है अभी आप चारों रोमांस करो बाकि मैं देख लूँगा।"

वासू की बात पर हम सभी हंसने लगे और यहीं पर मेरे सवाल नम्बर 2 यानी प्यार का जवाब भी मुझे मिल चुका था।

****

उसके बाद सर हँसते हुए ही अपनी जगह से उठे से फिर बोर्ड के पास गए। मैं सोच ही रहा था की अब सर कौन सा सवाल लेंगे और सर ने बोर्ड पर लिखा।

सवाल नम्बर 8 – सम्मान

मै हर इंसान से बिलकुल एक जैसे बात करता हूँ, चाहे वो किसी यूनिवर्सिटी का प्रेसिडेंट हो या फिर कचरा उठाने वाला – अल्बर्ट आइंस्टीन

जब तक आप खुद का सम्मान नहीं करेंगे दुनिया आप का सम्मान नहीं करेगी

उसके बाद सर वहीं रुके रहे और बोले, "सही समझे, अब हम बात करेंगे सम्मान की। और घबराओ मत ये बहुत लम्बा नहीं होगा, लेकिन ये ज़रूरी है तो पहले इस बारे में बात करते हैं।

देखो सम्मान की बात करना इसलिए बहुत ज़रूरी है क्योंकि ये एक ऐसी क्वालिटी है जो की तुम्हें पैसे, परिवार, और प्यार के साथ ही बाकी सभी सवालों के जवाब को जीने में भी मदद करेगा। अब तुम सवाल करो कैसे, उसके पहले ही मैं तुम्हें ये भी समझा देता हूँ।

देखो अगर तुम लोगों का सम्मान करते हो, तो लोग तुम्हारा सम्मान करेंगे और जब लोग तुम्हारा सम्मान करेंगे, तो वो तुम्हारे अपने काम को बढ़ाने में मदद करेंगे। इसके चलते तुम्हें पैसे भी ज़्यादा मिलेंगे जो की तुम्हें सफल बनाने में मदद करेगा।

परिवार और प्यार को बेहतर बनाने के लिए सम्मान बहुत मदद करता है, और दोस्ती के रिश्ते को भी निभाने के लिए सम्मान काम आता ही है। अभी हमें आगे बात करेंगे तो तुम्हें ये समझ आ जायेगा की कैसे सम्मान की वजह से हर सवाल का जवाब तुम्हें आसानी से मिलेगा। पर अभी बात करते हैं तुम्हारे इस सवाल के पहले हिस्से की।"

उसके बाद सर ने बोर्ड पर लिखना शुरू किया

लोगों का सम्मान कैसे करें और लोगों से सम्मान कैसे पाएं?

उसके बाद सर हमारे पास आकर बैठ गए और बोले, "अगर तुम चाहते हो कि हमेशा लोगों का सम्मान करो तो ये देखो कि उनसे तुम्हें क्या मिला है,

जब तुम ध्यान दोगे तो हर इंसान, हर पत्ता, हर जीव तुम्हें कुछ ना कुछ देता हुआ मिल जायेगा। पेड़ों से तुम्हें जीवन के लिए साँसें मिलती हैं, मिटटी से तुम्हें खाना मिलता है, रहने की जगह मिलती है, जमीन में रहने वाले केंचुए तुम्हारी जमीन को उपजाऊ बनाते हैं, मछली पानी में रहती है और उस पानी को साफ़ करती है जो को तुम्हारे पीने के काम आता है और जब ये बेजुबान जानवर और निर्जीव मट्टी भी तुम्हें कुछ ना कुछ देती ही रहती है तो इंसानों को कैसे अलग रख सकते हैं।

कोई मजदूर है तो उसका सम्मान करो क्योंकि जिस घर में तुम रहते हो उसे भी किसी मजदूर ने ही तो बनाया है, तुम किसी जूते बनाने वाले को मिलते हो तो उसका सम्मान करो क्योंकि हो सकता है तुम्हारे जूते उस इंसान ने ना बनाये हों लेकिन तुम जूते तो पहनते ही हो ना, तुम हलवाई से मिलो तो उसका सम्मान करो क्योंकि किसी न किसी हलवाई के हाथों के बढ़िया व्यंजन तो तुमने खाए ही होंगे। इस बात से कोई फर्क नहीं पड़ता की तुम किस इंसान से बात कर रहे हो, तुम अगर ये समझ लोगे की उस इंसान ने किसी ना किसी रूप में तुम्हारी ज़िंदगी को बेहतर और आसान बनाने में मदद की ही है, कुछ ऐसा करके जो तुम नहीं कर सकते तो तुम ये समझ जाओगे की वो तुमसे बेहतर है और ये हम इंसानों का नेचर है की हम हर उस इंसान का सम्मान करते हैं जिसे हम ख़ुद से बेहतर मानते हैं।"

ये बात मुझे प्रैक्टिकल भी लगी थी लेकिन मेरा एक सवाल भी था। मेरी मनोदशा को सर समझ गए थे तो बोले, "हाँ पूछो क्या डाउट है" और मैंने तुरंत ही सवाल किया "आपने कहा हम ख़ुद से बेहतर लोगों का सम्मान करते हैं लेकिन अक्सर ऐसा होता है कि हमारे बॉस या सीनियर हमसे बेहतर होते हैं पर हम उनका सम्मान नहीं करते। सच तो ये है की हम उनसे जलते हैं तो यहाँ बेहतर का सम्मान वाली बात तो गलत साबित हो जाती है?"

सर ने अपने चिरपरिचित अंदाज में फिर कहा, "बहुत बढ़िया सवाल", और उसके बाद जवाब देने की जगह उन्होंने सवाल दाग दिया और बोले "तुम अपने अफसर को या सीनियर को ख़ुद से बेहतर कहते हो या सच में बेहतर मानते हो?"

सर का सवाल सुनकर मैं सोच में पड़ गया था क्योंकि मैं अक्सर यही तो कहता था की मेरे उस सीनियर को कोई काम नहीं आता लेकिन वो सीनियर बनकर बैठा है, बॉस तो बस अपनी पहुँच का इस्तेमाल करके बॉस बन गया है बाकि काम तो हम सब करते हैं और ऐसी ही कई बातें। जब मैंने इन बातों को सोचा तो मुझे समझ आया कि दिल से मैंने कभी अपने सीनियर या बॉस को ख़ुद से बेहतर नहीं माना और यही वजह थी कि मैं उनका सम्मान नहीं करता था बल्कि उनसे तुलना करके जलता था क्योंकि मैं वो सब चाहता था जो दूसरों के पास था और मुझे शिकायत होती की मुझे वो क्यों नहीं मिला।

मैंने पूरी बेबाकी से बिना लाग लपेट के यही बात सर के सामने रख दी।

सर बोले, "बहुत बढ़िया। अब तुम ये तो समझ गए हो कि तुम उनका सम्मान क्यों नहीं करते और क्यों जलते हो, ये भी समझ गए, लेकिन अब ये भी समझना होगा कि तुम ऐसे हालात में अपनी भावनाओं को कैसे बेहतर करो। ऐसा क्या करो की जो लोग तुमसे बेहतर जगह पर हैं उनसे जलने की जगह या शिकायत करने की जगह तुम उनका सम्मान करने लगो।"

सर की इस बात पर मैंने सवाल किया "अगर हम कुछ लोगों से जल भी रहे हैं तो क्या फर्क पड़ेगा?"

सर बोले, "बिल्कुल फर्क पड़ेगा और बहुत बड़ा फर्क पड़ेगा। जब तुम अपने से बेहतर हालात में होने लोगों से जलते हो तो तुम्हें उनकी बुराइया दिखने लगती हैं, तब तुम उनकी बुराइयाँ, उनका अपमान दुनिया से करने लगते हो और फिर बदले में तुम्हें भी वही वापस मिलता है जो तुम दुनिया को देते हो। मतलब तुम्हारा सम्मान नहीं होता बल्कि अपमान होने लगता है। साथ ही तुम अपने से बेहतर लोगों की अच्छी बातों को, उनके गुणों को नजरअंदाज कर देते हो जिसके चलते तुम उन अच्छी बातों को सीख नहीं पाते और फिर ख़ुद को बेहतर भी नहीं बना पाते।"

ये बात सुनकर मैंने हाँ में सर हिला दिया।

सर बोले, "अब हम आते हैं अपनी बात पर की जो तुमसे बेहतर हालात में हैं उनका सम्मान कैसे करें तो इसका जवाब है - तुम्हें तुलना करनी होगी,

लेकिन ये तुलना अधूरी नहीं पूरी करनी होगी। ध्यान रखो, अगर तुम अधूरी तुलना करोगे तो हमेशा दुखी रहोगे, हर इंसान से तुम्हें शिकायत रहेगी और अगर तुमने पूरी तुलना कर ली तो तुम्हारी हर शिकायत सम्मान में बदल जाएगी, तुम तब ज़्यादा की चाहत करोगे, तब तुम अपने अफसरों से शिकायत नहीं करोगे बल्कि उनसे सीखोगे और जब सीखोगे तो तुम ख़ुद को बेहतर भी बनाओगे और सम्मान भी पाओगे।"

इसके बाद वासू में सवाल किया, "लेकिन ये पूरी तुलना करना किस तरह से है? इसका भी कोई नियम होता है क्या?"

सर बोले, "तुलना करने का नियम होता है या नहीं वो तो मैं नहीं जानता लेकिन पूरी तुलना किस तरह से करना है वो मैं तुम्हें सिखा सकता हूँ। मैं ख़ुद भी अक्सर अपनी तुलना उन लोगों से करता था जो मुझसे बेहतर पोजीशन में होते थे। और जब मैं ये तुलना करता था तो ये देखता कि वो कितने सालों से उस जगह पर या उस दिशा में काम कर रहे हैं और क्या मैंने भी अपना उतना ही वक़्त उस काम के लिए दिया है। इस पहली तुलना पर ही मुझे पता चल जाता था कि मेरे अफसर या सीनियर इसलिए बेहतर जगह पर हैं क्योंकि उन्होंने मेरे मुकाबले कहीं ज़्यादा वक़्त दिया है।

कई दफा ऐसा भी हुआ की मेरे साथ ज्वाइन किए हुए टीचर्स को बड़ी ज़िम्मेदारी दे दी गई, तब मैं तुलना करता था उनके और मेरे काम की और मुझे समझ आता था की वो मुझसे बेहतर काम करते थे या वो ज़्यादा ज़िम्मेदारी उठाने के लिए तैयार थे। कई बार ऐसा भी हुआ कि मुझसे युवा टीचर्स को ज़्यादा बड़ा पद मुझसे पहले दे दिया गया और जब मैंने वहाँ तुलना की तो समझ आया की वो युवा टीचर ज़्यादा ज्ञानी थे।

ये सिर्फ कुछ उदाहरण हैं लेकिन अगर तुम ध्यान दोगे तो पाओगे की सिर्फ एक नहीं कई ऐसे कारण होते हैं, कई ऐसे मापदंड होते हैं जहाँ पर दूसरे हमसे ज़्यादा करते हैं और इसलिए वो हमसे बेहतर पोजीशन पर पहुँच जाते हैं। यहाँ हर इंसान के हालात अलग हो सकते हैं पर अगर हम सिर्फ नतीजों की तुलना करेंगे और मेहनत या कोशिशों की तुलना नहीं करेंगे तो हमें सिर्फ

शिकायत होगी। लेकिन अगर हम नतीजों की तुलना करने के साथ ही कोशिशों की तुलना भी करेंगे, त्यागों की तुलना भी करेंगे, परेशानियों की तुलना भी करेंगे तो हमारी शिकायत दूसरों से खत्म हो जाएगी बल्कि हमें ये समझ आएगा कि हमें सफलता हासिल करनी है तो हमें भी इतना ही बेहतर करना होगा। और जब ये बात समझ आ गई तो अपने से बेहतर लोगों से शिकायत खत्म हो जाएगी, जलन खत्म हो जाएगी और सिर्फ उनके लिए सम्मान रह जाएगा और पाने की जिजीविषा और ज़्यादा बढ़ जायगी।"

सर की इन बातों ने मेरे और वासू के दिमाग के हर तार को हिला दिया था क्योंकि अब तक हम अक्सर ही अपने सीनियर और अफसरों की शिकायत करते थे, लेकिन अब वो शिकायतें खत्म हो गई थीं और कई सवाल थे जो हमें हमारे सीनियर का सम्मान करना सिखा रहे थे।

सर ने फिर सवाल किया, "तो तुम्हें ये समझ आ गया की सम्मान करना कैसे है और क्यों करना है? "

हमने कुछ कहा नहीं लेकिन हाँ में मुंडी हिला दी।

हमारे हाँ को देखकर सर ने कहा, "अब बात करते हैं सम्मान को हासिल करने की तो देखो सम्मान हासिल करने के लिए तुम्हें सिर्फ तीन सिंपल नियम समझना होंगे।

इन तीन नियमों में -

- पहला नियम है लोगों की चाहत और ज़रूरतों को समझना और उनका सम्मान करना।
- दूसरा है लोगों की खासियतों को देखना उनकी कमजोरियों को नहीं।
- और तीसरा नियम है सभी के भले के बारे में सोचना लेकिन कोई उम्मीद ना करना।"

मुझे ये ये तीनों ही बातें बुहत ही पॉवरफुल बहुत ही गहराई तक छूने वाली लगीं और व्यक्तिगत अनुभव से मैं ये भी कह सकता था कि सर और बुआ इन तीनों ही नियमों को हर दिन अपनाते थे।

सर ने आगे कहना जारी रखा, "पहले हम बात करते हैं लोगों की चाहत और ज़रूरत को समझने की। देखो होता ये है की जो लोगों की चाहत है ज़रूरी नहीं वही लोगों की ज़रूरत भी हो। कई बार लोगों को ख़ुद ये पता नहीं होता की उनकी ज़रूरतें क्या हैं और वो अपनी चाहतों को अपनी ज़रूरतें मानने लगते हैं। लेकिन एक आउटसाइड प्रोस्पेक्टिव या हालात से अलग देखने की वजह से तुम ये समझ सकते हो कि उनकी ज़रूरतें कुछ और हैं, जो की चाहतों से नहीं मिलतीं।

इस कंडीशन में तुम्हारी ज़िम्मेदारी ये बन जाती है कि तुम लोगों को उनकी ज़रूरतों के बारे में बताओ और उन्हें उन ज़रूरतों को पूरा करने में मदद करो। लेकिन इसके साथ ही तुम्हें ये भी ध्यान रखना है की तुम उन लोगों की चाहतों को नकारो नहीं, क्योंकि जो चाहतें उन लोगों के दिल और दिमाग में है वो भी कहीं न कहीं ज़रूरतों का हिस्सा ही होती हैं।

मैंने कहा, "तो ये करना कैसे है, और इसको किसी एक्साम्प्ल से समझा सकते हैं तो प्लीज वो समझाइये।"

मेरे बाद श्रेया ने भी सवाल किया, "और अगर हम लोगों की ज़रूरतों और चाहतों को पूरा करने में मदद नहीं कर सकते तो क्या करें?"

सर ने कहा, "दोनों ही बहुत अच्छे सवाल हैं लेकिन हम पहले श्रेया के सवाल को लेते हैं।

देखो अगर तुम किसी की चाहतों और ज़रूरतों को पूरा करने में मदद नहीं कर सकते तो कोई बात नहीं, ये तुम्हारी ज़िम्मेदारी भी नहीं है और तुम्हारी मजबूरी भी नहीं है। ऐसे हालात में तुम्हारी ज़िम्मेदारी सिर्फ इतनी है कि तुम उनकी चाहतों और ज़रूरतों का किसी भी तरह से अपमान ना करो। हो सकता है वो तुम्हारे हिसाब से गलत हों पर अगर तुम उनका अपमान किये बिना सही होने में मदद नहीं कर सकते तो तुम्हारे पास उनको गलत कहने का अधिकार भी नहीं होता। ऐसे हालात में तुम्हें उन लोगों को दिल से सफल होने की शुभकामनाएं देना चाहिए और यही उनके लिए काफी होगा।"

अब हम बात करते हैं गोविन्द के सवाल की, करना कैसे, वो हालात के आधार पर निर्भर करता है और इसे हम एक उदाहरण से समझते हैं।

हमने देखा है कि हमारे गाँव में और आस पास के गाँव के लोगों की चाहत ख़ुश होने की थी, अपने जीवन स्तर को उंचा उठाने की थी लेकिन इन चाहतों को पूरा करने के लिए उन्हें अच्छी सेहत की ज़रूरत थी, आमदनी की ज़रूरत थी, उसके लिए उन्हें सफाई सीखने की ज़रूरत थी, शिक्षा की ज़रूरत थी और सही मार्गदर्शन की ज़रूरत थी।

तो लोगों से हमने कहा आपको अपने जीवन स्तर को उंचा उठाने के लिए, ख़ुश होने के लिए सबसे पहले पैसे की ज़रूरत होगी। लोग इस बात पर तुरंत ही राज़ी हो गए। उसके बाद हमने उनसे कहा लेकिन अगर आप बार बार बीमार होते है या आपके घर के लोग बार बार बीमार होते तो आपकी आमदनी कम हो जाती है और जो आमदनी होती है वो इलाज में चली जाती है, तो आपको अच्छी सेहत की ज़रूरत भी होगी। गाँव के लोगों को ये बात भी समझ आ गई।

इसके बाद हमने लोगों को समझाया की अच्छी सेहत के लिए सफाई का ध्यान रखना होगा और हमने सफाई की तरफ कोशिश की, उसके बाद हमने शिक्षा का महत्व बताया, लोग पढ़ने में ध्यान देने लगे और इस तरह से हमने लोगों को उनकी ज़रूरतें हासिल करने में मदद की, जिससे उनकी चाहतें भी पूरी हो गईं।"

"मतलब जो चाहतें हैं वो अगर ज़रूरतों को पूरा करके हासिल की जाए तो सफलता के चांसेस ज़्यादा हो जाते है?" श्रेया ने पूछा।

सर बोले, "बिल्कुल सही कहा।"

फिर बुआ बोलीं, "सम्मान हासिल करने के लिए दूसरा नियम है लोगों की खासियतों को देखना, उनकी काबिलियत को देखना और उनकी अच्छी बातों को देखना लेकिन उनकी कमजोरियों को या बुराइयों को नहीं।"

उन्होंने कहना जारी रखा, "ये अक्सर होता है कि हम लोगों को देखते हैं और हमें लोगों में बुराइयां दिखने लगती हैं। असल में हर इंसान में कुछ अच्छी

बातें होती हैं और कुछ बुरी बातें होती हैं और ये हम पर है कि हम क्या देखते हैं। जब हम उनकी अच्छी बातों को देखते हैं, उनकी काबिलियत को देखते हैं तो बुराइयाँ हमें दिखती नहीं है और फिर हम उन लोगों के लिए कभी भी कोई नकारात्मक सोच अपने दिल और दिमाग में नहीं आने देते।

इसे भी हम पिछले उदारहण से ही समझ सकते है। हमने ये देखा था की गाँव के लोग सफाई से नहीं रहते हैं, हमने ये देखा था की वो शिक्षा को महत्व नहीं दे रहे हैं लेकिन हमने ये भी देखा था की वो बेहतर होना चाहते हैं, वो मेहनत करने से पीछे नहीं होते और बहुत मेहनत भी करते हैं।

हमें उनकी चाहतें दिखी, उनकी कोशिशें दिखी, मेहनत दिखी तो हमने उस दिशा में काम किया और उसी वजह से गाँव वालों को जीवन स्तर बेहतर हो पाया। साथ ही जब हमने उनकी अच्छाइयों को देखा तो हमारे दिल में उन लोगों के लिए सम्मान पैदा हुआ लेकिन अगर हम उनकी बुराइयों को देखते तो हमारे दिल में शायद वो सम्मान नहीं आ पाता और फिर शायद हम अपना 100% भी उन लोगों के लिए नहीं दे पाते।"

"लेकिन इसमें आपको सम्मान मिलने की बात तो आई ही नहीं, इसमें तो आपने सिर्फ दिया है?" वासू ने सवाल किया।

"बिल्कुल सही कह रहे हो और यही सम्मान पाने का तीसरा नियम भी है", सर ने जवाब दिया।

जैसा की हमने बताया तीसरा नियम है सभी के भले के बारे में सोचना लेकिन कोई उम्मीद ना करना। देखो सम्मान सिर्फ देने वालों का होता है लेकिन अगर तुम देने के बदले कुछ लेने की उम्मीद करते हो तो तो तुम उसी जगह सम्मान पाने का अधिकार खो देते हो।

तुम हमें बताओ भगवान् का सम्मान क्यों किया जाता है, साधुओं का सम्मान क्यों किया जाता है, शिक्षक का सम्मान क्यों किया जाता है, माँ का सम्मान क्यों किया जाता है! वो इसलिए क्योंकि इनके बारे में एक मत से यही राय है कि ये सब देते हैं और बदले में कुछ उम्मीद नहीं करते। अब इसमें कितना सच है और कितना झूठ हम उस पर बहस नहीं करेंगे लेकिन इस बात में

कोई दो राय नहीं है की जब तक आप लोगों के भले का नहीं सोचेंगे, लोगों का भला नहीं करेंगे तब तक आप सम्मान का अधिकार नहीं रखते और इस भले के साथ ये उम्मीद भी रखना है की तुम लोगों से कोई उम्मीद ना करो। जब लोगों के भले का सोचोगे लेकिन उनसे उम्मीद नहीं रखोगे तो आपको अपने आप ही सम्मान मिलने लगेगा।"

"और अगर सम्मान ना मिले तो?" मैंने सवाल किया।

"तब भी तुम्हें कोई दुख नहीं होगा क्योंकि तुमने देने का सोचा था लेकिन उसके बदले तुमने कुछ भी मांगा नहीं था", सर ने जवाब दिया।

अब हम तीनों के ही पास कोई सवाल नहीं था और सर हमारे चेहरे को देखकर ये बात समझ चुके थे।

फिर सर में बोर्ड पर लिखा

तिवारी सर और बुआ कैसे सबका सम्मान करते थे और कैसे सम्मान पाते थे?

पर ये लिखने के बाद सर कुछ नहीं बोले बल्कि बुआ ने बोलना शुरू किया।

वो बोली "तुम्हारे तिवारी सर हमेशा सबका सम्मान करते थे क्योंकि वो ख़ुद को बहुत ज़्यादा बड़ा समझते ही नहीं थे। उनके पास जब कुछ नहीं था तब से लेकर आज जब सब कुछ है तब तक वो हर शख्स को सम्मान की नज़रों से देखते आये हैं, उन्होंने किसी का कभी जान बूझ कर अपमान नहीं किया और हमेशा दिल में ये भाव रखा की मेरा और मेरे परिवार का भला होता रहे लेकिन दुनिया में कभी भी किसी का बुरा न हो। उनका ये भाव उनके स्वभाव में भी दिखाई देता था और उनके एक्शन या काम में भी। वो सिर्फ लोगों का सम्मान ही नहीं करते थे बल्कि उनकी कोशिश ये होती थी कि वो लोगों की मदद भी कर सकें, वो लोगों की अच्छी बातों को देखते थे और मदद तो करते थे लेकिन कभी कुछ उम्मीद नहीं करते थे और यही वजह थी की उनको सभी से सम्मान मिलता भी था।"

और जब बुआ चुप हुई तो तिवारी सर ने कहना शुरू किया "तुम्हारी बुआ ने भी कभी किसी का अपमान नहीं किया, हम दोनों में तो ऐसा नहीं हुआ लेकिन कई बार रिश्तों में जुड़े होने से ऐसे मौके भी आये जहाँ पर हालात

थोड़े से नकारात्मक हुए लेकिन वहाँ भी तुम्हारी बुरा ने हर बात को सम्भाल लिया, वो सबका सम्मान करती रही, वो परिवार और लोगों के लिए जितना हो सकता था वो करती रहीं और उनको भी सम्मान मिलता रहा। यहाँ हम ख़ुद की तारीफ नहीं करना चाहते पर तुम लोगों को समझाना ज़रूरी है तो बता रहा हूँ कि जब जब अपनी तरफ से जो कुछ दुनिया को दे सकता था उसे देने की शुरुआत की थी, इस लक्ष्य में तुम्हारी बुआ ने ना केवल हर कदम मेरा साथ दिया बल्कि मेरा हौसला भी बढ़ाया। वो ना केवल औरों की मदद के लिए तैयार रहती थीं बल्कि मेरा हौसला भी बनी रहीं और इस वजह से ना केवल मुझे सम्मान मिला बल्कि तुम्हारी बुआ को भी बराबर का सम्मान मिलता रहा।"

सर अपनी बात खत्म कर चुके थे और हम कुछ कहते उसके पहले ही बुआ ने अपनी बात रखते हुए कहा, "यहाँ हम ये भी बताना चाहेंगे की हमें सबसे सम्मान ही मिला है और कोई अपमान नहीं मिला ऐसा नहीं है। असल में कई बार ऐसा भी हुआ है की हमें अपने रिश्तों से ही अपमान भी मिला है और नफरत भी।"

बुआ की ये बात हमारी समझ के बाहर थी की आखिर कोई उनका अपमान कैसे कर सकता है और इसका जवाब भी बुआ ने ही दिया और बोली, "देखो हमारी पहली प्रायोरिटी, पहली प्राथमिकता हमेशा हमारा परिवार रहा है और इस वजह से कई बार हमने कई ऐसे लोगों को नाराज कर दिया था जो की हमारी प्राथमिकता नहीं रहे हैं। और जब हम दोनों ने या किसी एक ने ऐसे लोगों को को नाराज किया तो भले ही किसी एक से नाराज हुए हों, हम दोनों में से किसी ने भी कभी उनको मनाने की कोशिश नहीं की क्योंकि हमारी प्राथमिकता हमारा परिवार था। कई बार लोगों ने हमसे पैसे मांगे और हमने उन्हें सीधे ही ना कर दिया और कई बार ऐसे लोगों को मदद करने से इनकार कर दिया जो ख़ुद की मदद करने के लिए भी तैयार नहीं थे।

हमारे इस नेचर या व्यवहार की वजह से शुरू में कइ बार हमें लड़ाकू या घमंडी जैसी उपाधियाँ भी मिली, कई बार अभी भी मिलती है लेकिन हम हमारी प्राथमिकता जानते हैं और उसी हिसाब से फैसले लेते हैं तो हमें

निराशा नहीं होती। लेकिन हम ये भी नहीं कह सकते की जो भी हमें जानते हैं उनमें से कोई हमारा अपमान नहीं करता। पर ये ज़रूर कह सकते हैं की ये अपमान करने वालों का नम्बर प्रतिशत के हिसाब से काफी कम है।"

इसके बाद सर उठे और बोर्ड के पास जाकर उन्होने एक नए चॉक से लिखा-

क्या मैं और श्रेया सम्मान दे पायेंगे और हासिल कर पायेंगे?

ये लिखने के बाद सर ने मेरी तरफ देखते हुए आँखों से ही सवाल किया और मैंने कहाँ "हाँ हम सभी को सम्मान दे सकते हैं और आगे सम्मान देने में कामयाब भी हो जायेंगे। बस इस बात के लिए पहले हमें लोगों को हर हाल में पसंद करना होगा, हमें ये समझना होगा की उनके होने से हमारी लाइफ हमारी ज़िंदगी किसी न किसी तरह से बेहतर हुई है और जब हम ये समझ लेंगे तो हम लोगों का सम्मान करने लगेंगे। हम लोगों की मदद भी करने के लिए तैयार रहेंगे और अगर कुछ ना कर सके तो भी उनको हर हाल में प्रोत्साहित तो ज़रूर करेंगे।"

मेरे बाद वासू बोला "और हमें कई बार उन लोगों का सम्मान तुलना करके सीखना होगा जो हमसे बेहतर हालात में हैं। बस हमें ध्यान ये रखना होगा की हम जो तुलना करें वो अधूरी नहीं, पूरी हो ताकि हम एक गहराई में जाकर सच को समझ सकें और ख़ुद को बेहतर बना सकें।"

वासू ने अपनी बात पूरी की तो सर ने श्रेया की तरफ देखा और श्रेया भी अपने जवाब के साथ तैयार थी।

श्रेया बोली, "इन दोनों ने जो बातें कही है वो तो है ही और इसके लिए मुझे मेरी तरफ से हर सम्भव कोशिश भी करना है और मदद भी। लेकिन इस सब में हमें ये भी ध्यान रखना है की हम अपने आत्म सम्मान को कही पीछे ना छोड़ दे, हम लोगों का सम्मान करे लेकिन अपने आपका भी सम्मान करते रहे। इस आत्म सम्मान के लिए हमें अपनी प्राथमिकता को तय करना होगा और ये निश्चित करना होगा की कुछ भी हो जाये हम हमारी प्राथमिकता को नजरअंदाज नहीं करेंगे, हम अपने परिवार को नजरअंदाज नहीं करेंगे और अगर इस वजह से कुछ लोग गुस्सा हो जाते है तो हो जाएं।"

हम तीनों की बात सुनकर सर ने कहा "बहुत अच्छे। अच्छी बात ये है की तुम पहले से ही लोगों का सम्मान करते हो, तुम सच को स्वीकार करने से भी कतराते नहीं हो और इसलिए हमें भी यकीन की तुम ना केवल अब पहले से ज़्यादा सम्मान देने लगोगे बल्कि तुम्हें और ज़्यादा सम्मान मिलने भी लगेगा।"

****

उसके बाद सर उठे फिर से बोर्ड की तरफ गए और उन्होंने हमारी तरफ देखकर सवाल किया, "अब बताओ अगला सवाल कौन सा होना चाहिए?"

सर के सवाल पर वासू बोला, "दूरदर्शिता", मैंने कहा "पेरेंटिंग", और श्रेया ने कहा "उदारता"।

सर ने श्रेया की तरफ देखा और बोले, "उदारता क्यों?"

श्रेया बोली "क्योंकि हमने अभी अभी बात की सम्मान की, उसमें हम दूसरों के लिए करने की बात कर रहे हैं, वो एक तरह से उदारता ही है तो अगर हम उदार नहीं है तो शायद हमें सम्मान भी नहीं मिल सकता, इसलिए मैंने उदारता कहा।"

सर बोले "वैरी गुड, तुम बिल्कुल सही हो और अब हम उदारता की ही बात करेंगे।"

फिर सर ने बोर्ड को साफ़ किया और बोर्ड पर लिखा -

सवाल नम्बर 7 - उदारता

सब से ज़्यादा उदार वो हैं जो शांति से देते हैं और बदले में कुछ नहीं चाहते, तारीफ़ें भी नहीं - कैरोल आर ब्रिंक

जब आप दिल से देने लगते हैं तो कमी का डर खत्म हो जाता है।

फिर सर ने कहना शुरू किया "इस सवाल के जवाब पर जाने के पहले हमें ये क्लियर करना होगा की उदारता असल में है क्या? तुम में से कोई जवाब दे सकता है।"

मैं और वासू तो चुप थे लेकिन श्रेया बोली, "देने की इच्छा होना और ख़ासकरके तब अपने दिल से दूसरों को देना, जब ये आपके लिए ज़रूरी या मजबूरी ना हो और कभी कुछ वापस पाने की उम्मीद ना करना। उदाहरण के लिए जैसा बुआ जी ने कहा जब हम अपने रिश्तेदारों को कुछ देते हैं तो वहाँ कई बार हम इच्छा के चलते नहीं, ज़रूरी या मजबूरी के चलते देते हैं लेकिन जब किसी अनज़ान इंसान को जिससे हमारा कोई रिश्ता नहीं है हम उसे देते हैं, तो यहाँ ना ही हमारी कोई मजबूरी नहीं होती है, ना ही ये ज़रूरी होता है। ये सिर्फ हमारी ख़ुशी के लिए हमारे सुकून के लिए होता है और यहाँ हमें कोई उम्मीद भी नहीं होती।"

सर ने ख़ुश होते हुए कहा "वैरी गुड, वैरी वैरी गुड।"

उसके बाद बुआ ने सवाल किया, "अब ये बताओ की, उदार होना ज़रूरी क्यों है?"

इस बार मैंने कहा, "ताकि हमें मन का सुकून मिल सके! अब ये सुकून कैसे मिलेगा या उदारता का सुकून से क्या रिश्ता है ये मुझे नहीं पता।"

मेरे बाद श्रेया और वासू भी कुछ नहीं बोले तो बुआ ने कहना शुरू किया, "तुम्हारा जवाब सही है की उदार होने से मन का सुकून मिलता है लेकिन उदार होने से सिर्फ यही फायदा नहीं होता। उदार होने से इंसान का तनाव

कम हो जाता है, सेहत अच्छी होने लगती है, जीवन लम्बा और बेहतर हो सकता है और आपको जीने के लिए सफल होने के लिए और बेहतर करने के लिए एक मकसद भी मिलता है। उसके साथ ही आपके रिश्ते भी अच्छे होते है और सबसे बड़ी बात ये है कि इंसान ख़ुद को प्यार करने लगता है और जब हम ख़ुद से प्यार करते हैं तो हम ज़्यादा सफल भी हो जाते हैं।"

"सिर्फ उदार होने भर से इतना सब कैसे हो सकता हैं?" मैंने आश्चर्य के साथ सवाल किया।

बुआ ने कहा, "देखो इंसान के तनाव की सबसे बड़ी वजह होती है कमी। ये कमी पैसे की हो सकती है, ख़ुशियों की हो सकती है, वक़्त की हो सकती है या फिर कोई और हो सकती है। जब तुम उदार बनकर देने लगते हो तो दिमाग को ये संदेश जाता है की नहीं भाई चिंता मत कर, हमारे पास बहुत कुछ है, हमारे पास कमी नहीं है और जब कमी नहीं होती तो इंसान को तनाव भी कम हो जाता है।

बात करें सेहत की तो हमारी सेहत तब खराब होती है जब हमारे शरीर की सफ़ेद रक्त कोशिकाएं पूरी ताकत से बिमारी से लड़ नहीं पाती। आमतौर पर ये रक्त कोशिकाएं पूरी ताकत से बीमारियों से लड़ती हैं लेकिन जब हमारे सामने कोई खतरा होता है तो हमें लड़ने या भागने के लिए ताकत चाहिए होती है। उस स्थिति में शरीर और दिमाग में तनाव बढ़ जाता है और हमारे शरीर में कोर्टिसोल हार्मोन निकलने लगता है। और जैसे ही शरीर में कॉर्टिसोल हार्मोन का स्तर बढ़ता है सफ़ेद रक्त कोशिकाएं शरीर से ताकत लेना बंद कर देती हैं ताकि शरीर के बाहरी हिस्से को लड़ने या भागने के लिए पर्याप्त ताकत मिल सके।

तनाव की स्थिति में भी यही होता है और हमारे शरीर में कोर्टिसोल का स्तर बढ़ जाता है तो हमारी रोग प्रतिरोधक क्षमता कम हो जाती है और हमारे बीमार होने की सम्भावना ज़्यादा बढ़ जाती है। लेकिन जब तनाव कम होता है तो शरीर से कोर्टिसोल हार्मोन का निकलना कम हो जाता है इस वजह से

शरीर की सफेद रक्त कोशिकाओं को बीमारियों से लड़ने की पूरी आज़ादी मिल जाती है और हमारी सेहत अच्छी होने लगती है।

अब जब आपकी सेहत अच्छी होगी तो आपके लिए लम्बी और सेहतमंद ज़िंदगी जीना आसान हो जाता है।

अब बात करें रिश्तों की तो ये एक बहुत ही बड़ा फैक्ट है जब इंसान को तनाव नहीं होता तो हमारे रिश्ते भी अच्छे होने लगते हैं, हमारी ज़िंदगी में प्यार ज़्यादा बढ़ जाता है। रही बात खुद से प्यार या नफरत करने की तो आमतौर पर इंसान ख़ुद से नफरत तभी करता है जब उसके पास पैसे की कमी हो, सेहत अच्छी नहीं हो, कोई उनको प्यार करने वाला ना हो, ज़िंदगी में तनाव बहुत ज़्यादा हो या सुकून ना हो। चूंकि उदार होने से दिमाग का तनाव कम होता है, ये भावना आती है की हमारे पास काफी कुछ है और अच्छा महसूस होने के साथ सुकून भी होता है। उस वजह से हमें ज़िंदगी अच्छी लगने लगती है तो हम ख़ुद को प्यार करने लगते हैं।

बात करें मकसद की तो जब हम ख़ुद को प्यार करते हैं, जब हमारे रिश्ते अच्छे होते हैं, हमारी सेहत अच्छी होती है, हम ख़ुश होते हैं तो हम वही कम बार बार करना चाहते हैं जो की हमें आनंद देते हैं। चूंकि हमें आनंद मिलता है कमाने और देने से तो हम और कमाने और देने में लग जाते हैं और इस तरह से हमें सफलता भी मिलती है।”

“और सर ने कॉलेज में पेड़ के नीचे एक क्लास में बताया था की आनंद पाना ही हमारी ज़िंदगी का मूल मकसद है”, मैंने अपनी बात रखते हुए कहा।

सर ने कहा “बिल्कुल सही। और मुझे ख़ुशी है की तुम्हें वो बात आज भी याद है।”

हम तीनों ने ही हाँ में सर हिला दिया और उसके बाद सर बोले, “अब हम ये समझ चुके हैं की उदारता क्या है और ये क्यों ज़रूरी है तो अब हम अपने सवाल पर आते हैं।”

उसके बाद सर ने बोर्ड पर लिखा

"उदार कैसे बनें?"

और ये लिखने के बाद उन्होंने वहीं से कहना शुरू कर दिया, "उदार बनने के लिए आपको चार बातों की ज़रूरत होती है जिसमें पहली है चाहत, दूसरी है नियत, तीसरी है बरकत और चौथी है काबिलियत।

पहले हम बात करते हैं चाहत की जो की है तो बहुत सिंपल लेकिन सबसे ज़्यादा ज़रूरी भी। अगर तुम उदार होना चाहते हो, अगर तुम ख़ुद से अलग होकर बाकि सभी के लिए बिना स्वार्थ के कुछ करना चाहते हो तो ये तुम्हें तय करना होगा की तुम दुनिया को बेहतर बनाने के लिए कोशिश करोगे। हो सकता है आज तुम काबिल ना हो लेकिन ये हालात हमेशा रहेंगे ऐसा नहीं है, तुम हमेशा गरीब नहीं रहोगे है और अगर तुम दुनिया के लिए या लोगों के लिए बिना स्वार्थ कुछ करने की चाहत अपने दिल में रख लेते हो तो पूरी ईमानदारी से सफल होने की कोशिश करते हो और सफलता के बाद उस चाहत को सच बनाने में भी लग जाते हो।

अगली बात आती है नियत की। तुम्हें समझना होगा कि चाहत का होना और नियत का होना दो अलग अलग बातें होती हैं। कई बार लोगों की चाहत होती है की वो बहुत कुछ करेंगे लेकिन जब उनकी जेब से पैसे निकलने की बारी आती है, जब उन लोगों को उस दिशा में प्रयास करने होते हैं, जो उनका था उसे दूसरे का बनाना होता है तो वो अपने दिल को इतना बड़ा नहीं कर पाते। ऐसे लोगों के पास होने बाद भी कई बार वो दे नहीं पाते क्योंकि उनकी नियत उतनी मज़बूत नहीं होती। नियत का मतलब ये है कि देने के लिए दिल से तैयार होना और जैसे ही देने लायक हालत में आओ तो देना शुरू कर देना।

तीसरी बात है बरकत या और खुल कर कहें तो तुम्हारे पास इतना होना की तुम्हारी हर ज़रूरत पूरी हो जाये और उसके बाद भी तुम्हें या तुम्हारे परिवार को कोई कमी ना रहे। अगर तुम ख़ुद कर्ज़ में डूबे हुए हो, और तुमसे कोई आकर पैसे की मदद मांगे और तुम उधार लेकर उसकी मदद करते हो तो ये उदारता नहीं है, क्योंकि ऐसा करके तुम अपने परिवार की ख़ुशियों को

नुकसान पहुँचा रहे हो। लेकिन अगर तुम अपनी कमाई से अपने परिवार की ज़रूरतों को पूरा कर देते हो, अच्छे और बुरे वक़्त के लिए भी तुम्हारे पास पैसे हैं और एक्स्ट्रा पैसे भी रखे हुए हैं और तब कोई तुमसे किसी अच्छे काम के लिए पैसे की मदद मांगता है तो उसकी मदद करना सही है क्योंकि तुम्हारे पास बरकत भी है।

उदार होने के लिए चौथी और सबसे ज़रूरी बात है वो है लायकियत या काबिलियत का ध्यान रखना और इसका ध्यान रखना बहुत ही ज़्यादा ज़रूरी है।"

चाहत, नियत और बरकत तक की बातें तो हमें अच्छी तरह से समझ आ गई थीं क्योंकि कहीं न कहीं इस बारे में पहले काफी डिटेल में समझा भी दिया था। लेकिन ये काबिलियत वाली बात थोड़ी सी ऊपर से निकल गई। सर को भी हमारी सूरत देखकर ये बात समझ आ गई थी तो उन्होंने हँसते हुए कहा, "घबराओ मत समझाता हूँ।"

देखो दुनिया में बहुत से लोग है जो की मेहनत नहीं करना चाहते, जो ये चाहते हैं की उनको सब कुछ फ्री मिल जाए और वो इस काबिल होते हैं की ख़ुद का ध्यान रख सकें, लेकिन वो तुमसे मदद लेना चाहते हैं। अपनी उदारता ऐसे लोगों को दिखाना सही नहीं होता। तुम्हें ये देखना चाहिए की जिसकी तुम मदद कर रहे हो उसे सच में तुम्हारी मदद चाहिए या नहीं चाहिए। इसके साथ ही ये भी देखना चाहिए की जिसकी तुम मदद कर रहे हो, उसे नकारा तो नहीं बना रहे या मदद करके कहीं उसका अपमान तो नहीं कर रहे और उससे भी बड़ी बात कहीं इस मदद के ज़रिये लम्बे वक़्त के लिए उसे नुकसान पहुँचाने वाला काम तो नहीं कर रहे।"

"मतलब हम जब किसी की मदद करें तो सिर्फ सामने वाले के आज के बारे में ही नहीं सोचना है बल्कि उसके भविष्य के बारे में भी सोचना है?" मैंने सवाल क्या।

उसके बाद वासू बोला, "और अगर कोई काबिल नहीं है तो उसकी मदद बिल्कुल नहीं करना ये तो फिर शर्तों के आधार पर मदद करना हुआ, इसमें उदारता कहाँ है?"

सर ने कहा "बहुत अच्छे सवाल है, प्रैक्टिकल भी है और इसे हम कुछ उदाहरण से समझते हैं।

पहले हम एक ऐसे इंसान का उदाहरण लेते हैं जो की शराब के नशे में डूबा रहता है, वो अपने परिवार का ध्यान नहीं रखता और उसके परिवार से भी पैसे चोरी करके शराब पी लेता है। अब ये इंसान तुम्हारे सामने आता है और कहता है मेरा परिवार भूखा है मुझे पैसे दे दो, मैं अपने परिवार को खाना खिला दूंगा तो उस शराबी पर भरोसा करके उसे पैसे देना उदारता नहीं मूर्खता होगी। क्योंकि जैसे ही तुम उसे पैसे दोगे वो उस पैसे को ले जाकर शराब में उड़ा देगा। और अगर तुमने उसे राशन या खाना दे दिया तो मुमकिन है वो उस राशन को औने पौने दामों पर बेच कर नशा खरीद ले।

अब यहाँ अगर तुम उस इंसान की सच में मदद करना चाहते हो तो उससे बात करो, उसे समझाने की कोशिश करो, अगर वो नशे से बाहर आने का वादा करे तो उसे नशे से बाहर निकल कर सही ज़िंदगी जीने में मदद करना सही उदारता होगी। उसके साथ ही उसके परिवार के लिए खाना भी दे दो, लेकिन ये खाना या राशन उसके परिवार को मिले ये बात सुनिश्चित करना भी तुम्हारी ही ज़िम्मेदारी है।

ये एक उदाहरण हो गया, हम एक और उदाहरण लेते हैं। मान लो एक आदमी तुम्हारे पास आता है और कहता है मैं काम की तलाश कर रहा हूँ, मेरे पास कोई काम नहीं है, पैसे भी नहीं हैं परिवार का ध्यान नहीं रख पा रहा हूँ, आप कोई काम दे दो साहब बदले में सिर्फ परिवार के लिए खाना मिलेगा तो भी कर लूँगा। तो यहाँ उस इंसान को सिर्फ पैसे देना सही नहीं होगा। वहाँ तुम्हारी कोशिश होना चाहिए उस इंसान को काम दिलवा दो ताकि वो अपने परिवार का पालन पोषण कर सके और फ़िलहाल के लिए तुम उसे कुछ पैसे देकर उसकी मदद कर सकते हो, लेकिन एक शर्त के साथ

कि जब वो इंसान पैसे कमाने लगेगा, जब वो काबिल हो जायेगा तो तुम्हें पैसे वापस लौटा देगा। अब तुम्हें ये पैसे वापस मिलते हैं या नहीं वो अलग बात है, तुम इन पैसे को वापस पाने की उम्मीद भी मत करो लेकिन यहाँ इस शर्त को लगा देने की वजह से तुम उसकी मदद कर दोगे और उसे नीचा भी नहीं देखने दोगे।"

सर की ये बात सुनकर मैंने सवाल किया "और अगर उसने कमा कर सच में पैसे वापस कर दिए तो फिर क्या करें?"

तो उसकी तारीफ करो और इस पैसे को वापस ले लो, लेकिन इसे कभी भी ख़ुद के खाते में नहीं रखना बल्कि इसको उदारता वाले लिफ़ाफ़े में जमा कर दो ताकि जब किसी और को मदद की ज़रूरत हो तो तुम्हारे पास थोड़े ज़्यादा पैसे हों, चाहे एक रुपया ही ज़्यादा क्यों न हो।

"मतलब आप हम स्टूडेंट्स के लिए जो फीस का इंतज़ाम करवा देते थे, हमारे लिए पार्ट टाइम जॉब का इंतज़ाम करवाते थे, हम लोगों के लिए खाने का इंतज़ाम करते थे, हममें से कई लोगों के रहने का इंतज़ाम करते थे वो इसलिए था की हम ख़ुद को काबिल बना सकें?" वासू ने सवाल किया।

सर कुछ बोले नहीं लेकिन उन्होंने हाँ में सर हिला दिया। फिर थोड़ी देर बाद बोले, "जैसा की हमने पहले बताया, उदारता से हमारी कोशिश यही थी की हम जो भी करें उससे देश का भला हो, दुनिया थोड़ी सी बेहतर हो सके, और हमने अपनी समझ के साथ वही किया था, और हमें उम्मीद है की हम अपनी कोशिश में सफल भी हुए थे।

हमने हमेशा ये कोशिश की थी कि हम किसी को भी कुछ भी फ्री ना दे, बल्कि उन्हें काबिल बनाएं और जब तुम सब हमारे घर खाने के लिए आते थे तो इसके लिए तुम्हें पैसे नहीं देने होते थे लेकिन ये फ्री नहीं होता था। तुममें से सभी को मेहनत करनी होती थी, तुम्हारे बर्तन कोई नहीं धोता था, तुम्हें खाना बनवाने में मदद करनी होती थी और फिर तुम्हें सफाई भी करनी होती थी। तो हम खाने का इंतज़ाम ज़रूर करते थे लेकिन वो तुम्हारे लिए

बिना मेहनत नहीं होता था और यही वजह थी कि तुम्हारे अंतर्मन ने ये कभी नहीं माना की सर के यहाँ बिना कुछ करे ही खाना मिल जाएगा।

हमने अपनी उदारता के साथ हमेशा कोशिश ये की थी की हम लोगों को काबिल बनाएं ताकि उन्हें कभी किसी की मदद की ज़रूरत न पड़े लेकिन वो दूसरी की मदद ज़रूर कर सकें।"

फिर श्रेया ने सवाल किया, "ये बात तो समझ आ गई सर, लेकिन कई बार ऐसा होता है की किसी को मदद चाहिए और तत्काल चाहिए तो वहाँ क्या करें? उदाहरण के लिए अगर हमारे घर के बाहर एक बूढी औरत भीख मांगते हुए आ गई तो अब हम उसे भविष्य को बेहतर करने के लिए कैसे प्रोत्साहित करें या उसे भीख देकर उसकी मदद कर दें।"

जवाब बुआ ने दिया, "कई बार आपको ऐसी जगह पर खाना या पैसा देकर उनकी मदद कर देना चाहिए। आईडिया ये है की हर जगह एक बैलेंस बना कर रखना होगा और कई बार अपनी समझ से सिर्फ ये देखना होगा की तुम किसी की मदद करके उसे नकारा तो नहीं बना रहे हो। तुम्हें हमेशा यही ध्यान रखना है की तुम लोगों के लिए उदार बनाओ लेकिन तुम्हारी उदारता उनकी ताकत बननी चाहिए उनकी मजबूरी नहीं।"

सर ने बात को पूरी करते हुए कहा, "यहाँ एक बात का ध्यान रखना, जब तुम्हारी चाहत नियत और बरकत ठीक होगी तो काबिलियत को समझने के लिए तुम्हें चिंता करने की ज़रूरत नहीं होगी। कई बार ये भी हो सकता है कि तुम किसी ऐसे इंसान को मदद करने से चूक जाओ जिसे सच में तुम्हारी ज़रूरत थी और कई बार तुम ऐसे लोगों की भी मदद कर दोगे जो उस मदद से ख़ुद को बेहतर नहीं बनाने वाले, तो यहाँ तुम्हारी गलती नहीं है। तुम्हारा टारगेट सिर्फ इतना होना चाहिए की तुम किसी के लिए कुछ करो या ना करो, ख़ुद को कोई घमंड मत आने देना की तुमने कुछ किया है।

और उदार होने के लिए या मदद करने के लिए कभी किसी थम्ब रूल पर नहीं टिकना है बल्कि अपने विवेक, अपनी बुद्धि की मदद लेना है और जहाँ तुम्हारे दिल या दिमाग को लगे की इस जगह पर हमें सामने वाले की मदद

कर देना चाहिए, वहाँ मदद कर देना और हमारे बाकि नियमों को किनारे कर देना क्योंकि कई बार हमारा दिल हमारा दिमाग सामने वाले की उस स्थिति को समझ लेता है जो की शब्द बता नहीं पाते।"

यहाँ मुद्दा सिर्फ इतना है कि तुम अगर चाहत, नियत और बरकत पर अपना ध्यान रख लेते हो तो काबिलियत का हिस्सा धीरे धीरे अपने आप ही तुम्हारे लिए क्लियर हो जायेगा, बस उसके लिए थोड़ा वक़्त देना होगा।"

अपनी बात कहने के बाद सर रुके और उन्होंने हमारी तरफ सवालों के लिए देखा लेकिन अधिकतर बातें हमारे हमारी समझ में आ चुकी थीं और जो नहीं समझे थे उसका जवाब वक़्त से मिलना था शायद इसीलिए हमारे पास कोई सवाल नहीं थे।

उसके बाद सर उठे और बोर्ड के पास जाकर उन्होंने लिखा।

तिवारी सर और बुआ इतने उदार कैसे बनें?

और सर ने वहीं खड़े होकर कहा "यहाँ हमारे पास कहने के लिए कुछ ख़ास नहीं है। हमने कभी ये नहीं सोचा था की हम दुनिया को बदलेंगे या, हम बहुत कुछ अलग करेंगे। हम दोनों ने दूसरों की मदद से बहुत फायदा लिया था और इसी वजह से हमने तय किया था कि हम अपनी काबिलियत भर लोगों की मदद ज़रूर करेंगे।

ईश्वर की कृपा थी कि हमारी चाहत, नियत और बरकत सही रही और फिर हमें ये भी समझ आ गया की काबिलियत को कैसे देखना है। हम पैसे बचाने और मैनेज करने में कामयाब हो गए थे तो हमारे लिए कभी पैसे की कमी नहीं हो पाइ, और हमने प्यार, परिवार, पैसा और सम्मान का ध्यान रखते हुए अपनी काबिलियत के जितना देने को अपना नियम बना लिया और बिना किसी प्लानिंग के लोग हमें उदार कहने लगे।"

उसके बाद सर ने बोर्ड पर फिर से लिखा।

क्या मैं और श्रेया कभी उदार बन पाएंगे?

और कुछ पूछने के पहले ही जवाब श्रेया ने दिया "और वो बोली हाँ सर, हम उदार बन पायेंगे, बस हमें अपनी चाहत, नियत, और बरकत पर ध्यान

रखना होगा और अगर हमने इन तीन बातों को ध्यान रख लिया तो काबिलियत वाला हिस्सा तो वक़्त के साथ समझ आ जायेगा।"

मेरे पास और कुछ कहने के लिए नहीं था तो मैंने हाँ में सर हिला दिया और उसके बाद बुआ ने वासू की तरफ देखा तो वो बोला, "मैं भी अपनी तरफ से पूरी कोशिश करूंगा और उदार बनूँगा।"

****

अब सिर्फ पांच सवाल बचे थे तो मुझे समझ नहीं आ रहा था सर अब अगला सवाल कौन सा लेंगे और सर ने वही खड़े खड़े इस का जवाब भी दे दिया। उन्होंने बोर्ड को साफ किया और वहाँ अगला सवाल लिखा।

सवाल नम्बर 9 - सेहत और ऊर्जा

जिसके पास सेहत है उसके पास उम्मीद है, और जिसके पास उम्मीद है उसके पास सब कुछ है – अरेबियन कहावत

अच्छी सेहत से सफलता और खुशियाँ पाना आसान हो जाता है।

उसके बाद सर हमारे पास आकर बैठ गए और बोले, "अब हम बात करेंगे सेहत और ऊर्जा की। हालांकि ये दोनों अलग अलग बातें हैं लेकिन एक दूसरे से जुडी हुई भी हैं और तुमने भी एक साथ ही सवाल किया है तो एक साथ ही बात करते हैं।

पहले सेहत की बात करते हैं तो उम्र के आखिरी पड़ाव तक भी सेहतमंद बने रहने के लिए हर इंसान को अपनी सेहत का ध्यान अपनी कम उम्र से ही रखना शुरू कर देना चाहिए। ऐसा इसलिए ज़रूरी है क्योंकि जब हम अपनी सेहत को ठीक रखते हैं, अपने शरीर को लगातार ट्रेन करते हैं तो आने वाले वक़्त के साथ सेहत बेहतर होती जाती है और बढती हुई उम्र का असर भी कम हो जाता है।

इसके बाद बारी आती है ऊर्जा की तो जब हमारी सेहत अच्छी होती है तो शरीर में ऊर्जा भी बनी रहती है। उसके साथ ही ऊर्जा बनाये रखने के लिए ये भी बहुत ज़रूरी होता है की हमारे पास एक मकसद हो, एक कारण हो और ये मकसद या कारण ख़ुद से अलग होना चाहिए, ख़ुद से बड़ा होना चाहिए। जब ऐसा होता है तो कुदरत की ऊर्जा भी हमारे शरीर में समाती है और तब हम और ऊर्जावान हो जाते हैं।"

सर फिर उठे और उसके बाद बोर्ड के पास जाकर उन्होंने बोर्ड पर लिखा -

अच्छी सेहत और लम्बी सेहतमंद उम्र कैसे पाएं?

सर फिर हमारे पास आये और हमारे पास आकर बोले, "अच्छी सेहत और लम्बी उम्र के लिए सिर्फ तीन नियम ध्यान रखने की ज़रूरत है-

- **पहला नियम है अच्छी तरह से खाना।**
- **दूसरा नियम है अच्छी तरह से पसीना बहाना।**
- **और तीसरा नियम है दिल खोल कर ज़्यादा से ज़्यादा मुस्कुराना।**

ये बहुत ही सिम्पल से नियम हैं लेकिन इन तीनों ही नियमों से चमत्कारी नतीजे मिलते हैं।"

"लेकिन इन नियमों को पूरा कैसे करना है। खाना तो हम सभी खाते हैं और मुस्कुराते भी हैं। रही पसीना बहाने की बात तो क्या उसके लिए हमें रोज कसरत करनी होगी?" मैंने सवाल किया।

सर ने कहा "हम खाते हैं लेकिन अच्छी तरह से नहीं खाते और सही खाना तो बहुत ही कम खाते हैं। देखो तुमने ये तो सुना ही होगा कि जैसा खाएं अन्न वैसा होता है मन, मैं इसके साथ ही ये भी मानता हूँ की जैसा खाएंगे अन्न वैसा ही होगा तन।"

मतलब अगर तुम ऐसा खाना खाते हो जो की सेहत के लिए अच्छा है तो तुम्हारी सेहत अच्छी हो जाएगी और अगर कुछ ऐसा खाते हो जो की सेहत के लिए अच्छा नहीं है तो सेहत खराब हो जाएगी। तो सही खाने के लिए पहली ज़रूरत है सही खाने को चुनने की। इस बारे में एक थम्ब रूल ये है कि अपने खाने में कोशिश करो, हरी सब्जियों को, फलों को और अंकुरित अनाज को शामिल करने की।

साथ ही ये भी देखो की जो खाना तुम खा रहे हो उसे बनाने का तरीका क्या है। अगर कोई खाना ऐसा है जिसको बनाने में बहुत से ऐसे समान मिले हैं जो कुदरत से नहीं किसी फैक्ट्री से आते है तो उस खाने से दूर रहना समझदारी है।" अपनी बात जारी रखते हुए उन्होंने कहा "थोड़े वक़्त पहले हम अर्णव से मिलने के लिए अमेरिका गए थे तो हमने देखा की वहाँ खाना बनाने के लिए फैक्ट्री से आने वाले सामान का काम नहीं लिया जाता था क्योंकि वहाँ पर अधिकतर लोगों का खाना ही फैक्टरियों से बनकर आता था।"

ये हमारे लिए नई बात थी और हमारे सवालों को समझते हुए सर ने कहा, "देखो, होता ये है की वहाँ खाना बनाने वाली फैक्ट्रीयों में खाने को पहले

ही तैयार कर दिया जाता है और उसके बाद तुम बाज़ार से उसे खरीद कर लाते हो और बस खाना गर्म कर लिया और वह खाने के लिए तैयार हो जाता है। आने वाले दिनों में ये भारत में भी होने लगेगा और अगर कोई भी इस तरह से फैक्ट्री में बना हुआ खाना खायेगा तो उसकी सेहत कभी अच्छी नहीं होगी।

तो अगर सेहत को अच्छा रखना है तो ये ज़रूर देखो की तुम क्या खाते हो और वो खाना कहाँ से आता है।

खाते हुए दूसरी बात जो हमें ध्यान रखने की ज़रूरत होती है वो है खाने की मात्रा। तुम्हें समझना होगा की इंसानों का पेट आमतौर पर सिर्फ एक मुट्ठी के बराबर होता है, और हमारे खाने की ज़रूरत भी उतनी ही होती है। पर आदिम काल में जब हम जंगलों में रहा करते थे तो हम खाने को ढूंढ कर खाया करते थे। ऐसे में कई बार हमें कई दिनों तक खाना नहीं मिलता था और कई बार ऐसा मौका आता था जब हमें एक साथ बहुत सा खाना मिल जाता था। अब हम इस खाने को बर्बाद तो कर नहीं सकते थे तो हमारे शरीर ने पेट को फैलाना सीख लिया। तो होता ये था कि हमें ज़्यादा खाना मिल जाये तो एक बार में हम ज़्यादा खाना खा लेते थे और जब खाना नहीं है तो शरीर इस ज़्यादा खाने से जमी उर्जा का इस्तेमाल कर सके।

अब हमें भूखे नहीं रहना होता, हमारे पास बहुत खाना है लेकिन हम इस मुट्ठी भर के पेट में ज़रूरत से ज़्यादा खाना डालते रहते हैं जो की हमारी सेहत को बिगाड़ देता है। कभी हमें मोटा कर देता है तो कभी और कोई बिमारी। इसलिए हमें ध्यान ये रखना है की हम जो भी खाएं उसकी मात्रा सिर्फ इतनी ही होनी चाहिए जो हमारे दोनों हाथों में आ सके। अगर इस नियम को ध्यान रख लिया तो पेट की बहुत सी परेशानियों से दूर रहने में कामयाब हो सकते हैं और अगर पेट ठीक है तो आधी बीमारियाँ भी अपने आप ही दूर रहेंगी।

सेहत को अच्छा रखने के लिए तीसरी ज़रूरत है खाने को सही तरह से खाने की। हममें से अधिकतर लोग ऐसे होते हैं जो की जल्दी जल्दी खाते हैं और कई बार हम खाने को चबाते भी नहीं है। इस बारे में आयुर्वेद में लिखा गया

है की खाने को अच्छी तरह से चबा कर खाना चाहिए, यही बात कई और ग्रंथो में भी लिखी गई है कि जब खाना खाओ तो रुक कर चबा कर आराम से खाओ। अगर तुम इस एक आदत को भी अपना लेते हो तो तुम हमेशा ही सेहतमंद रहोगे, तुम्हारा वजन कण्ट्रोल में रहेगा और तुम ऊर्जावान भी बने रहोगे।"

ये एक ऐसी आदत थी जो की मुझे कॉलेज के दिनों में ही तिवारी सर के घर से लग गई थी और तब से मैंने ये आदत बदली भी नहीं। जब भी हम उनके घर रविवार को खाना खाने जाते थे तो तिवारी सर हमें हमेशा कहते थे की खाने को 32 बार चबा कर खाओगे तो तुम्हारी सेहत कभी खराब नहीं होगी। तब मैंने बिना कोई सवाल करे ही उस आदत को अपना लिया था और शायद उसका ही नतीजा था की मेरी कमर का नाप तब से अब तक सिर्फ दो इंच बढ़ा था जो की किसी भी हाल में ज़्यादा नहीं था।

लेकिन वासू के हाल कुछ और ही थे, वो कॉलेज में काफी फिट हुआ करता था और अब तो वो काफी मोटा भी हो गया था।

तो मैंने वासू को चिढाते हुए कहा, "सुन ले मोटे, कितनी बार कहा तुझे 32 बार चबा कर खाया कर पर तू सुनता ही नहीं, अब तो सुन ले।"

मेरी बातों से माहौल में हंसी घुल गई, वासू भी मुस्कुरा दिया लेकिन मुझे कुछ कहने की जगह उसने सर से सवाल किया "सर आपकी बात समझ गया, लेकिन 32 बार ही क्यों ज़्यादा या कम क्यों नहीं, और इसका फायदा हमें कैसे मिलता है?"

सर ने वासू की तरफ देखते हुए कहा "बहुत ही अच्छा सवाल है।" अपनी बात जारी रखते हुए उन्होंने कहा, "यहाँ मुद्दा खाने को 32 बार चबा कर खाना नहीं है, मुद्दा है खाने को इतना ज़्यादा चबाना की वो मुँह में ही पूरी तरह से टूट जाए, उसमें बहुत सी लार मिल जाए और जब खाना आंतो में जाए तो आंतो का काम उस खाने को तोड़ना नहीं सिर्फ हजम करना रहे। चूंकि हमारे खाने में मिली लार में भी कई ऐसे घटक होते हैं जो की खाना

हजम करने में मदद करते हैं तो अच्छी तरह चबा कर खाने से हमारा खाना और अच्छा हजम होता है।

इसका एक फायदा ये भी होता है की हम सिर्फ उतना ही खाना खाते हैं जितना हमें ज़रूरत होती है। इसका कारण ये है की हमारी भूख को हमारा पेट नहीं हमारा दिमाग तय करता है।"

ये हमारे लिए एक आश्चर्यजनक बात थी और सर ने हमें अपनी बात का मतलब समझाते हुए कहा "असल में हम जब खाना खाने बैठते हैं तो हम सिर्फ 15 से 20 मिनट तक ही खाना खा सकते हैं और उसके बाद दिमाग को अपने आप ही लगने लगता है की हम काफी देर से खा रहे हैं और अब पेट भर चुका है तो अब और खाने की ज़रूरत नहीं है। यहाँ दिमाग ये नहीं देखता की आपने कितना खाया है, दिमाग सिर्फ वक़्त को देखता है और उसके बाद कहता है खाना बंद कर दो।

जब हम खाने को अच्छी तरह से चबा कर खाते हैं तो हमें खाना खाने में वक़्त भी लगता है और हम ज़्यादा वक़्त में कम खाना खा पाते हैं और 15-20 मिनट के बाद हमारा दिमाग हमें खाने से रोक देता है। इस तरह से हम सिर्फ उतना ही खाना खा पाते हैं जो की सेहत के लिए ठीक होता है और हमारी सेहत ठीक बनी भी रहती है।

अपनी बात को खत्म करते हुए सर ने कहा "अब हम इस मुद्दे पर बात करना चाहें तो शायद हम काफी देर बात कर सकते हैं और कभी मौका निकाल कर इस बारे में बात भी करेंगे लेकिन अभी के लिए ये समझ लो की अगर लम्बी उम्र और अच्छी सेहत चाहिए तो तुम्हें सही खाने को खाना होगा, सही मात्रा में खाना होगा और सही तरह से खाना होगा।"

यहाँ हमारे पास कुछ कहने के लिए नहीं था और ना ही कोई सवाल था तो सर ने आगे कहना शुरू किया, "अब हम बात करते हैं दूसरे नियम की जो है पसीना बहाना। पर उसके पहले मुझे एक सवाल का जवाब दो। अगर एक मशीन है जिसे हम इस्तेमाल नहीं करते, या बहुत ही कम इस्तेमाल करते हैं तो उस मशीन के साथ क्या होगा?"

मैंने जवाब दिया "उस मशीन पर जंग लग जाएगा, या वो ठीक से काम नहीं करेगी और ज़्यादा वक़्त के लिए छोड़ दिया तो खराब भी हो सकती है।"

सर बोले, "बिल्कुल सही कहा तुमने। इस्तेमाल ना करने पर वो मशीन खराब हो जाएगी, लेकिन अगर तुम उसे लगातार इस्तेमाल करते हो, उसे टूट फूट से बचाते हो, उस मशीन को तेल पानी करते हो तो वो मशीन हमेशा अपना काम ठीक से करती रहेगी। ऐसा ही हमारे शरीर की मशीन के साथ भी होता है। अगर हम इस मशीन का इस्तेमाल करते रहते हैं तो हमारे शरीर से पसीना निकलता रहता है जो की हमारे शरीर की तेल पानी करता रहता है और हम हमेशा सेहतमंद बने रहते हैं।

अब पसीना बहाने के लिए तुम्हें बहुत ज़्यादा कसरत करना है ये ज़रूरी नहीं है। अगर तुम्हारा खाना ठीक है तो पसीना बहाने के लिए तुम्हें सिर्फ ज़्यादा से ज़्यादा अपने शरीर को इस्तेमाल करते रहना है। वक़्त के साथ हम सभी ऐसे काम करने के आदि होते जा रहे हैं जिसमें हमें बैठना ज़्यादा होता है, अपने दिमाग का इस्तेमाल ज़्यादा करना होता है और शरीर का इस्तेमाल बहुत ही कम। इस वजह से हमारे शरीर पर जंग लगता जाता है और उम्र बढ़ने के साथ शरीर काम करने के काबिल नहीं रह जाता।

तुम्हें करना ये है की तुम ज़्यादा से ज़्यादा पैदल चलो, तुम एक जगह बैठे न रहो, कोशिश करो सुबह शाम टहलने के लिए निकल जाओ, कोई हल्की फुल्की कसरत कर सकते हो तो वो करो जो की तुम्हारी सेहत को ठीक रखे लेकिन तुम्हें कोई चोट ना लगे। मकसद ये है की अपने शरीर से काम लेते रहो, थोड़ा पसीना निकालते रहो और अपनी सेहत को बना कर रखो।"

"तो ये नियम सिर्फ पुरुषों के लिए है या महिलाओं को भी ये बात ध्यान रखना है?" श्रेया ने मासूमियत से सवाल किया और उसकी बातों को सुनकर सर जवाब देने की जगह धीमे धीमे हंसने लगे।

और सर की जगह बुआ जवाब देते हुए बोली "ये नियम हर उस इंसान के लिए लागू है जो की सेहतमंद रहना चाहता है। अगर तुम चाहती हो गोविन्द 60 की उम्र में भी सेहतमंद रहे और तुम मोटी होकर रह जाओ और गोविन्द

तुम्हें मोटी कहे तो तुम इस नियम को मत मानो, और अगर तुम्हें सेहतमंद रहना है तो तुम्हें भी ये मानना ही होगा।"

अब हम सब बुआ की बात सुनकर हंसने लगे।

उसके बाद सर ने फिर से बोलना शुरू किया, "सेहत की बात तो हम लोगों ने कर ली पर हम ऊर्जा की बात किये बिना आगे नहीं बढ़ सकते। एक सेहतमंद जीवन किसी काम का नहीं है अगर उसमें ऊर्जा की कमी है और इसीलिए हममें जब तक जीवन है तब तक ऊर्जावान भी बने रहना होगा। ऊर्जावान बनने के लिए ये ऊर्जा हमें दो तरीकों से मिलती है जिसमें पहली होती है शारीरिक ऊर्जा या फिजिकल एनर्जी जो की अच्छी सेहत से आती है लेकिन जो दूसरा तरीका है या जो दूसरी ऊर्जा है वो हमें अंदर से मिलती है जिसे हम चाहें तो आन्तरिक ऊर्जा कह सकते हैं लेकिन ये ऊर्जा मिलती है किसी कारण के होने से, किसी मकसद के होने से या किसी सपने के होने से जो की तुमसे अलग हो, तुमसे बड़ा हो और तुम्हें बेहतर बनाने के लिए काम करता हो।

अगर तुम्हारे पास कोई ऐसा मकसद नहीं है जो की तुमसे बड़ा है तो तुम्हें अंदर से ऊर्जा भी नहीं मिल पाएगी। इसीलिए ज़रूरी है की तुम्हारे पास एक मकसद होना चाहिए जो की तुम्हारे अंदर की आग को जला कर रखे। उस मकसद के मिलने के बाद तुम कभी भी सुबह देर तक बिस्तर पर नहीं रहोगे, तुम्हारी ऊर्जा तुम्हें जागने के बाद बिस्तर पर रुकने ही नहीं देगी। उस मकसद के होने की वजह से तुम कभी अपना वक़्त बर्बाद नहीं करोगे और तुम हमेशा ही ऊर्जावान भी बने रहोगे।"

"मतलब आपके स्कूल का सपना आपके लिए एक मकसद था जिसने आपको हमेशा से ऊर्जावान बना कर रखा था?" मैंने सवाल किया।

सर ने जवाब दिया "नहीं, ये पूरा सच नहीं है, क्योंकि इस स्कूल का सपना तो मैंने करीब दो दशक पहले ही देखा था और इस स्कूल के साथ मेरे रिटायर होने की एक बड़ी शर्त भी जुडी हुई थी, तो ये कहना गलत होगा की सिर्फ इस स्कूल के सपने ने हमें ऊर्जावान बना कर रखा था।

असल में कई सालों तक हमारी ज़िंदगी का सिर्फ एक बड़ा मकसद या कारण नहीं था और हम ये कहें कि इस मकसद को हमने ढूँढा है तो वो गलत होगा। असल में हमारे इस बड़े मकसद ने हमें ढूंढा है क्योंकि पहले तो हमें पता ही नहीं होता था की हमें करना क्या है। तब तो हम हर दिन कोई नया मकसद ढूंढने में लगे रहते थे, हम उस मकसद को, उस टारगेट को पूरा करते थे और फिर अगले टारगेट की तरफ बढ़ जाते थे। कई बार ये टारगेट बहुत ही छोटे होते थे जिनमें से हफ्ते में दो दिन कॉलेज में बच्चों के ऐसे सवालों के जवाब देना भी होते थे जिनका पढ़ाई से कोई लेना देना नहीं है। कई बार ये मकसद होता था किसी अनज़ान की लाइफ को थोड़ा सा बेहतर बनाने का और कई बार मेरे लिए ये मकसद होता था तुम्हारी बुआ को दिन भर खिलखिला कर हँसाने का।

और इन सभी छोटे सपनों के के साथ मेरा एक बड़ा मकसद ये भी था कि मैंने जिस गरीबी में, जिस अभाव में अपने जीवन के शुरुवाती साल निकाले थे मेरी संतान कभी उस अभाव को अनुभव ना करे और तुम्हारी बुआ ने भी मेरे साथ उस अभाव, उस कमी को जिया था तो मैं यही चाहता था की उनको दूसरी बार कभी किसी कमी को ना देखना पड़े।

और इस सब के बीच हमारे सामने कुछ और बड़े मकसद भी आते रहे जो की अपने आप ही हमारा पैशन भी बनता रहा। इस पैशन में एक मकसद ये भी था की काबिल बच्चों की पढ़ाई पैसे की कमी से अधूरी ना रहने पाए और फिर जाने कैसे और कब ये स्कूल हमारा पैशन बन गया जो नौकरी से रिटायर होने के बाद भी हमें हर सुबह जागने के लिए एक ऊर्जा देता है।"

"तो आपके कहने का मतलब है ये जो आपका जज्बा, जूनून या पैशन था जिसकी वजह से आपने हज़ारों स्टूडेंट्स का जीवन बना दिया, जो पैशन जिसकी वजह से आपने ना केवल यहाँ गाँव में एक स्कूल बना दिया बल्कि आस पास के कई गाँव की ज़िन्दगी भी बदल दी, उस पैशन को आपने ढूँढा नहीं बल्कि वो आपको अपने आप ही मिल गया?" मैंने सवाल किया।

सर ने जवाब दिया "अपने आप मिल गया ये कहना गलत होगा क्योंकि हम अपनी लाइफ में बेसिक या मूल मकसद को हमेशा ही अपनी लाइफ में सामने आने वाले मौकों और हालातों से ढूंढते रहते थे, वो मकसद हमें मिलता था तो हम उसके लिए काम करते थे और जब वक़्त आया तो हमारी लाइफ के अलग अलग मौकों पर हमारे बड़े मकसद या पैशन ने हमें ढूंढ लिया।"

फिर वासू ने सवाल किया, "इस हिसाब से अगर हमारी लाइफ में आज कोई बड़ा मकसद या पैशन हमारे सामने नहीं है तो भी हमें परेशान होने की ज़रूरत नहीं है। ऐसे हालत में सिर्फ हमें उन मौकों को, परेशानियों को या मुद्दों को देखना है जो हमारे सामने आये और पूरे जज्बे के साथ अपनी ऊर्जा अपने लिए और अपनों के लिए आज को बेहतर बनाने में लगा देना है और जब मौका आएगा तो पैशन हमें ख़ुद ढूंढ लेगा।"

सर ने कहा "ये बात. बहुत सही समझे हो तुम" ये कहने के बाद कुर्सी से उठते हुए सर ने कहा "कोई और सवाल?" और हम तीनों ने ही ना में सर हिला दिया।

उसके बाद सर ने बोर्ड पर लिखा।

तिवारी सर और बुआ आज भी इतने ऊर्जावान और सेहतमंद कैसे हैं?

फिर सर अपनी जगह पर आ गए और बोले "हमारे ऊर्जावान और सेहतमंद होने के बिल्कुल वही कारण हैं जो हमने अभी अभी तुमको बताये। सबसे पहली बात तो ये है की हम हमारे खाने का बहुत ध्यान रखते हैं और कुछ भी हो जाये कभी भी हम ऐसा कुछ नहीं खाते जो हमारी सेहत के लिए ठीक न हो और ज़्यादा तो बिल्कुल भी नहीं। कुछ लोगों की एक आदत ये भी होती है की जब वो दावत में जाते हैं तो अक्सर ज़्यादा खा लेते हैं क्योंकि खाना लजीज होता है और मुफ्त का भी होता है, हमने हमेशा इस आदत से ख़ुद को दूर रखा है।"

सर की ये मुफ्त और लजीज खाने वाली बात सुनकर मैं और श्रेया, वासू की तरफ देखकर हंसने लगे और वासू थोड़ा सा शर्मा गया क्योंकि वो अक्सर ही

दावत में थोड़ा ज़्यादा खाना ही खा लेता था और बाद में अगले दिन श्रेया और मेरे सामने पेट दर्द की शिकायत करता था, पुदीना खाता था, सोडा पीता था और फिर कहता था अब कुछ भी हो जाए अगली बार दावत में ज़्यादा नहीं खाऊँगा और अगली बार फिर से वही सब होता था।

हमें वासू की तरफ मुस्कुराते हुए देखकर सर ये तो समझ गए थे की वासू से जुड़ा कुछ मामला ज़रूर है तो सर वासू की तरफ देखते हुए बोले, "क्यों वासू तुम यही करते हो क्या?"

मरता क्या ना करता वासू को हाँ बोलना पड़ा।

सर फिर बोले, "देखो ये एक इंसानी नेचर है की हमें जब दूसरों से कुछ मिलता है तो हम ज़्यादा से ज़्यादा फायदा उठाना चाहते हैं और इसी वजह से ज़्यादा खाना खा लेते हैं। पर हमें ये समझना चाहिये कि खाना दूसरे का हो सकता है लेकिन पेट तो हमारा ही है और अगर हमने इस बात का ध्यान रख लिया तो दावत में भी सही वक़्त पर ना करना आसान हो जायेगा।"

"मतलब हमें ख़ुद पर कण्ट्रोल करना है तो दूसरे के नुकसान और अपने फायदे की जगह अपने फायदे और अपने नुकसान को देखना चाहिए। अगर हमें अपना नुकसान समझ आ गया तो हमारे लिए अपने इमोशन को कण्ट्रोल करना भी आसान हो जायेगा", वासू ने कहा।

सर ने जवाब दिया, "बिल्कुल सही।"

उसके बाद सर ने आगे कहना कहा, "अच्छी सेहत के लिए सही खाने के साथ ही हम हर दिन थोड़ी कसरत ज़रूर करते थे जिसमें योग, ध्यान भी शामिल था और हर दिन का पैदल चलना भी। पिछले कई सालों से तुम्हारी बुआ और मेरा ये नियम बना हुआ है की हर दिन हम कम से कम 30 मिनट की मॉर्निंग वाक ज़रूर करते हैं और इस आदत ने हमें सेहतमंद रहने में बहुत मदद की है। साथ ही हम जितना ज़्यादा एक्टिव रह सकते हैं उतना एक्टिव रहते हैं, पसीना बहाते हैं और ख़ुद को फिट रखते हैं।

इस दिशा में एक बात और भी ज़रूरी है की खाने और कसरत के साथ हम पर्याप्त मात्रा में साफ पानी पीते रहते हैं। ये बात तो तुम भी जानते ही होंगे

कि हमारे शरीर का एक बड़ा हिस्सा पानी होता है और अगर हमारे शरीर में सिर्फ 3 प्रतिशत भी पानी की कमी हो जाती है तो हमें सर दर्द, आलस और ऐसी ही कई परेशानीयों का सामना करना पड़ता है। साथ ही पानी अगर साफ नहीं है तो सेहत खराब हो ही जाती है तो ये भी हम हमेशा ध्यान रखते थे।

और जो आखिरी बात हमने कभी नहीं की वो है किसी भी तरह का नशा करना। यहाँ हम ज़्यादा नहीं कहेंगे लेकिन तुम्हें ये ध्यान रखना होगा किसी भी तरह का नशा, सेहत का सबसे बड़ा दुश्मन हो सकता है और आगे चल कर ये तुम्हारे पैसे और लाइफ को भी नुकसान पहुँचाता है। तो अगर तुम चाहते हो कि तुम उम्र के आखिरी पड़ाव तक सेहतमंद रहो तो अपनी सेहत का ध्यान रखने के साथ ही अपने शरीर के इस मंदिर में कोई कचरा मत जाने देना और किसी तरह का नशा मत करना।

अब बात करें ऊर्जा की तो उसके लिए हमारे पास हमेशा ही एक कारण होता था, एक मकसद होता था जिसकी वजह से हर सुबह हम ख़ुद को तरोताजा महसूस करते थे और दिन भर ऊर्जा से भरे रहते थे।

यहाँ वासू के दिमाग में एक सवाल था जो की सर समझ चुके थे तो सर ने वासू से कहा, “हाँ पूछो क्या पूछना चाहते हो?”

वासू बोला, “सवाल खाने से जुड़ा हुआ है। आपने जो खाने की बात की है तो उसमें ये नियम सिर्फ शाकाहारी खाने के लिए है या फिर जो लोग नॉनवेज खाते हैं उनको भी यही नियम मानना चाहिए और उससे भी बड़ा सवाल ये है की हमें शाकाहारी होना चाहिए या नॉनवेज खाने में कोई बुराई नहीं है।”

वासू के इस सवाल पर सर ने बेबाकी से कहा “ये ऐसा सवाल है जिसका जवाब देने के लिए हम सही नहीं है। तुम्हारी बुआ पूरी तरह से शाकाहारी है, वो लस्सन प्याज भी नहीं खाती और वो पूरी तरह से सेहतमंद और ऊर्जावान हैं। मैं ख़ुद की बात करूँ तो मैं अंडे खाता था और अभी भी खाता हूँ, लेकिन मैंने इन्हीं बातों का ध्यान रखा था और मैं सेहतमंद हूँ। मेरे कॉलेज के एक दोस्त हैं जो की नॉनवेज भी खाते हैं और उन्होंने करीब 25 साल

पहले यही बात हमसे सीखी थी और तब उनकी सेहत में ना केवल सुधार आया था बल्कि अब तो वो बहुत ही सेहतमंद और ऊर्जावान भी हैं।

तो सिर्फ शकाहारी खाने से ही सेहत अच्छी हो सकती है ये कहना गलत होगा लेकिन ये ज़रूरी है की खाने को सही तरह से खाना है और ऐसा खाना है जो की सेहत को नुकसान ना पहूँचाये।"

इसके बाद हमारे पास कोई सवाल नहीं थे जो की हमारे चेहरे से समझ आ रहे थे तो सर उठे और होने बोर्ड पर लिखा

क्या मैं और श्रेया उम्र बढ़ने के बाद भी ऊर्जावान और सेहतमंद रह पायेंगे?

हमें मालूम था कि अब हमें जवाब देना था तो पहले शुरुआत श्रेया ने की और बोली, "हाँ हम ख़ुद को सेहतमंद बना सकते हैं और ऊर्जावान भी बने रहेंगे। हमारे पास सेहतमंद बने रहने के लिए हर वो ज़रूरी साधन है जिसकी हमें ज़रूरत है, हम खुशकिस्मत हैं कि हमारे पास एक अच्छा घर है, इनके पास काम है और उस काम से हम अपनी सेहत के लिए अच्छा खाना खरीद सकते हैं, हम लोग हर सुबह शाम थोड़ी कसरत ज़रूर कर सकते हैं और मेरे पास हर दिन ऊर्जा से भरे रहने के लिए एक नहीं 5 कारण हैं, जो की थे तो पहले से लेकिन उन कारणों से पहचान अभी अभी हुई है।"

श्रेया की बात सुनकर बुआ ने सवाल किया, "और ये कौन से कारण हैं?"

श्रेया ने जवाब दिया, "घर पर माँ पिता जी है, जयंत है, गोविन्द हैं और वासू भैया हैं। यही पांचो मेरी तो दुनिया हैं और हर दिन जागने के लिए मेरा मकसद भी मुझे इनसे मिलता है, तो अपनी ऊर्जा के लिए मुझे किसी मकसद को तुरंत ढूँढने की ज़रूरत नहीं है और जैसा आपने कहा वक़्त के साथ मुझे मेरा पैशन ख़ुद ही ढूंढ लेगा तो भविष्य के लिए ऊर्जा की चिंता आज नहीं कर रही हूँ।"

बुआ ने कुछ कहा नहीं और जवाब के लिए मेरी तरफ देखने लगी।

मैंने जवाब दिया, "हाँ मैं भी उम्र के आखिरी पड़ाव तक अपनी ज़िंदगी में सेहतमंद और ऊर्जावान रह सकता हूँ। सेहत के लिए जो करना होगा वो तो मैं करता ही रहूँगा पर समस्या ऊर्जा की या मकसद की थी और और अभी

से 30 सेकंड पहले तक मुझे नहीं मालूम था की आज के लिए मेरे पास ऊर्जावान होने का कोई कारण, कोई मकसद है या नहीं लेकिन अब है। श्रेया की बातों से मैं ये समझ चुका हूँ कि चाहे मेरे पास कोई बड़ा मकसद ना हो लेकिन परिवार एक ऐसा मकसद है जो अपने आप में ही काफी है, तो अगर मुझे भविष्य में कोई बड़ा मकसद नहीं भी मिला तो भी मेरे पास ऊर्जा का एक कारण हमेशा रहेगा।" आखिरी लाइन मैंने श्रेया की तरफ देखते हुए खत्म की थी क्योंकि मुझे उससे ही तो ऊर्जा मिलती थी।

अपनी बात खत्म करते हुए मैंने कहा "और इसके साथ ही मेरे पास एक ऐसा सपोर्ट भी है जो की मुझे हमेशा ऊर्जावान बना कर रखता है," इस बार मेरा इशारा वासू की तरफ था।

मेरी बात खत्म होने के बाद सर ने वासू से सवाल किया और वासू ने कहना शुरू किया और उसके पहले शब्द थे "हाँ मैं भी ख़ुद को सेहतमंद और ऊर्जावान बना लूँगा और उम्र के आखिरी पड़ाव तक सेहतमंद बनकर रहूँगा। ये करने के लिए अब मैं किसी भी हाल में ज़्यादा खाना नहीं खाऊँगा और बाहर ज़्यादा ना खाऊँ इस बात के लिए सबसे पहले तो मैं अपने खाने की आदतों को घर पर ही ठीक करूंगा, और जैसा आपने कहा मैं अपने खाने को 32 बार चबा कर खाऊँगा, कोशिश करूंगा की उतना ही खाना खाऊँ जितनी शरीर को ज़रूरत है, पानी पीता रहूँगा और जो कसरत कॉलेज के दिनों में करता था वो फिर से शुरू कर दूंगा ताकि बिगड़ गई सेहत को ठीक कर सकूं।

पर मुझे लगता मेरी समस्या सेहत से ज़्यादा मकसद की थी। पिछले कई सालों में जी तो रहा था लेकिन मेरे पास कोई मकसद नहीं था या सही शब्द कहूँ तो मुझे सामने होते हुए भी मेरे मकसद के बारे में पता नहीं था। मेरे खून के रिश्तों में कोई था ही नहीं और कुछ का होना मेरे लिए कोई मायने नहीं रखता था पर मैंने इस बात का ध्यान ही नहीं रखा की ये छुटकी पिछले कितने ही सालों से मुझे बहन का प्यार देती है, माँ की तरह मेरी चिंता करती है और मैं ख़ुश रहूँ इसलिए अपनी ख़ुशी की चिंता भी नहीं करती।"

अब तक वासू की आँखों आँसू आ चुके थे, श्रेया भी रोने लगी और मैं भी, लेकिन वासू कहता रहा और मेरी तरफ इशारा करते हुए बोला, "ये भाई जैसा दोस्त है जिसने सिर्फ दोस्त ही नहीं दिए इस अनाथ को माँ बाप भी दे दिए जो इससे ज़्यादा मुझे प्यार करते हैं, जयंत पर मुझे वो अधिकार दे दिया जो शब्दों में बता नहीं सकता। पर मैं ही मूर्ख था जो आज के पहले इन रिश्तों को, अपने जीने का अपने बेहतर होने का मकसद नहीं मान पाया।"

फिर रोते रोते ही श्रेया और मेरी तरफ देखकर बोला, "मुझे माफ़ कर देना यार, मुझे माफ़ कर दे छुटकी... माफ़ कर देना।"

हम दोनों क्या कहते हम दोनों ख़ुद ही रो रहे थे और अच्छी बात ये थी की इन आंसुओ में कोई दर्द नहीं था, सिर्फ प्यार ही प्यार था हर रिश्ते के लिए और हम दोनों में से कोई कुछ कहता तब तक बुआ उठीं और उन्होंने वासू को अपने सीने से लगा लिया और उसके बाद श्रेया और मुझे भी अपने पास बुला कर अपनी बाँहों में ऐसे छुपा लिया जैसे कोई चिड़िया अपने बच्चों को पूरी दुनिया की मुसीबतों से बचाने के लिए छुपा लेती है।

बुआ ने हमें चुप करवाने की कोई कोशिश नहीं की बस हमें रोने दिया और थोड़ी देर बाद हमारे आँसू तब रुके जब सर मजाक करते हुए बोले, "सारा प्यार अपने बच्चों को ही करोगी या थोड़ा मेरे लिए भी बचेगा।"

सर की ये बात सुनकर हम रोते रोते ही हंसने लगे और फिर कुछ देर के बाद माहौल थोड़ा हल्का हुआ तो सर बोले, "अब तुम लोगों को ये भी पता है की तुम्हें क्या करना है और ये भी पता है की क्यों करना है तो मुझे भी यकीन है तुम लोग ख़ुद को सेहतमंद और ऊर्जावान बना कर रखने में कामयाब ज़रूर होगे। पर कोई और डाउट हो तो वो भी कहो ताकि हम आगे बढ़ सके।"

अब हमारे पास कोई डाउट नहीं था तो सर ने बोर्ड पर अगला सवाल लिखा।

सवाल नम्बर 1 - पेरेंटिंग़

आप क्या सिखाते हैं बच्चे उससे कम सीखते हैं लेकिन आप क्या करते हैं बच्चे उससे ज्यादा सीखते हैं – डब्ल्यू ई बी डुबोइस

बच्चो को सफल बनाना चाहते हो तो खुद को असफल मत होने देना।

सर फिर हमारे पास आकर बैठ गए और बोले, "माता पिता होना एक बहुत ही ख़ूबसूरत अनुभव है और हर माता पिता यही चाहते हैं कि उनके बच्चे दुनिया में सबसे ज़्यादा सफल बने, अच्छे इंसान बने और हर वो सफलता हासिल करें जो माता पिता ख़ुद हासिल नहीं कर पाए।

अपने इस सपने को सच बनाने के लिए माता पिता अपनी तरफ से पूरी कोशिश करते भी हैं। वो बच्चों को बेहतर बनाने के लिए हर कदम पर उनका साथ देते, अपने बच्चों के भविष्य के लिए बहुत सारी प्लानिंग करते हैं, बच्चों के लिए अपनी तरफ से सही फैसले लेने की कोशिश करते हैं और इस सब के बाद भी कई बार बच्चे असफल हो जाते हैं।

जब ऐसा होता है तो माता पिता बच्चों को बुरा कहने लगते हैं, उनको लगने लगता है की बच्चे असफल हो गए और वो पूरा दोष बच्चों को देने लगते हैं, वो ये सवाल करने लगते हैं कि बच्चों को बेहतर इंसान कैसे बनाएं और तुम्हारा भी यही सवाल है। तुम्हारे लगभग सभी सवाल पूरी तरह से सही हैं लेकिन यहाँ तुम्हारे सवाल को मैं थोड़ा सा बदलना चाहूंगा।

तुमने सवाल किया था बच्चों को बेहतर इंसान कैसे बनाएं और यहाँ तुम्हारे इरादे पूरी तरह से नेक हैं, लेकिन सही सवाल होना चाहिए 'अच्छे माता पिता कैसे बनें?' अगर माता पिता अच्छे होते हैं तो बच्चे अपने आप ही अच्छे हो जाते हैं और अगर माता पिता अच्छे नहीं है तो बहुत मुमकिन है की बच्चे भी बुरे ही बनेंगे।"

मुझे सर की बात समझ आने लगी थी क्योंकि ये तो सच ही है की बच्चे बड़ों को देखकर ही सीखते हैं। जब ट्रेन में मैंने इस सवाल को लिखा था तब जितनी गलती बच्चों की थी उससे ज़्यादा गलती उनके माता पिता की भी तो थी। अगर पहली गलती पर ही उन उद्दंड बच्चों के माँ या पिता में से कोई एक अपने बच्चों को डांट लगा देते, उनको माफ़ी मांगने के लिए कहते तो वो बच्चे शायद गलती करते ही नहीं।

उसके बाद सर उठे बोर्ड के पास गए और वहाँ जाकर उन्होंने लिखा -

बच्चों को बेहतर इंसान कैसे बनाएं?

उसके बाद उन्होंने ब्रेकेट में एक और सवाल लिखा -

(अच्छे माता पिता कैसे बनें?)

इसके बाद सर हमारे पास आकर बैठ गए और बोलना शुरू किया, "हमारे देश में जब लोग माता या पिता बन जाते हैं तो अधिकतर केसज़ में उनके इमोशन उनकी भावनाएं पूरी तरह से बदल जाती हैं। उनको लगने लगता है कि अब तो हमारे जीवन में ख़ुद के लिए कुछ है ही नहीं, अब हमें जो भी करना है हमारे बच्चों के लिए ही करना है उनको ही आगे बढ़ाने में अपनी पूरी ऊर्जा लगा देनी है उनका भविष्य बनाने के लिए ख़ुद को खत्म करना पड़े तो कर देंगे। और अधिकतर लोग सिर्फ ये सोचते ही नहीं हैं करते भी है जो की बच्चों के भविष्य को बिगाड़ने में माता पिता का पहला कदम होता है।"

"बच्चों के भविष्य की चिंता करना गलत कैसे हो सकता है?" श्रेया ने आश्चर्य करते हुए सवाल किया

"बच्चों के भविष्य की चिंता करना या उनके बेहतर भविष्य की उम्मीद करना गलत नहीं है, ये हर माता पिता का अधिकार होता है लेकिन जब माता पिता अपने बच्चों के भविष्य के लिए ख़ुद के करियर या भविष्य को एक किनारे रख देते हैं तो वो बच्चों से ऐसी उम्मीदें करने लगते हैं जो की प्रैक्टिकल नहीं होती। वो अपने सारे अधूरे सपनों को अपने बच्चों के ज़रिये पूरा करना चाहते हैं, उन्हें लगता है की जो कुछ वो हासिल नहीं कर पाए हैं वो सब उनके

बच्चे उन्हें लाकर देंगे और इसीलिए वो अपने बच्चों को ज़्यादा से ज़्यादा लाड़ देते हैं, दुलार देते हैं, हर वो चीज़ लाकर देने की कोशिश करते हैं जो बच्चे चाहते हैं और कई बार बच्चों की गलत चाहतों को या मांगों को भी पूरा करने लगते हैं। तर्क ये होता है छोटा बच्चा है, छोटी सी ही तो मांग हैं पूरी कर देते है।

इस तरह से वो बच्चों का भला करने की जगह बच्चों का बुरा करने लगते हैं और इस वजह से बच्चों को ये लगने लगता है की उन्हें सब कुछ पाने का अधिकार है। फिर जब बच्चे थोड़ा बड़े हो जाते हैं तो भी उनके दिमाग से ये भावना जाती नहीं है और उनकी सही और गलत मांगें भी उम्र के साथ बढती रहती है। पर अब यहाँ पर माता पिता और बच्चों के बीच टकराव शुरू हो जाता है क्योंकि माता पिता ने तो बच्चों से कुछ और ही उम्मीदे लगाईं होती हैं और बच्चे ये सोचते हैं की हम जो चाहे वो कर सकते हैं, ये तो हमारा अधिकार है।

बात यहीं खत्म नहीं होती क्योंकि जब बच्चे थोड़ा और बड़े होते हैं तो बारी आती है उनके करियर को चुनने की, बच्चे क्या बनेंगे ये तय करने की और उस दिशा में सही कदम उठाने की। अब अगर माँ बाप ने बच्चों के लिए अपने करियर को पहले से ही कुर्बान कर दिया है तो वो बच्चों का भविष्य और करियर भी सोच कर रख लेते हैं। अगर बाप को डॉक्टर बनना था लेकिन वो नहीं बना पाया तो वो बच्चे के जन्म के वक़्त ही तय कर लेता है मेरा बच्चा तो डॉक्टर बनेगा और अगर बाप की इच्छा कलेक्टर बनने की थी तो वो बच्चे के ऊपर कलेक्टर बनने का सपना थोप देते हैं।

पर समस्या तो ये होती है की बच्चे के अपने भी कुछ सपने होते हैं, बच्चा माँ बाप से आकर कहता है की नहीं मुझे डॉक्टर नहीं बनना मैं तो हवा में उड़ना चाहता हूँ, मुझे पायलट बनना है तो पेरेंट्स के सपने टूट कर बिखरने लगते हैं। लेकिन माता पिता भी इतनी जल्दी हार नहीं मानते, वो मनुहार से, प्यार से, दुत्कार से, फटकार से और अधिकार से बच्चे को सपनों को कुचल देते हैं और अपने सपनों और चाहतों का बोझ बच्चों पर डाल देते हैं।

बच्चे मन को मार कर उस करियर को चुन लेते हैं जो उनके माता पिता तय करते हैं और इस वजह से वो ना केवल अपने सपनों से दूर हो जाते हैं बल्कि माँ बाप से भी दूर हो जाते हैं, उनके अंदर एक विद्रोह पलने लगता है और अगर वो बच्चे माता पिता के चुने करियर में सफल ना हुए तो सारा दोष पेरेंट्स के नाम पर जाता है और बच्चे पेरेंट्स से दूर हो जाते हैं। बच्चे के अंदर गुस्से और निराशा की एक आग जलती रहती है और जब किसी के अंदर आग होगी तो वो अच्छा और सफल इंसान कैसे बनेगा। और बात यहीं खत्म नहीं हो जाती क्योंकि थोड़े वक़्त के बाद यही बच्चा पिता बनता है और अपने बेटे या बेटी को गोद में उठाते हुए उसके मन में पहला ख़याल होता है मैं इसे पायलट बनाऊंगा और फिर से वही सिलसिला शुरू हो जाता है।"

"ये तो काफी डरावना है", सर की बात सुनकर श्रेया बोली और सर ने हाँ में मुंडी हिला दी।

"तो फिर क्या हम बच्चे के भविष्य की चिंता ही ना करें?" मैंने सवाल किया।

सर बोले, "क्यों नहीं करोगे, करना ही पड़ेगी....बच्चे पैदा करे हैं तो उनके भविष्य की चिंता भी तुमको ही करनी होगी लेकिन तुम्हारा काम उनके भविष्य की चिंता करना है, उनके भविष्य को बेहतर बनाने में उनका साथ देना है लेकिन उनका भविष्य तय करने का अधिकार तुम्हारा नहीं होगा, ये अधिकार पूरी तरह से सिर्फ और सिर्फ बच्चे का होता है। माता पिता होने के नाते तुम उनको सलाह दे सकते हो, हो सकता है तुम्हारी समझ के हिसाब से वो किसी जगह पर कोई गलत फैसला ले रहा हो तो तुम्हारी ज़िम्मेदारी होती है उनको समझाना कि वो गलत क्यों है, तुम अपने अनुभव उनको बता सकते हो अपनी जानकारी को सबूतों के साथ उनको दिखा सकते हो और उनको आप्शन दे सकते हो की ये नहीं तो ये कर लो।

और अगर बच्चे फिर भी ना माने तो उनको ये कह सकते हो की हमारी समझ और जानकारी यही कहती है की अगर तुम इस दिशा को चुनते हो तो तुम्हारा भविष्य अँधेरे में रहेगा लेकिन तुम्हें अपनी सफलता का पूरा भरोसा है तो हम तुम्हारा साथ देने के लिए तैयार हैं लेकिन ये साथ एक वक़्त तक के लिए ही

होगा। हम अगले पांच सालों तक तुम्हारे सपनों को पूरा करने में एक लिमिट तक तुम्हारा साथ देने के लिए तैयार है लेकिन उस लिमिट से आगे हम तुम्हारी कोई मदद नहीं कर पाएंगे। साथ ही अगर तुम तब तक सफल नहीं हुए तो उसके बाद अपने भविष्य की ज़िम्मेदारी तुम्हें ही उठाना होगी। तब तक तुम अपनी पसंद के करियर में सफल हो जाते हो तो बहुत अच्छी बात है और अगर सफल नहीं होते तब भी हम तुम्हें प्यार करते रहेंगे लेकिन तुम्हारा और साथ नहीं देंगे और तुम्हें अपनी रोटी कपड़ा मकान जैसी मूलभूत ज़रूरतों के लिए भी ख़ुद ही ज़िम्मेदारी लेना होगी।"

"तो एक तरह से ये भी तो धमकी देकर अपनी बात मनवाना ही हुआ ना?" मैंने विरोध करते हुए कहा।

सर ने कहा "बिल्कुल नहीं। हम बच्चों को ये नहीं कह रहे की हमारी पसंद का ही करियर चुनो, हम उनको अपनी समझ और अनुभव के आधार पर सिर्फ सलाह दे रहे हैं और उनको पूरा फ्रीडम पूरी आज़ादी भी दे रहे है की अपने भविष्य के लिए जो चाहे वो चुन सकते हो। और यहाँ एक बात साफ कर दूं की वो चाहे तुम्हारी पसंद का करियर चुने या कुछ ऐसा चुने जो तुम्हें पसंद नहीं है, दोनों ही हालात में तुम्हें बच्च्चो की मदद एक लिमिट तक करना है और उनके भविष्य को बनाने के लिए थोड़ी ज़िम्मेदारी बच्चों पर ज़रूर डाल देना है ताकि वो अपनी ज़िम्मेदारी को समझ सकें और अपने करियर अपने भविष्य के लिए हमेशा ही गंभीर बने रहें।"

"सर ये बात तो समझ आ रही है कि बच्चों को उनका करियर चुनने में हमें उनकी आज़ादी देना है, लेकिन सिर्फ इस तरह से हम अच्छे माँ पिता कैसे बन सकते हैं क्योंकि हम माता पिता तो तभी बन जाते हैं जब एक बच्चे के आने की खबर मिलती है और अगर हम तब से अच्छे माता पिता नहीं बनते तो अचानक से सब बदल जाये ऐसा तो नहीं हो सकता," वासू ने कहा।

सर ने जवाब दिया, "बिल्कुल सही कहा तुमने। जो बातें हमने अभी की हैं वो तो सिर्फ एक दिशा में ही जा रही थीं पर ये सच है की बच्चों को अच्छा इंसान बनाने के लिए उनको हमें बहुत सी बातें सिखानी होंगी जो की उनके

बचपन से ही लागू होंगी। और सबसे ज़रूरी बात ये है की ये बातें हमें बच्चों को कह के नहीं करके सिखानी होंगी। और ये बात इसलिए बहुत ज़रूरी है क्योंकि बच्चे वो नहीं सीखेंगे जो तुम उनसे कहोगे, बल्कि वो लोग उस बात को सीखेंगे जो तुम करोगे।"

मुझे फिर से ट्रेन वाला वाकया याद आ गया और मुझे सर की बात भी समझ आ गई। वहाँ पर जब बच्चों ने दूसरे बच्चों को धक्का दिया था, परेशान किया था, तो धक्का देने वाले बच्चों के पिता ने अभद्रता दिखाने की जगह माफ़ी मांगी होती तो बच्चे भी माफ़ी मांग लेते और फिर वो गलती शायद कभी करते ही नहीं। लेकिन वहाँ पिता ने अभद्रता दिखाई तो बच्चों को ये लगने लगा था की यहाँ तो हमारा अधिकार है और हम जो चाहे वो करेंगे हमारे पिता जी हमें बचा लेंगे।

मुझे सोच में डूबा देखकर सर ने सवाल किया, "क्यों गोविन्द, क्या सोचने लगे?" और मैंने पूरी बात सर को बता दी

मेरे अनुभव और सर की बातों से हम तीनों को ये भी समझ आ गया था की अगर बच्चों को अच्छा इंसान बनाना है तो ज़रूरी है की अच्छे माता पिता बनें।

उसके बाद सर ने कहना शुरू किया, "अब बात करें अच्छे माता पिता बनने की तो यहाँ सबसे पहला नियम ये है की अपने बच्चों से अपने लिए कोई उम्मीद ना करें। मतलब ये की तुम्हें तुम्हारी संतान से कोई उम्मीद नहीं लगाना चाहिए। उसके पैदा होते ही ये नहीं सोचना चाहिए कि ये बड़ा होकर डॉक्टर बनेगा, कलेक्टर बनेगा या फिर ऐसा ही कुछ। साथ ही ये उम्मीद भी नहीं लगाना चाहिए की ये बच्चा बड़ा होकर मेरी सेवा करेगा, बुढापे में मेरी लाठी बनेगा या फिर मेरे लिए रोटी कपड़ा मकान और इलाज का इंतज़ाम करेगा।

अगर तुम इस तरह की कोई भी उम्मीद कर रहे हो तो ये असल में तुम अपने बच्चे से प्यार नहीं कर रहे हो एक व्यापार कर रहे हो। ये तो बिल्कुल ऐसा ही होगा की तुम आज मूल जमा कर रहे हो ताकि कल तुम्हें ब्याज मिल

सके। तो बच्चों के लिए जो कर सकते हो वो करो लेकिन अपने लिए कोई उम्मीद मत करो।

दूसरा नियम ये है की बच्चों के व्यवहार में सिर्फ वही उम्मीद करो जो तुम कर सकते हो और ये इसलिए ज़रूरी है क्योंकि तुम्हारे बच्चे तुम्हारे व्यहार से और करने से सीखते हैं तुम्हारे कहने से नहीं। अगर तुम नशा करते हो और ये उम्मीद करते हो की तुम्हारे बच्चे बड़े होकर नशा नहीं करेंगे तो तुम मूर्ख हो। अगर तुम लोगों के साथ अभद्रता से बात करते हो और ये उम्मीद करते हो की तुम्हारे बच्चे अभद्र ना हों तो ये तुम्हारी मूर्खता होगी।

इसलिए तुम कोई गलत काम करने के पहले बार-बार सोचो, किसी से गलत व्यवहार करने के पहले बार-बार सोचो, अपने शब्दों को बहुत ही सोच समझ कर बोलो और अगर कोई गलती कर दो तो उसे स्वीकार करो, माफ़ी मांगने से डरो मत। जब तुम ऐसा करोगे तो तुम्हारे बच्चे अपनी गलतियों को स्वीकार करने की हिम्मत कर पायेंगे और उसके लिए माफ़ी मांग कर ख़ुद को सुधार पाएंगे।

अच्छे माता पिता बनने का नियम है अपने बच्चों से सीखना, उनको सिखाते रहना और उनकी गलतियों को प्यार से, डांट से, अधिकार से और ज़रूरत पड़े तो मार से सही भी करना। कई बार ऐसा होता है की हमारे बच्चे ही हमें ऐसा कुछ सिखा देते हैं जो हम अपनी पूरी उम्र नहीं सीख पाये थे। लेकिन ये बातें हमारे बच्चों से हम तभी सीख पायेंगे जब हम बड़े होने के अपने घमंड अपने अहंकार को छोड़ कर उनकी बातों पर ध्यान दे। तो जब बच्चों के साथ वक़्त बिताओ तो थोड़े से बच्चे बन जाओ, कुछ उनकी सुनो और कुछ अपनी सुनाओ। ऐसा करने पर न केवल तुम्हारा रिश्ता बच्चों से अच्छा होगा बल्कि तुम उनसे काफी कुछ सीख भी पाओगे।

सीखने के साथ ही बच्चों को सिखाना भी ज़रूरी होता है और सिखाने के लिए तुम्हें कोई अलग से क्लास लेकर बैठने की ज़रूरत नहीं है। जब तुम अपने बच्चों के साथ वक़्त बिताओगे तो कई बार बच्चों के कोई सवाल तुम्हारे सामने आयेंगे। तब तुम्हारी ज़िम्मेदारी इतनी है की बच्चों के उन सवालों का

ईमानदारी से जवाब दे दो और इस तरह से तुम्हारे बच्चे तुमसे सीखते भी रहेंगे और तुम्हारे करीब भी रहेंगे।"

"बिल्कुल वैसे ही जैसे आप हमें दाल बाटी के साथ सिखाया करते थे?" मैंने चहकते हुए सवाल किया।

सर ने कहा "हाँ, बिल्कुल वैसे ही। तब मैं तुम बच्चों से तुम्हारी जेनरेशन में जो होता था वो सीखता था और अपने अनुभव तुमको देता था। इस तरह से ना केवल तुम मेरे अनुभव से सीख पाते थे बल्कि मैं भी तुम्हारी जेनरेशन से जुड़ा रहता था। अगर तुम अपने बच्चों के साथ ये सीखने और सिखाने का सिलसिला बनाये रखोगे तो तुम्हारे बच्चों और तुम्हारे बीच में कभी जेनरेशन गैप भी नहीं आएगा और प्यार भी हमेशा बना रहेगा।"

उसके बाद सर ने आगे कहना शुरू किया, "अब हम फिर से अपनी बात पर आते हैं। जैसा की मैं कह रहा था बच्चों से तुम्हें सीखते रहना होगा और सिखाते भी रहना होगा लेकिन उसके साथ ही बच्चों की गलतियों को भी सही करना तुम्हारी ही ज़िम्मेदारी होगी। उदाहरण के लिए जो तुमने ट्रेन वाला वाकया बताया, उस स्थिति में बच्चों ने गलती कर भी दी तो पिता की ज़िम्मेदारी ये थी की वो बच्चों को समझाये की बेटा तुमने जो किया है वो गलत है तो चलो माफ़ी मांगो और वादा करो आगे से ये गलती नहीं करोगे। अगर बच्चा प्यार से ना माने तो उसे डांट भी लगाई जा सकती है और अगर तब भी ना माने तो थोड़ा और सख्त होकर थोड़ी पिटाई लगाना भी बुरा नहीं है लेकिन ये मार वाला रास्ता आखिरी रास्ता होना चाहिए पहला नहीं और यहाँ भी कुछ नियम ध्यान रखना चाहिए।"

"बच्चों को पीटने के भी कुछ नियम होते हैं ये तो मुझे पता ही नहीं था?" वासू ने एक अजीब से सुर में कहा, फिर अपनी बात जारी रखते हुए बोला। "मुझे तो लगता था कि जब माँ बाप का मन होता हैं तो बच्चों को पीट सकते हैं, वो आपस में लड़ाई करें तो बच्चे को पीट सकते हैं, किसी बात से गुस्से में हों तो बच्चे को पीट सकते हैं या कोई भी परेशानी हो तो सारा गुस्सा बच्चों पर निकाला जा सकता है। पहले माँ का गुस्सा निकालने के लिए गुस्से में

पिता बच्चे को पीट सकते हैं और उसके बाद अगर बच्चे की हड्डिया सही सलामत बची हों तो माँ भी पीट सकती है।"

अब तक वासू की आँखों में गुस्सा और निराशा साफ साफ देखी जा सकती थी। और आज पहली बार मुझे ये समझ आया था की जब भी मैं या श्रेया वासू के माता पिता के बारे में कोई सवाल करते थे तो हर बार उसकी जुबान पर एक कसैलापन क्यों आ जाता था जो की उसकी आँखों और चेहरे से साफ़ साफ दिखाई देता था। हालांकि उसने कभी भी अपने माता पिता की कोई बुराई अपने मुँह से नहीं की थी लेकिन मैं और श्रेया इतना समझ चुके थे की वासू की ख़ुशी के लिए कभी उसके माता पिता के बारे में बात ना करें।

ये बात मेरे और श्रेया के लिए तो चौंकाने वाली थी लेकिन बुआ और सर शायद इस बारे में पहले से ही जानते थे और इसीलिए उनकी आँखों में भी दर्द तो दिखाई दे रहा था लेकिन आश्चर्य नहीं।

मुझे लगा था अब सर थोड़ा नर्म हो जायेंगे लेकिन यहाँ कमजोर होने की जगह सर ने और मज़बूत आवाज़ में कहा, "नहीं बिल्कुल नहीं, ये किसी भी अच्छे माता पिता की निशानी नहीं है। बच्चों की गलती पर उनको डराने के लिए थोड़ी से पिटाई करना और उन पर गुस्सा निकालना दो अलग अलग बातें हैं। अगर कोई माँ बाप अपने बच्चों को पंचिंग बैग समझेंगे तो माता पिता और बच्चे के रिश्ते कभी अच्छे हो ही नहीं सकते और बच्चों के बड़े होने के बाद बच्चे अपने परिवार से भी दूर हो जायेंगे।

बच्चों के साथ कैसा व्यवहार करना चाहिए इस बारे में गुरु चाणक्य ने बहुत ही खूबसूरती से कहा है की बच्चों को पांच साल की उम्र तक बहुत ही लाड़ प्यार से रखना चाहिए, पांच साल से 10 साल तक बच्चों को जहाँ ज़रूरत हो वहाँ डांटना चाहिए, 10 साल से 16 साल की उम्र तक ज़रूरत पड़े तो सख्ती दिखाना चाहिए और 16 साल की उम्र के बाद बच्चों को दोस्त समझना चाहिए और उनके साथ दोस्तों की तरह ही व्यवहार करना चाहिए।"

सर की बात सुनते हुए वासू की आँखे लगभग भीग ही गई थीं पर उसने ख़ुद को सम्भालते हुए सवाल किया, “अगर सिर्फ इन बातों को मान लेते हैं तो क्या मैं अच्छा पिता बन सकता हूँ। क्या ये तय है की मेरा बच्चा तब मुझसे नफरत नहीं करेगा, क्या मैं उसे एक अच्छा और सफल इंसान बनाने में कामयाब हो जाऊँगा?”

सर ने जवाब दिया, “बिल्कुल हो सकता है, लेकिन तुम्हें ध्यान रखना है कि सबसे पहले तुम्हें अच्छा और सफल इंसान बनना होगा, उसके लिए ज़रूरी है कि तुम्हारे घर में पैसे की कमी ना हो, प्यार की कमी ना हो, परिवार में एक दूसरे से दुश्मनी का भाव ना हो बल्कि प्यार का भाव हो, तुम्हें ख़ुद का भी सम्मान करना होगा और दूसरों का भी, तुम्हें ज़रूरतमंद की मदद करने के लिए तैयार रहना होगा, और तुम्हें अपनी सेहत और ऊर्जा को भी बेहतर रखना होगा क्योंकि बच्चों को पालने के लिए अच्छी सेहत और अच्छी ऊर्जा ज़रूरी है।

इन बातों के साथ ही तुम्हें दूरदर्शी और ख़ुश भी होना होगा ताकि तुम अपने बच्चों को ख़ुशियाँ दे सको और उन्हें भविष्य के लिए तैयार कर सको।”

“मतलब अगर मैंने ये बातें सीख लीं, इन बातों को अपनी ज़िंदगी में अपना लिया तो मैं अपने बच्चों के लिए अच्छा पिता बन पाऊंगा और मैं अपने बच्चों को अच्छा भविष्य भी दे पाऊंगा?” गोविन्द ने फिर से सवाल किया।

“बिल्कुल बन पाओगे और सिर्फ तुम अच्छे पिता ही नहीं बनोगे बल्कि तुम एक अच्छे पति भी बन जाओगे,” सर ने जवाब दिया।

वासू ने सिर्फ हाँ में सर हिलाते हुए सर की बात से सहमति जता दी लेकिन उसके बाद वासू ने फिर से एक सवाल दाग दिया जिसकी उम्मीद मुझे या श्रेया को बिल्कुल नहीं थी। पर सर और बुआ उसके इस सवाल से ज़रा भी चौके नहीं थे।

वासू ने कहा, “जो बात आपने कही है वो तो ठीक है लेकिन अगर बच्चों में एक बच्चा थोड़ा बड़ा हो गया है तो फिर भी यही नियम काम करेंगे क्या।”

सर ने कहाँ, "हाँ बिल्कुल, ये नियम हमेशा ही काम करेंगे। एक कहावत है एक पेड़ लगाने के लिए सबसे अच्छा वक़्त आज से 20 साल पहले था लेकिन दूसरा सबसे अच्छा वक़्त आज है। तो अगर पहले तुम इन नियमों को पूरा नहीं कर पाए तो आज से शुरू कर दो और वक़्त दो, वक़्त के साथ सब ठीक हो जायेगा।"

इसके बाद वासू तो कुछ नहीं बोला पर मैं और श्रेया दोनों ही थोड़ा आश्चर्यचकित थे और उसके दो कारण थे। पहला तो ये की सुबह से अभी तक वासू ने पहली बार ही इतने सवाल किए थे और ख़ुद को किसी सवाल से जोड़ा था और दूसरी बात ये की वासू की आवाज़ से ऐसा लग रहा था की वो भविष्य के नहीं वर्तमान के सवालों की बात कर रहा है। पर फिर भी हम कुछ बोले नहीं।

लेकिन फिर मैंने अपनी बात रखते हुए सर से सवाल किया "मतलब मैं अगर चाहता हूँ कि मैं एक अच्छा पिता बनूँ तो सबसे पहले मैं जयंत से मेरी उम्मीदें व्यक्तिगत बिल्कुल नहीं होनी चाहिए, ना ही आज के लिए, ना ही भविष्य के लिए। मैं उससे ये उम्मीद कर सकता हूँ की वो अपने हर फैसले में मुझे साथ रखने की कोशिश करे लेकिन मुझे ये उम्मीद नहीं करना चाहिए की वो हर फैसले पर मेरी राय के हिसाब से ही काम करे। इसके साथ ही मुझे अपने सपनों को जयंत पर नहीं थोपना है बल्कि उसे आज़ादी देना है उसके सपनों की उड़ान भरने के लिए।

मैं उसे काबिल बना सकूँ इसलिए ज़रूरी है कि मैं पहले ख़ुद को काबिल बनाऊँ, ख़ुद इतने पैसे कमाऊँ और बचाऊँ की पैसे की कमी की वजह से जयंत को ना ही कोई मानसिक परेशानी हो, ना ही परिवार के किसी और सदस्य को ताकि हम चिंतामुक्त होकर उसे प्यार कर सकें। और इसके साथ ही मुझे रिटायर होने के बाद भी जयंत से कोई उम्मीद नहीं रखना है कि वो मेरी सेवा करेगा या मेरे साथ रहेगा, बल्कि मुझे उसे आज़ाद कर देना है उसकी ज़िंदगी जीने के लिए और फिर ये उसकी मर्ज़ी है की वो कैसे जीता है। मुझे ये भी ध्यान रखना होगा की श्रेया और मेरा प्यार हमेशा बना रहे, बढ़ता रहे और हम एक दूसरे के परिवार को भी साथ में जोड़ कर रख सकें।

मुझे ख़ुद को ऐसा बनाना होगा की सभी मेरा सम्मान करें और मैं लोगों का सम्मान करता रहूँ, अपनी सेहत का ध्यान रखता रहूँ और जयंत के साथ सीखता और सिखाता रहूँ।"

सर ने कह "बिल्कुल सही कहा तुमने, बस इसके साथ ही तुम्हें दूरदर्शी भी होना होगा और ख़ुश भी और ये दोनों ही बातें बहुत ज़रूरी हैं क्योंकि अगर तुम ख़ुश नहीं हो तो तुम बच्चों की बातों से उनके सवालों से परेशान होने लगोगे और फिर उनके दोस्त नहीं बन पाओगे, उनसे सीख नहीं पाओगे और जेनरेशन गैप जो नहीं आना चाहिए वो आ जायेगा।"

"और बच्चों के भविष्य के लिए दूरदर्शी होना क्यों ज़रूरी है?" वासू ने सवाल किया।

सर ने इसका जवाब देते हुए कहा "देखो हम आज तेजी से बदलती हुई दुनिया में है और आने वाले वक़्त में दुनिया और बदल जाएगी। आज अक्षर अमेरिका में एक कंप्यूटर सॉफ्टवेर कम्पनी में नौकरी कर रहा है, जब की अब से कूछ साल पहले ये नौकरी होती ही नहीं थी। मतलब ये समझ लो की जब तुम्हारे बच्चे बड़े होंगे तो दुनिया शायद इतनी बदल चुकी हो की वो जो काम करें वो आज और अभी तक बना ही नहीं है। अब अगर तुम दूरदर्शी नहीं बनोगे तो अपनी सोच को भविष्य के लिए तैयार नहीं कर पाओगे, भविष्य के झरोखे में झाँक कर नहीं देख पाओगे और तब ये हो सकता है कि तुम्हारे बच्चों की चाहतें सही होने के बाद भी तुम्हें गलत लगें।"

सर की बात मेरे समझ में आ चुकी थी, वासू की समझ में भी आ चुकी थी और श्रेया की भी। शायद यही वजह थी की हमारे पास कोई सवाल नहीं थे तो सर उठे और उन्होंने बोर्ड पर लिखा

तिवारी सर बुआ इतनी अच्छे माता पिता कैसे बनें?

इसके बाद बुआ ने कहना शुरू किया "हम अच्छे माता पिता बन पाए या नहीं उसका जवाब तो तुम्हें अनन्त, अर्णव, पार्वती और अक्षर ही दे पायेंगे और उन चारों के लिए हमने जो किया वो हम तुम दोनों के लिए नहीं कर पाए इसका हमें अफ़सोस भी है।"

"नहीं बुआ आप ऐसा क्यों कह रही हो, आपने हमारे लिए जो किया है वो कोई नहीं करता," मैंने और वासू ने एक सुर में कहा।

बुआ हमारी बात को इग्नोर करते हुए बोलीं, "अब हम इस बात की गहराई में नहीं जायेंगे, पर मैं ये ज़रूर कहूँगी की हमने शादी के बाद ही ये तय कर लिया था की अगर हमें अपने बच्चों के भविष्य को बेहतर बनाना है ख़ुद को वर्तमान को बेहतर बनाने की ज़रूरत होगी। हमने अपने घरों में बहुत कुछ ऐसा अनुभव किया था, हमें बहुत कुछ ऐसा मिला था जो हम अपने बच्चों को नहीं देना चाहते थे और इसीलिए हमने तय किया था की हम जब तक ख़ुद को थोड़ा काबिल नहीं बना लेंगे तब तक बच्चे नहीं करेंगे। यही वजह थी की शादी के कई सालों बाद तक भी हमने कोई सन्तान नहीं की थी। साथ ही हमने ये भी तय किया था कि हम कितने बच्चे करेंगे और हमने कोशिश भी वही की थी।"

"हालांकि यहाँ एक बात हो गई थी की अक्षर हमारे फैमिली प्लान का हिस्सा नहीं था बल्कि हमारे सेकंड हनीमून का किस्सा है तो हम भी अपने प्लान से थोड़ा सा बहक ज़रूर गए थे" ये बात कहते हुए सर मुस्कुरा दिए थे, हम भी उनके साथ मुस्कुरा दिए और बुआ शर्माते हुए सर को आँखों से ही चुप होने का इशारा करने लगीं।

इसके बाद सर ने अपनी बात को जारी रखते हुए कहा, "अगर हम फैमली प्लानिंग को छोड़ दें तो हमने कुछ भी अलग नहीं किया जो तुम्हें बताया ना हो। हमने पहले दिन से ही अपने बच्चों की शिक्षा के लिए 10% पैसे निकालने शरू कर दिए थे और उसे इन्वेस्ट भी करते रहे जो की बच्चों की उच्च शिक्षा के लिए काम आए। हमने एक दूसरे के बीच प्यार बना कर रखा था, हम बच्चों को उनके बचपन से ही जिम्मेदार बनाते रहे, उनकी गलतियों पर हम उन्हें समझाते भी थे और डांट भी लगाते थे, और हम वो करते थे जो उनसे करवाना चाहते थे या उनको सिखाना चाहते थे और इस तरह से हमारे बच्चे अच्छे इंसान अपने आप ही बन गए।

उनके भविष्य को बेहतर बनाने के लिए हमने एक और काम किया था जो की अधिकतर माँ बाप भूल जाते हैं। हमने अपने बच्चों के बेहतर भविष्य के लिए, उनको सफल बनाने के लिए ख़ुद को सफल बनाने में अपनी पूरी ताकत लगा दी थी। हम जानते थे की अगर हम सफल हो गए तो हमारे बच्चे हमारी सफलता को देखकर ख़ुद सफल होना चाहेंगे। अगर हमारे पास ढेर से पैसे होंगे और हमारे बच्चे काबिल होंगे तो उनके लिए महंगी से महंगी शिक्षा हासिल करना मुश्किल नहीं होगा और कम से कम पैसे की कमी से उनकी शिक्षा नहीं रुकेगी और ऐसे ही ढेर से फायदे उनको मिलते रहेंगे।"

इसके बाद सर ने हमारी तरफ सवालों के लिए देखा तो मेरे और श्रेया के पास तो कोई सवाल नहीं था लेकिन वासू के पास ज़रूर एक सवाल था।

उसने सवाल किया "क्या कभी ऐसा मौका भी आया है जब आपको लगा हो की आपने आपके बच्चों के साथ गलत किया है और उस मौके पर आपने क्या किया? क्या अपनी गलती होने पर अपने बच्चे से माफ़ी मांगना सही है?"

मैं और श्रेया फिर से चौंक गए लेकिन सर ने बिना कुछ सोचे कहा, "ये निर्भर करता है हालातों पर और हमने कई बार अपने बच्चों से अपनी गलती के लिए माफ़ी मांगी भी है। भविष्य का तो पता नहीं लेकिन तुम्हें अभी तो उसकी ज़रूरत नहीं होगी ये मैं कह सकता हूँ। फिलहाल तुम्हारे लिए ज़रूरी है अपनी ज़िम्मेदारी को पूरी तरह से स्वीकार करना, और फिर बाकी जो होगा वो भविष्य में सीखते हुए फैसले लेते रहना।"

अब मैं और चुप नहीं रहने वाला था तो मैंने पूछ ही लिया, "ये चल क्या रहा है, कुछ तो ऐसा है जो यहाँ पर बस श्रेया और मैं ही नहीं जानते हैं और हमसे जानबूझकर छुपा कर रखा गया है।"

मेरी बात को सही साबित करते हुए सर ने वासू की तरफ सवालिया नज़रों से देखा और वासू ने कहा, "सर अभी नहीं शाम को गोविन्द के सवाल का जवाब दे दूंगा, सारी डायरीज भी घर पर ही है और मैं इसे जवाब दे सकूं

उसके लिए गोविन्द के बाकी सवालों का जवाब मिलना मेरे लिए भी ज़रूरी है।

मैं इस राज़ को अभी जानना चाहता था लेकिन सर ने वासू की बात का जवाब देते हुए कहा "ठीक है, जैसे इतना वक़्त वैसे कुछ घंटे और सही" और फिर मेरी और श्रेया की तरफ पलट कर बोले "बस कुछ और घंटे इंतज़ार कर लो तुम्हें हर सच पता चल जायेगा।"

सर की बात को मैं टाल नहीं सकता था तो मैंने अनमने मन से हाँ में सर हिला दिया।

अब हमारे पास कोई सवाल नहीं थे तो अगला सवाल हमारे लिए बचा था। तो सर उठे और उन्होंने बोर्ड पर लिखा-

क्या मैं और श्रेया अच्छा माता पिता बन पायेंगे?

पहले जवाब मैंने दिया "हाँ, मैं और श्रेया अच्छे माता पिता बन पायेंगे, हम अपने पैसे, प्यार, रिश्ते, और भविष्य का ध्यान रखते हुए अपने बच्चे को बड़ा करेंगे, उसे प्यार देंगे, उसे सही शिक्षा देंगे, उस से सीखेंगे और उसको सिखायेंगे ताकि वो अच्छा इंसान बन सके। इसके साथ ही हम ये भी तय करेंगे की बच्चों के भविष्य के लिए तो हमें प्लानिंग करना है लेकिन ख़ुद के भविष्य को भी बेहतर बनाना है ताकि हमारे बच्चों को पहले ही एक ऐसा प्लेटफॉर्म मिल जाए जो उनको सफलता हासिल करने में ज़्यादा मदद कर सकें।

फिर श्रेया बोली "हम अच्छे माता पिता बनने के लिए अपने बच्चे से कोई स्वार्थी उम्मीदे नहीं रखेंगे और मैं उसे उसकी उड़ान के लिए पंख दूँगी उसके पैरो की जंजीर नहीं बनूंगी। प्यार से अपने बच्चे को पालूंगी लेकिन प्यार इतना भी नहीं करूंगी की उसे नुकसान होने लगे और जहाँ ज़रूरत होगी उसे डांट और मार भी लगाऊंगी ताकि वो सही रास्ते पर रहे।

हमारे जवाबों को सुनने के बाद सर वासू की तरफ देखने लगे और वासू ने कहा "हाँ, मैं अच्छा पिता बन सकता हूँ लेकिन उसके पहले मुझे अपनी

ज़िम्मेदारी को पूरी तरह से स्वीकार करना होगा और फिर हर वो काम करना होगा जो आपने कहा है ताकि मैं ख़ुद को अच्छा पिता बना सकूं।"

हम तीनों की बातें सुनकर सर ने वैरी गुड कहा और फिर वो बोर्ड पर अगला सवाल लिखने लगे और उन्होंने बिना कोई सवाल किये बोर्ड पर लिखा।

सवाल नम्बर 10 – दूरदर्शिता

दूरदर्शिता का मतलब भविष्य को जान लेना नहीं, बल्कि भविष्य में मिलने वाले आश्चर्यों को कम करना है – कार्ल श्रोएडर

जो अपने गुज़रे हुए कल से सीखता है, अपने आज को समझता है वो आने वाले कल में दूरदर्शी कहलाता है।

सर ने बोर्ड के पास से ही हमसे सवाल किया "दूरदर्शिता है क्या?" हमने कोई जवाब दिया नहीं और सर को शायद जवाब का इंतज़ार था भी नहीं, क्योंकि सर ने ख़ुद ही जवाब देना शुरू कर दिया।

"देखो दूरदर्शिता कोई राकेट साइंस नहीं है ये एक बहुत ही सिम्पल सी प्रोसेस है जिसमें आप अपने भूत और वर्तमान को समझ कर अपने भविष्य का अनुमान लगाते है। अगर हम अपने आज के हालातों के कारण को समझना चाहतें है तो हमें ये देखना होगा की हमने गुज़रे हुए कल में क्या सही या गलत किया था। अगर हमारे आज के हालत खराब है तो इसका मतलब ये है की हमने भूत या गुज़रे हुए कल में कोई ना कोई ऐसी गलती की होगी जो हमें आज नुकसान दे रही है। और अगर हमारा आज अच्छा है तो हमने गुज़रे हुए कल में कोई अच्छा काम किया होगा जिसके चलते हमारा आज अच्छा है।

अब अगर हम ये समझ लेते हैं की हमारे लिए क्या अच्छा था और क्या बुरा तो इस जानकारी के आधार पर हम भविष्य में क्या होगा उसकी कल्पना कर सकते हैं। हम कल्पना करके एक या ज़्यादा नतीजो के बारे में सोच सकते हैं और फिर उसके बाद हम उस भविष्य को पाने की तैयारी कर सकते हैं जो हमारे लिए अच्छा था। मतलब हम वही करेंगे जो हमारे लिए अच्छा हुआ था और उस काम से दूर रहेंगे जिसने हमारा बुरा किया था। साथ ही हम हर नतीजे के लिए ख़ुद को तैयार करके रखेंगे।

ऐसा करके हम ख़ुद के भविष्य का अंदाजा लगा सकते हैं और यही तो दूरदर्शिता होती है।"

इसके बाद सर ने बोर्ड पर लिखा।

दूरदर्शी कैसे बनें?

फिर सर बोले "दूरदर्शी होने के लिए तुम्हें अपने आज और गुज़रे हुए कल को समझने की ज़रूरत तो है ही, साथ तुम्हें लोगों के अनुभव को भी समझना होगा, बाहर मौजूद जानकारी को भी स्वीकार करना होगा और अपने अनुभव और दूसरों के अनुभव से मिली जानकारी को ध्यान में रखते हुए भविष्य के लिए फैसले लेने होंगे और ख़ुद को भविष्य के लिए तैयार करना होगा। दूसरों के अनुभव की बात करे तो उनका ये अनुभव तुम्हें मिल सकता है उनकी किताबो से, लोगों के किस्सों से, लोगों की बातों के हिस्सों से, किसी खबर से, या फिर किसी और तरह से।

श्रेया ने सवाल किया "लेकिन लोगों के अनुभव से सीखना ज़रूरी क्यों है और लोगों के अनुभव हमें भविष्य के लिए सही फैसला लेने में कैसे मदद कर सकते हैं?"

अपनी चीर परिचित आवाज़ में सर बोले, "बहुत ही अच्छा सवाल और इसका जवाब मुझसे ज़्यादा अच्छी तरह से गुरु चाणक्य ने दिया था। उन्होंने कहा था 'दूसरों के अनुभव, दूसरों की गलतियों से सीखो अपने अनुभव से गलतियाँ करके सीखने में उम्र कम पड़ जाएगी।' और यहाँ एक बात ये भी समझना होगी की हमारी सोच का दायरा हमेशा ही उतना होता है जितना हमारा ज्ञान होता है। अगर हम सिर्फ अपने अनुभव से भविष्य का अंदाजा लगायेंगे तो वो एक छोटे दायरे में रहेगा लेकिन जब हम दूसरों के अनुभव से मिले ज्ञान का इस्तेमाल करेंगे तो हम ज़्यादा विशाल स्तर पर सोच सकते हैं और फिर हमारी भविष्य की जो तस्वीर हमारे दिमाग में बनेगी वो ऐसी होगी जो भविष्य से काफी मिलती जुलती होगी।"

और हम कोई सवाल करते उसके पहल ही सर बोले "अगर कोई सवाल है तो उसे रोक कर रखो क्योंकि आगे जब उदाहारण के साथ कुछ बातें होंगी तो शायद तुम ज़्यादा अच्छी तरह से समझ जाओगे।

उसके बाद सर ने बोर्ड पर लिखा

तिवारी सर और बुआ इतने दूरदर्शी कैसे बने?

सर कुछ कहते उसके पहले ही मेरे दिमाग में सैंकड़ो बातें चलना शुरू हो गई थी और उन सभी बातों का मूल यही था की अगर तिवारी सर और बुआ इतने दूरदर्शी ना होते तो शायद आज हम यहाँ बैठे ही नहीं होते। आज से कई दशक पहले उन्होंने शादी के वक़्त एक दूसरे से अग्रीमेंट या करार नहीं किये होते, उन्होंने ख़ुद के भविष्य को बेहतर बनाने की कोशिश ना की होती और ना मेरे पास उनके लिए इतने सवाल होते ना ही उनके पास हमारे लिए कोई जवाब होते।

मेरी सोच का सिलसिला तोड़ते हुए तिवारी सर ने कहा "हम दूरदर्शी हैं, इस बात का पूरा क्रेडिट हम ले लेते हैं और ये बात हम अहंकार या अभिमान से नहीं लेकिन पूरी विनम्रता और गर्व के साथ कह रहे हैं की हाँ हम दूरदर्शी हैं और अगर हम आज कुछ भी है तो उसका बड़ा योगदान हमारी दूरदर्शिता को जाता है। लेकिन यहाँ हम ये भी कहना चाहेंगे की ये एक दिन में नहीं हुआ है, हमने भी अपने 45 साल से ज़्यादा के सफर में बहुत सी गलतियाँ की है, कई ऐसी बातों को नजरअंदाज किया जिसने हमें बाद में नुकसान पहूँचाया और कई बार हम भविष्य को भांपने में असफल भी रहे हैं लेकिन इस सब के बाद भी हम दूसरे कई लोगों से बेहतर रहे हैं। और ये हम इसलिए कर पाए क्योंकि हमने हमेशा ही अपने अतीत से अपने अच्छे और बुरे अनुभव से सीखने की कोशिश करी, जो अच्छा था उसे करते रहे और भविष्य को बेहतर बनाते गए, जो बुरा था उसे अपनी लाइफ से निकाल दिया और लाइफ की तकलीफों को पहले ही दूर भगाते गए और इस तरह से हम दूरदर्शी भी बन गए।

उदाहरण के साथ बात करूँ तो मेरे घर पर हमेशा ही पैसे की कमी होती रहती थी, माँ बाबु जी हमेशा ही पैसे की कमी के कारण शिकायत करते थे, घर में कलह के हालत रहते थे, रिश्तों में कड़वाहट थी और बचपन में मुझे माँ और पिता जी मार ज़्यादा मिलती थी या प्यार आज भी समझ से परे हैं। तब बचपन में ही ये बातें दिमाग में होती थी की कुछ भी हो जाए बड़ा होकर मैं पिता जी जैसा नहीं बनूंगा। तब मुझे ये नहीं मालूम था की मैं क्या बनूंगा, या क्या करूंगा लेकिन ये तय कर चुका था की मैं पिता जी जैसा नहीं बनूँगा और वो नहीं करूंगा जो पिता जी करते थे। इसके साथ ही ये भी समझ आ गया था की अगर मुझे पिता जी अलग होना है तो सबसे पहले तो ज़्यादा से ज़्यादा पढ़ना होगा क्योंकि मेरे पिता जी बहुत ज़्यादा पढ़े लिखे नहीं थे।

इसलिए मैंने अपनी पूरी ऊर्जा और ईमानदारी पढ़ाई में दे दी। नतीजा ये हुआ की मुझे अच्छे नम्बर मिलने लगे और बाद में मुझे कुछ बड़े लोगों से वजीफा या पढ़ने के लिए मदद भी मिली जिसने मेरी पढ़ाई को आगे बढ़ाने में मदद की। जब दूसरों से पढ़ाई की मदद मिली तो पाया की पिता जी के पास पैसे नहीं होते थे और मुझे ये तय करना होगा की मुझे अपने भविष्य में पैसे की कभी कमी ना आये।

अब सवाल ये था की पिता जी भी अपनी पूरी मेहनत करते थे, वो हमारे रिश्तेदारों के मुकाबले थोड़ा ज़्यादा पैसे कमाते भी थे और परिवार के साथ ही वो रिश्तेदारों के लिए भी मौके मौके पर ख़र्च करते थे। पर फिर भी पिता जी कर्ज़ में ही डूबे रहते थे और जब मुझे पैसे का महत्व और पैसे की ताकत समझ आई तो मैंने अपनी खोज करना शुरू किया। पैसे के बारे में पढना शुरू किया और उसे समझना शुरू किया। कई ऐसे लोगों से पैसे के बारे में गुर लिए जो की अपनी काबिलियत से अमीर बने थे और उन सभी ने लगभग वही बातें कही थी जो हमने तुम्हें तुम्हारे पैसे वाले सवाल के जवाब में बताई।”

जब १४-१५ साल की उम्र में पैसे के बारे में सीखा ये सीखा की पैसे वाला बनने के लिए क्या करना पड़ेगा तो दिमाग में ये बात भी आई की आज तो मैं ख़ुद दूसरों की मदद पर ज़िंदा हूँ लेकिन अगर मुझे भविष्य में अपने लिए

कुछ करना है तो पैसे बचाने होंगे बढ़ाने होंगे और तभी से मुझे जो भी पैसे मिलते थे मैं उसे मैनेज करने की कोशिश करने लगा, उसमें से थोड़े बचाने लगा और ख़ुद को ये वादा किया की कुछ भी हो जाए मैं अपनी ज़िंदगी में पैसे की कमी नहीं आने दूंगा। इस तरह से पैसे बचाने और बढ़ाने का बीज दिमाग में बन गया जिसने हमारे पूरे जीवन को बनाने में बहुत बड़ा योगदान दिया।

जब शादी की बात आई तो मुझे मेरे माता पिता के रिश्तों का खिंचाव दिखने लगा और मुझे मेरे भविष्य में भी वही दिखाई देने लगा।

माँ और पिता जी दोनों ही एक दूसरे को बहुत प्यार करते थे लेकिन दोनों में ही एक अजीब सा तनाव होता था, पिता जी माँ से कोई राय लेते नहीं थे और माँ के हिसाब से बस उनको घर में बच्चों के लिए राशन, कपड़ा और ज़रूरत का सामान मिल जाता था तो वो कुछ और पूछना भी नहीं चाहती थी। कई बार तो उनकी बातें भी सिर्फ ज़रूरत की वजह से ही होती थीं। जब मैंने इस बारे में और सोचा तो समझ आया की बचपन में हम पर जो उनका गुस्सा होता था, अच्छी खासी कमाई के बाद भी घर में जो मूलभूत ज़रूरतें की कमी होती थी और घर में हमेशा ही जो ख़ुशियों की कमी सी होती थी तो उसका एक बड़ा कारण माँ पिता जी का ये रिश्ता भी था।

पिता जी के 5 सगे भाई थे और सभी भाई काफी साल पहले ही अलग हो चुके थे। यहाँ एक बड़ा दुख ये भी लगता था की दो भाई आपस में एक दूसरे से बात भी नहीं करते थे। माँ के रिश्ते पिता जी के घर वालों से बहुत अच्छे नहीं थे और पिता जी के रिश्ते माँ के घर वालों से अच्छे नहीं थे। सिर्फ इतना ही नहीं उनके और रिश्तों में भी खटास थी और जो रिश्ते वो निभाते थे उसमें मजबूरी ज़्यादा होती और अपना पन कम। ऐसा सिर्फ हमारे घर में ही नहीं था, मैंने ये नोटिस किया था की दूसरों के यहाँ भी काफी कुछ ऐसा ही था।

मैं बिल्कुल नहीं चाहता था की शादी के कुछ सालों बात मेरी पत्नी और मेरे बीच में एक अबोला खड़ा हो जाये, और ना ही मैं ये चाहता था कि हमारे

रिश्ते आपस में या दूसरे से मजबूरी में चले और सबसे बड़ी बात मैं ये चाहता था की मैं और मेरा परिवार हमेशा ही ख़ुशियों के साथ जिए। अब मुझे ये तो पता चल गया था की मुझे क्या नहीं चाहिए और क्या चाहिए, मैं ये भी समझ चुका था की मुझे ये सब क्यों चाहिए और अब सवाल बचा था की ये करना कैसे हैं।

मैं काफी वक़्त तक तो शादी के लिए ना करता रहा लेकिन उसके बाद एक दिन अचानक मेरी मुलाकात तुम्हारी बुआ से हो गई थी। हम किसी शादी में मिले थे और तुम्हारी बुआ मुझे काफी सुलझी हुई लड़की लगीं, वहाँ कई ऐसे हालात बन गए थे जो की तुम्हरी बुआ की समझदारी के चलते ही सुधर पाए थे। उस वजह से मैंने तुम्हारी बुआ से बात करने की कोशिश की और शादी के बाद भी हमारी बातचीत कई महीनों तक चिट्ठियों से चलती रही।

तुम्हारी बुआ के ख्याल भी लगभग मेरे जैसे ही थे और कई मामलो में वो मुझसे ज़्यादा समझदारी दिखती थीं। कई समस्याओं के लिए उनके समाधान ऐसे होते थे जो मैं सोच भी नहीं पाता था और फिर एक वक़्त आया जब हम दोनों ने ही एक दूसरे को अपना जीवन साथी बनाने का फैसला कर लिया। जब हमने शादी का फैसला किया तो हमने अपने लिए कुछ नियम बना लिया, कुछ अग्रीमेंट या अनुबंध बनाये जिसके बारे में हमने तुम्हें पहले भी कहा था और हमने अपने अनुबंधो को हमेशा ही मानने की कोशिश करी। इस तरह से हम धीरे धीरे अपने आप ही दूरदर्शी बनते गए।”

सर ने जब अपनी बात खत्म की तो मैं और श्रेया कुछ कहते उसके पहले ही वासू ने अपना सवाल पूछा, “मतलब आप जो दूरदर्शी बने हैं उसके लिए आपने सिर्फ तीन काम किये। सबसे पहले आपने ये देखा की आपको क्या बिल्कुल नहीं चाहिए, उसके बाद आपने ये देखा की आपको क्या चाहिए और फिर आपने ये समझा की ये करना कैसे है और उस दिशा में काम किया। और जब आपने ये बातें मिला ली तो आप दूरदर्शी हो गए?”

“हाँ लेकिन इसके साथ ही हमें ये भी पता था कि क्यों करना है। अगर हमें ये पता नहीं होता की ये क्यों करना है तो क्या और कैसे के लिए हम अपनी

पूरी ऊर्जा नहीं लगा पाते। दूसरी ज़रूरी बात ये भी की ये मैंने अकेले ने नहीं करा, इसे मैंने और तुम्हारी बुआ ने मिलकर किया था। और तीसरी ज़रूरी बात हम लोगों ने कभी भी फ्यूचर के लिए भविष्य के लिए प्लान करना बंद नहीं किया और हम आज हम अपनी उम्र के आखिरी पड़ाव पर हैं लेकिन फिर भी हम अपने भविष्य के लिए प्लान करते हैं और यही हमारे दूरदर्शी होने का एक बड़ा कारण है।

यहाँ इस बात को समझना बहुत ही ज़्यादा ज़रूरी है की **"अगर तुम अपने भविष्य के लिए प्लान नहीं करते, तो तुम्हें अपनी असफलता के लिए शिकायत करने का अधिकार भी नहीं है।"**

हम हमेशा से ही अपने भविष्य के लिए प्लान करते रहे थे, जो भी हालात हमारे सामने आते थे हम ख़ुद को उन हालातों में रखते थे, अच्छे भविष्य के लिए प्लान करते थे और और शायद यही वजह थी की आज हम अपने स्कूल के इस सपने को पूरा कर पाये, ख़ुद को धनवान बना पाए और ख़ुशियों को भी हासिल कर पाए" सर ने समझाया।

सर की ये बात मेरे दिल को छू गई थी और मैंने तय कर लिया था की मैं अपनी पूरी ज़िंदगी को फिर से परखने की कोशिश करूंगा और हर मामले में भविष्य के लिए प्लान बनाऊँगा। लेकिन मेरे पास एक सवाल अभी भी था जो की मेरे टू डू लिस्ट में शामिल था और वो था घर बनाना। सर का घर भी उनकी दूरदर्शिता का एक बहुत ही बड़ा सबूत था तो मैंने सर से इस बारे में भी सवाल किया, "सर आपने जो घर आपके गाँव में बनाया है वो तो बहुत ही मॉडर्न लगता है और अपने टाइम से आगे भी है तो आपने इतना आगे का कैसे सोचा। आज के वक़्त गाँव में तो छोड़िए हमारे देश के शहरो में भी एक ही बाथरूम होता है जब की आपने गाँव के मकान में भी हर कमरे में बाथरूम जोड़ रखे हैं। घर में हर सुख सुविधा है और उसके साथ ही घर को देखने के बाद गाँव की खुशबू आती है। तो इस घर के पीछे भी कोई कहानी तो होगी ही प्लीज वो भी बताइए ना।"

मेरी बात सुनकर सर मुस्कुरा दिए और बोले "मेरे बचपन में हमारे घर में तो छोड़ो पूरे गाँव में ही कोई बाथरूम नहीं था और हम हमेशा ही खेतों में जाया करते थे लोटा लेकर। तब ये आम बात ज़रूर थी लेकिन फिर भी मुझे कभी ये अच्छा नहीं लगता था ख़ास करके तब जब मेरी माँ, काकी, या बहनों को सूरज निकलने के पहले ही खेतों में जाना पड़ता था और मुँह अँधेरे ही वापस आना पड़ता था। और अगर थोड़ी देर हो गई तो या तो उनको शर्मिंदगी का सामना करना होता था या फिर पूरे दिन पेट दबा कर रात तक बैठना होता था तड़पना होता था। इसीलिए मैंने ये तय कर लिया था की जब मैं कुछ काबिल हो जाऊंगा तो अपने घर में एक टॉयलेट और बाथरूम तो ज़रूर बनवाऊंगा।

फिर शहर जाकर जब मैंने कमाना शुरू किया था तो जो पहला काम मैंने किया था वो था अपने घर में एक टॉयलेट बनवाया था। हालांकि ये घर में नहीं था बल्कि घर से दूर करीब 60 फीट दूर बन पाया था वो भी वहाँ जहाँ पर हमारे घर का कचरा फेंका जाता था। उस जमाने में पहले तो कोई इस पक्ष में ही नहीं था की घर में टॉयलेट होता लेकिन मेरी ज़िद के आगे घर वालों को झुकना पडा था तो उन्होंने कूड़े की जगह के पास इसे बनाने की मंजूरी दे दी और उनकी ज़िद थी की यहाँ के अलावा कही नहीं बनेगा। मजबूरन घर वालों की ज़िद के सामने मुझे भी झुकना पड़ा।"

"तो फिर उसके बाद क्या हुआ?" मैंने चहककर सवाल किया।

"उसके बाद ये हुआ की मैं तो वो टॉयलेट बनवा कर एक दो दिन रुका और वापस चला गया अपने काम पर लेकिन जब दो महीने बाद घर आया तो पता चला की उस एक शौचालय पर माँ, काकी, और बहनों समेत घर की सभी महिलाओं ने कब्ज़ा कर लिया था। उनका तुक ये था की ये तो हमारे लिए ही बना है और आप सब तो बाहर जाओ। इस वजह से घर के पुरुषों को मुझसे शिकायत थी कि तू हमारे लिए कुछ सोचता ही नहीं है और मजबूरन मुझे उसके पास ही एक और शौचालय बनवाना पड़ा था। जो की पुरुषों के लिए हो गया था। इस तरह से तभी मैंने सोच लिया था की मेरे घर

में कम से कम 2 बाथरूम होंगे जिसमें से एक पुरुषों के लिए होगा और दूसरा महिलाओं के लिए।

उसके बाद जितने भी घर मैंने बनवाये उसमें दो या ज़्यादा बाथरूम रखे थे लेकिन कमरे के साथ ही बाथरूम के होने का फायदा हमें अमेरिका जाने के बाद समझ आया। जब हम अंनत और अर्णव से मिलने के लिए अमेरिका गए थे तो हमने देखा की उनके घरों में रूम के साथ ही बाथरूम होता था और इस वजह से अपने कमरे से बाहर निकलने के पहले ही आप फ्रेश होकर नहा कर तैयार होकर बाहर निकल सकते हैं। अनंत अपने लिए एक पार्टनर को ढूंढ चुका था जो की उसके साथ ही काम करती थी और फिर मैं ये भी समझ चुका था की हमारे बच्चे जब घूमने के लिए ही सही जब वापस अपने घर आयेंगे तो उनको एक ऐसे घर की ज़रूरत होगी जो अमेरिका जितना आराम ना दे सके तो भी मूलभूत ज़रूरतों को ज़रूर दे दे। बस यही सोच कर हमने एक ऐसा घर बनाया जिसमें सभी 6 बच्चों के लिए उनका अलग कमरा हो, कमरे में ही बाथरूम हो और ज़रूरत पड़े तो भविष्य में उसमें और सुविधाए भी जोड़ी जा सकें।

यही बातें ध्यान रखते हुए हमने इस घर को डिजाइन किया था और बस उसका ही नतीजा है की आज ऐसा घर बना गया जो की थोड़ा सा एडवांस है।”

“मतलब आपने अपने अपनी लाइफ की परेशानियों को देखा, मौकों को देखा, हालातों को देखा, भविष्य के लिए प्लानिंग की, उस प्लानिंग के हिसाब से अपने एक्शन लिया और उसने ही आपको दूरदर्शी बना लिया?” मैंने सवाल किया।

सर ने कहा, “हाँ बिल्कुल सही समझे तुम।”

उसके बाद मेरे पास कोई सवाल नहीं बचा था और श्रेया और वासू के पास भी नहीं नहीं था।

तो सर उठे और उन्होंने बोर्ड पर जाकर लिखा

क्या मैं और श्रेया इतने दूरदर्शी बन पायेंगे?

फिर सर ने मेरी और श्रेया की तरफ देखने के पहले वासू की तरफ सवालिया नज़रों से देखा। वासू समझ चुका था की इस बार जवाब पहले उसे देना होगा और वासू ने कहा “इसके पहले मैंने कभी सोचा नहीं था की मुझे दूरदर्शी बनना है लेकिन ये तय है की अब मैं दूरदर्शी बन सकता हूँ। दूरदर्शी होने के लिए पहले मुझे ये समझना था की दूरदर्शी होना क्यों है क्योंकि जब तक मुझे मेरा क्यों नहीं मिलेगा तब तक मैं दूरदर्शी नहीं हो पाऊँगा। मुझे मेरा क्यों मिल गया तो दूरदर्शी होने के लिए क्या और कैसे ढूंढना आसान हो जायेगा।

रही बात क्या और कैसे ढूँढने के तरीके की तो वहाँ भी क्यों ही सबसे ज़्यादा ज़रूरी है। और उसके साथ बस हमें अपने पुराने अनुभव को ध्यान रखना है, वर्तमान हालातों को समझना है और भविष्य में क्या चाहतें हैं उसका ध्यान रख कर अपने एक्शन लेना है।

मुझे मेरा क्यों मिल चुका है जो की एक अच्छा पिता होना होगा, एक अच्छा लाइफ पार्टनर होना होगा, अपने रिश्तों को अच्छा करना होगा और ख़ुद के भविष्य को बेहतर बनाना होगा।

यहाँ वासू की बातों को सुनकर मेरे और श्रेया की आँखों में एक ख़ुशी की चमक आ चुकी थी क्योंकि वासू उस बात के लिए राज़ी हो चुका था जिस के लिए हम उसे सालों से मनाने की कोशिश कर रहे थे और हर बार फेल हो रहे थे।

वासू की बात सुनने के बाद हम कुछ कहते या सवाल करते उसके पहले ही बुआ ने श्रेया से सवाल करते हुए कहा “श्रेया अब तुम जवाब दो?”

श्रेया बोली “हाँ, हम दूरदर्शी बन पायेंगे और जैसा की आपने और वासू भैया ने कहा उसके लिए हमें क्यूँ, क्या और कैसे पर ही काम करना होगा और आज को समझते हुए कल के लिए तैयारी करना होगी और भविष्य के लिए प्लान। अभी तक हमने कभी इस बात की तरफ ध्यान नहीं दिया था और शायद यही वजह थी की हम अभी तक ना ही दूरदर्शी हो पाए थे और ना कभी भविष्य के लिए प्लान कर पाए थे।

पर अब हम जानते हैं की हमें भविष्य के लिए प्लान करना होगा और जो बातें हमें अभी आप से सीखने क़ो मिली है तो अब उन बातों को सीखने और समझने के बाद हम चाहे तो भी ये मुमकिन नहीं है की हम दूरदर्शी ना बन पाए।"

अब जवाब देने की बारी मेरी थी और मेरे पास ज़्यादा कुछ कहने के लिए बचा नहीं था तो मैंने बस इतना ही कहा "हाँ, हम बिल्कुल दूरदर्शी हो सकते हैं और इसका कारण ये है की अभी अभी हमने जो सीखा है वो हम कभी भूलना ही नहीं चाहेंगे और और ना ही हम इसे भूल सकते हैं। साथ ही हम अपने भविष्य के लिए प्लान करना शुरू कर देंगे और आज और कल की हर बात को ध्यान रखेंगे तो हम दूरदर्शी भी बन जायेंगे।"

इसके बाद ना ही सर के पास कोई सवाल था ना हमारे पास और डायरी के सिर्फ दो पन्ने ही ऐसे बचे थे जिसका जवाब अभी तक मिला नहीं था तो सर उठे और उन्होंने बोर्ड को साफ़ करके लिखा।

सवाल नम्बर 6 – दोस्ती

एक सच्चा दोस्त कभी आपके सामने तब तक रुकावट नहीं बनेगा, जब तक आप नीचे ना जा रहे हो – अर्नाल्ड एच ग्लासगो

उस दोस्त को कभी मत छोड़ना जो आपसे, आपके भले के लिए कड़वे सवाल करने में ना डरे।

अच्छा दोस्त कैसे बनें?

इसके बाद सर ने अपने ही अंदाज में कहा "अगर तुम ये समझना चाहते हो कि अच्छा दोस्त कैसे बने तो पहले तुम्हें ये समझना पड़ेगा की दोस्ती आखिर है क्या?"

"क्या है?" मैंने उतावलेपन के साथ सवाल किया।

"सब्र तो करो बता रहा हूँ," सर ने मुस्कुराते हुए कहा।

"दोस्ती की जब बात की जाती है तो ये कहा जाता है की दोस्ती में कोई स्वार्थ नहीं होता जो की बिल्कुल भी सच नहीं है। इस बारे में चाणक्य कहा करते थे 'कोई भी दोस्ती ऐसी ही हो नहीं सकती जहाँ थोड़ा सा स्वार्थ ना हो', तो सबसे पहले ये समझ लो की हर रिश्ते की तरह ही दोस्ती में भी स्वार्थ होता ही है और ये स्वार्थ किसी एक का नहीं दोनों का ही होता है। अगर तुम्हें अच्छा दोस्त बनना है तो इस सच को समझना होगा की दोस्ती में दोनों का ही स्वार्थ या फायदा होना चाहिए और अगर ये नहीं हो रहा है तो तुम्हारी दोस्ती लम्बे वक़्त तक चल ही नहीं सकती।"

"लेकिन वासू को तो मुझसे कोई फायदा है ही नहीं, हाँ मुझे वासू से बहुत फायदा होता है और उसे शायद नुकसान ही होता है, फिर भी वासू मेरा सबसे अच्छा दोस्त है, या ये कहूँ की मेरा अकेला दोस्त है तो वो भी गलत नहीं होगा," मैंने विरोध करते हुए कहा।

सर कुछ कहते उसके पहले ही वासू बोला "हो सकता है मुझे तेरे साथ होने से पैसे का थोड़ा नुकसान है लेकिन सर की इस बात से मैं सहमत हूँ की हर दोस्ती में कहीं ना कहीं कोई स्वार्थ तो होता है। मैंने कभी इस तरह से सोचा नहीं और तुझ से दोस्ती अपने स्वार्थ के बारे में सोच कर नहीं की थी लेकिन अभी सर की बात सुनने के बाद ये समझ आया की मेरा स्वार्थ तेरा साथ था। मेरे लिए मेरा अपना कोई अगर है तो सिर्फ तू है और तेरे कारण मुझे पूरा परिवार मिल गया है तो मुझे ऐसा फायदा मिला है जो कहीं और नहीं हो सकता और ये मेरा स्वार्थ ही तो है।"

सर मुस्कुराते हुए बोले "बहुत सही कहा है तुमने। फायदा या स्वार्थ किसी भी तरह का हो सकता है और यहाँ कोई भी अपने स्वार्थ को तय करके दोस्ती करता नहीं है। ये स्वार्थ या फायदा तो अपने आप ही बन जाता है जिसके लिए पहले से कुछ भी तय नहीं किया जाता, इसके बारे में कभी कुछ बोला नहीं जाता और यही दोस्ती की ख़ास बात होती है। लेकिन इस सब के बाद भी हम इस बात से इन्कार नहीं कर सकते की हर दोस्ती में थोड़ा स्वार्थ होता है। ख़ास बात ये है की अगर हमने इस सच को समझ लिया तो हम अच्छे दोस्त बनने की दिशा में पहला कदम बढ़ा देते हैं।

इस बात को समझने के बाद हम सिर्फ अपना ही ध्यान नहीं रखते बल्कि अपने दोस्त का भी ध्यान रखते हैं, हम ये चाहतें हैं की हमारा दोस्त हमारे साथ बना रहे और इसीलिए हम हमारे दोस्त को उसकी सफलता और ख़ुशियों को पाने में मदद करने के लिए अपनी जान लगा देते हैं।"

"इस तरह से तो मैंने कभी सोचा नहीं था", मैंने कहा।

सर बोले "ये सोचा नहीं जाता सिर्फ समझा जाता है और वो भी वक़्त के साथ अपने आप ही समझ आता है। लेकिन ध्यान रखना ये सबसे पहला और मूलभूत नियम है, क्योंकि इसके बाद भी काफी कुछ होता है जो अच्छा दोस्त बनने के लिए तुम्हें समझना होगा और अपनी ज़िंदगी में अपनाना भी होगा।"

अगली बात जो तुम्हें समझना होगी वो है अपने दोस्त की चाहतों और ज़रूरतों को समझना। दोस्ती में कई बार ऐसा होता है की एक दोस्त तो अपना मुँह खोल कर सब मांग लेता है और दूसरा दोस्त हमेशा ही अपने मन की बातें छुपा कर रखता है। अगर तुम अच्छा दोस्त बनना चाहतें हो तो तुम्हें तुम्हारे दोस्त के मौन को भी समझना होगा। और अपने दोस्त के मौन को समझने के लिए तुम्हें कुछ भी करने की ज़रूरत नहीं है बस तुम्हें ध्यान देने की ज़रूरत है, तुम्हें कहने से ज़्यादा सुनने की ज़रूरत है और सवाल करने की ज़रूरत है। अगर तुमने ये कर लिया तो तुम अपने दोस्त के मौन को भी समझना सीख लोगे और जहाँ मौन को समझ नहीं पा रहे वहाँ अपने सवालों से जवाब हासिल कर सकते हो।

और इन दोनों ही बातों के साथ जो तीसरी बात तुम्हें समझने की ज़रूरत है वो है दोस्त की तरक्की और सफलता को अपनी तरक्की और सफलता मान कर ख़ुश होना और दोस्त की सफलता के लिए अपना पूरा साथ देना। ये अक्सर होता है की जब एक दोस्त सफल होता है तो दूसरे दोस्त को कई बार जलन होने लगती है, शिकायत होने लगती है और दूसरा दोस्त कोशिश करता है रूकावटे खड़ी करने की। ये एक ऐसी गलती होती है जो ना केवल दोस्ती को नुकसान पहूँचाती है बल्कि दोनों ही दोस्तों की तक्करी में भी रुकावट बनती है।

अगर तुम अच्छा दोस्त बनना चाहते हो तो बहुत ही ज़्यादा ज़रूरी है की तुम अपने दोस्त की तरक्की के लिए उसका पूरा साथ दो, उसकी तरक्की पर दिल से ख़ुश हो और जहाँ वो गलत है उसे बताओ की तेरी गलती है तुझे इस गलती को सुधारना होगा और उस गलती को सुधारने में अपने दोस्त का साथ दो। बस तुमने ये कर लिया तो तुम अपने आप ही अच्छे दोस्त बन जाओगे।”

अपनी बात को खत्म करते हुए सर ने कहा “कोई सवाल” और मैंने ना में सर हिला दिया।

फिर सर उठे और उन्होंने बोर्ड पर लिखा

वासू इतना अच्छा दोस्त कैसे हैं?

और उसके बाद बिना रुके उन्होंने लिखा।

क्या मैं कभी वासू के लिए अच्छा दोस्त बन पाऊँगा?

फिर हमारी तरह देखते हुए वासू से बोले, "इसका जवाब मैं नहीं वासू ही देगा।"

सर की बात सुनकर वासू ने बिना देर किये कहा, "मैं अच्छा दोस्त हूँ या नहीं वो तो मैं नहीं जानता लेकिन अगर मैं अच्छा दोस्त हूँ तो इसका कारण मैं नहीं गोविन्द ही है। मैंने सिर्फ वो किया है जो गोविन्द हमेशा से करता आया है मैं ये कह सकता हूँ की मैंने सिर्फ गोविंद की नकल ही की है। इसने हमेशा ही मेरी ख़ुशियों को प्राथमिकता दी है, इसने हमेशा ही ये चाहा है की मैं सफल हो जाऊं और उसके लिए अपनी तरफ से पूरी कोशिश की है, इसने अपना पूरा परिवार मुझे दे दिया है अब कोई और क्या दे सकता है, मेरे हर अच्छे और बुरे में मेरे साथ होता है और कई बार मैं गलत भी होता हूँ जहाँ इसे मालूम है की मैं गलत हूँ लेकिन तब भी ये मेरा साथ नहीं छोड़ता। हालांकि बाद में मुझे ये ज़रूर समझा देता है की ये मेरी गलती थी और मैं गलत था लेकिन कभी भी दूसरों के सामने मुझे इसने नीचा नहीं देखने दिया। शायद मैं भी यही सब करता हूँ और यहाँ पर मैं अपने मन से कितना करता हूँ और गोविंद को देखकर कितना करता हूँ वो मैं नहीं जानता, लेकिन ये ज़रूर कहूंगा की अगर मैं एक अच्छा दोस्त हूँ तो उसका कारण मैं नहीं गोविंद ही है। अब बात करें इस सवाल के आखिरी हिस्से की तो मैं यही कहूंगा की गोविन्द पहले से ही मेरे लिए एक अच्छा दोस्त बना हुआ है तो बाकि सवालों के जवाब शायद भविष्य में मिले लेकिन ये सवाल ऐसा है जिसका जवाब गुजरा हुआ कल पहले ही दे चुका है।

और ये मेरे बारे में कितना सोचता है उसका एक सबूत तो मेरे पास भी है और जैसे छुटकी ने अपना सबूत इसी डायरी से दिया था तो मेरा सबूत भी वहीं से निकलेगा।"

मेरे कुछ कहने के पहले ही श्रेया ने सवाल किया "आपका सबूत कहाँ है?" और वासू बोला, "जब इसने इस सवाल नम्बर 6 को लिखा था तो शायद ठीक उसके पहले ही ज़िंदगी में इसने पहली बार मुझसे माफ़ी मांगी थी और शायद उसका कारण इतना ही था की उसने शुरू के पांच सवालों में मेरा जिक्र नहीं किया और इसी बात का उसे अफ़सोस हुआ था जो इस बात को सबित करता है की ये मुझे अपने आप से अलग मानता ही नहीं है।"

अब मेरे पास यहाँ कोई सवाल नहीं था और सवाल नम्बर 6 के मुझे कोई जवाब देना ही नहीं था तो मैं चुप रहा।

पर बुआ के पास कुछ कहने के लिए ज़रूर था तो वो बोली "और यहाँ तुम्हें एक बात समझने की ज़रूरत है की ये जो दोस्ती वाली बातें हैं ये बातें सिर्फ दोस्तों के लिए ही नहीं पति पत्नी के रिश्ते के लिए भी ज़रूरी है। अगर एक पति पत्नी अच्छे दोस्त नहीं है तो वो एक दूसरे की तरक्की में एक दूसरे का साथ नहीं दे सकते। तो कोशिश करना की यही नियम तुम अपने लाइफ पार्टनर के साथ भी निभाओ।"

"मतलब अगर हम अपनी लाइफ को अपने रिश्ते को अच्छा करना चाहतें हैं हम दोनों को ही पति पत्नी के साथ अच्छे दोस्त भी बनकर रहना होगा," श्रेया ने सवाल किया।

बुआ ने हाँ में सर हिला दिया और वासू और मुझे देखते हुए बोली, "यही बात तुम्हें भी समझना होगी।" जवाब में हमने भी सिर्फ हाँ में सर हिला दिया था।

और उसके बाद सर उठे और उन्होंने बोर्ड पर आखिरी सवाल लिखा।

सवाल नम्बर 5 – आनंद और ख़ुशियाँ

आनंद खुशियों में नहीं होता, ये हममें है – रिचर्ड वेगनर

जो शुक्र करना जानता है उसे आनंद अपने आप ही मिल जाता है।

और उसके बाद लिखा

आनंद कैसे हासिल करें?

इसके बाद सर ने हमसे सवाल किया, “हम आनंद और ख़ुशियों की बात करें उसके पहले ये बता सकते हो की हमने इस सवाल को आखिरी में क्यों लिया?”

मैंने बोलना शुरू किया, “सर ये सवाल तो मेरे दिमाग़ में भी चल रहा था क्योंकि आपने कॉलेज में एक बार कहा था की इंसान की असली चाहत सिर्फ़ आनंद और ख़ुशियों को पाने की ही है और उसके बाद भी आपने ये सवाल सबसे आखिरी में क्यों लिया, लेकिन अब शायद इसका कारण मुझे समझ आ रहा है। कॉलेज में आपने ये भी कहा था की असली आनंद या तो बुद्ध को मिल सकता है या बुद्धू को, और अगर हम बुद्ध या बुद्धु से अलग होकर आनंद और ख़ुशियों को पाना चाहते हैं तो हमें जीवन में सफलता भी हासिल करनी होगी। ये सफलता हमें जीवन के हर क्षेत्र में चाहिए होगी और बिना सफलता पाए हमारे लिए आनंद और ख़ुशियों को हासिल करना मुमकिन नहीं हो सकता।

शायद यही वजह है की आपने पहले हमें बाक़ी सवालों के जवाब दिए, पहले हमें ये बताया की अपनी ज़िंदगी में पैसे को कैसे बचाना है, कैसे बढ़ाना है और कैसे पैसे को अपने कंट्रोल में रखना है ताकी हमें कभी भी पैसे की कमी ना हो और इस वजह से ज़िंदगी में सुख चैन बना रहे, जब पैसे की कमी नहीं होगी तो ज़िंदगी की बहुत सारी परेशानियाँ अपने आप ही कम हो जाएँगी और इस कारण हमें आनंद चाहे ना मिले ख़ुशियाँ तो मिलती ही रहेंगी।

फिर आपने बात की परिवार की और आपने परिवार के बारे में इसलिए बात की क्योंकि अगर परिवार के साथ सही तालमेल नहीं है, परिवार में अपनापन नहीं है तो हम अपनो के साथ ख़ुश होने की जगह अपनों को दुश्मन मान कर जीने लगेंगे और ऐसे हाल में आनंद तो दूर की बात है, हम ख़ुश भी नहीं रह पाएँगे। तो परिवार के साथ सही तरह से जीने का ज्ञान भी बहुत ज़्यादा ज़रूरी था और इसलिए आपने उस सवाल का जवाब पहले दिया।

तीसरी बात आपने की थी प्यार की और वो भी इसलिए ज़रूरी था क्योंकि अगर आप शादीशुदा हैं लेकिन रिश्ते में प्यार नहीं है तो इस प्यार के बिना तो जीना भी बेकार ही समझो। बिना प्यार के रिश्ते में हमेशा ही झगड़े और लड़ाइयाँ होती रहेंगी और ख़ुशियों से हम दूर रहेंगे। आपने ये सिखाया की प्यार को बरकार कैसे रखना है क्योंकि ऐसा करने पर हमें अपने आप ही ख़ुशियाँ मिलती रहेंगी।

चौथी बात आपने समझाई की सम्मान कैसे पाना है और कैसे देना है। जैसा की आपने ही कहा था, सम्मान के मिलने से हमें बेहतर लगता है, दिल में ख़ुशियाँ मिलती हैं, ख़ुद पर गर्व की अनुभूति आती है जो की ना केवल ख़ुशियाँ देती है बल्कि हमें ज़िंदगी में और बेहतर होने के लिए मोटिवेट भी करती है, तो आनंद या ख़ुशियों की बात करने के पहले सम्मान की बात करना भी ज़रूरी था।

पाँचवी बात आपने कही थी उदारता की जो की हमें इस बात का अहसास करवाती है की हमारे पास अपनी ज़रूरतों और चाहतों के लिए पर्याप्त है और हमें किसी भी बात की कमी नहीं है। अगर हमें ज़िंदगी में कमी का अनुभव होता रहेगा तो ख़ुशियाँ तो मिलेंगी नहीं हम शिकायत करते रहेंगे, और उसके साथ ही आनंद भी नहीं मिल सकता क्योंकि आनंद को पाने के लिए शायद लालसाओं पर एक विराम होना ज़रूरी है, और यही वजह है की आपने उदारता को भी पहले समझाया।

आपने बात की सेहत की और जैसा की आपने ही कहा बिना सेहत के आप अपनी ज़िंदगी के किसी भी पल को ख़ुशियों के साथ नहीं बिता सकते। अगर

हमें दुनिया भर का सुख मिल जाए लेकिन हमारी सेहत ही ठीक नहीं है, तो हम उन ख़ुशियों को महसूस कर ही नहीं सकते तो शायद इसीलिए अच्छी सेहत के बारे में भी पहले समझना इसीलिए ज़रूरी था।

फिर आपने बात की बच्चों को सफल और अच्छा इंसान बनाने की। वहाँ आपने बताया की बच्चों को अच्छा इंसान बनाना है तो पहले हमें ख़ुद को अच्छा इंसान बनाना होगा, हमें पहले ख़ुद को सफल बनाना होगा और अपनी उम्मीदों को कम रखना होगा। ये इसलिए ज़रूरी है क्योंकि जब हमारे बच्चे सफल होंगे तो हमें ख़ुशियाँ मिलेंगी, और अगर हमारे बच्चे अपनी ज़िंदगी में परेशान रहेंगे तो ना ही वो ख़ुश रह पाएँगे ना ही हम और हम आनंद और ख़ुशियों से भी दूर रहेंगे।

उसके बाद आपने बात की दूरदर्शिता की तो वो भी ज़िंदगी में ख़ुश रहने के लिए बहुत ही ज़्यादा ज़रूरी है। दूरदर्शी होने का सबसे बड़ा फ़ायदा ये होता है की हम हमारे सामने आने वाली परेशानियों को पहले ही दूर कर सकते हैं और जब हमारी ज़िंदगी मेन परेशानियाँ नहीं होंगी तो ख़ुशियाँ अपने आप ही आ जाएँगी। इसीलिए आनंद और ख़ुशियों को हासिल करने के लिए पहले दूरदर्शी होना ही पड़ेगा।

फिर एक और सवाल बचा था दोस्ती का और वहाँ आपने ये समझाया की दोस्ती में सिर्फ़ लेने की चाहत होगी तो वो दोस्ती कभी सफल नहीं हो सकती। दोस्ती में लेना और देना दोनों ही ज़रूरी है। इस बारे में हम ये भी कह सकते हैं की एक बटुए में से सिर्फ़ निकालते रहेंगे तो वो ख़ाली हो जाएगा और फिर ख़ाली बटुए से आप ज़्यादा कुछ कर नहीं सकते। लेकिन अगर इस बटुए में कुछ जमा किया जाए और कुछ निकाला जाए तो दोस्ती लम्बी चलती है। दोस्ती को मज़बूत करने के लिए दोस्त की तरक़्क़ी भी बहुत ज़्यादा ज़रूरी है तो उसका भी ध्यान हमें ही रखना होगा। इन बातों को समझ कर दोस्ती तो मज़बूत होती ही है हम ज़िंदगी के हर क्षेत्र में सफलता भी ज़्यादा हासिल कर सकते हैं और वो भी ख़ुशियों को हासिल करने में हमारी मदद करता है।

और इन सभी सवालों के जवाब मिलने के बाद शायद आनंद और ख़ुशियों को पाना बहुत आसान हो जाता और इसीलिए आपने इस सवाल को आख़री में लिया था।"

मेरी बात ख़त्म होने के बाद सर ने उठ कर मेरी पीठ थपथपाते हुए कहा "बहुत बढ़िया और बिल्कुल सही समझे हो तुम। देखो जैसा की अभी तुमने ही मेरी बात को दोहराया था की आनंद या तो बुद्ध को मिल सकता है या बुद्धु को, तो मैं अभी भी अपनी बात पर क़ायम हूँ, लेकिन ये ज़रूर है की हम आनंद के काफ़ी क़रीब जा सकते हैं और आनंद के क़रीब जाने के लिए पहले तुम्हें ख़ुशियों को हासिल करना ही होगा, और तुम्हारे इसके पहले के जो भी सवाल थे, उनके जवाबों को अपनी ज़िंदगी का हिस्सा बना कर तुम निश्चित रूप से ख़ुशियों को हासिल करने में कामयाब हो जाओगे, तो ख़ुश कैसे हो, इसका जवाब तो तुम्हारे पास ही है।

अब हम बात करते हैं तुम्हारे सवाल के पहले हिस्से की जो कहता है

आनंद कैसे हासिल करें?

तो आनंद को हासिल करने के लिए पहले तुम्हें ख़ुश होना ज़रूरी होगा, परेशानियों को जितना दूर रख सके उतना दूर रखना होगा, सफल होना होगा और हमेशा ही आशाओं से भरे रहना होगा। ये कैसे करना है उस बारे में हम पहले ही काफ़ी बात कर चुके हैं और अब हम बात करते हैं हमेशा ही आशावान या पोज़िटिव बने रहने के बारे में और आनंद के बारे मे। इन दोनों के लिए ही तुम्हें शिकायत की जगह शुक्र करना सीखना होगा, तुम्हें हर उस बात के लिए धन्यवाद करना सीखना होगा जो तुम्हारे पास है या तुम्हें मिला है और जो नहीं मिला उसके लिए भी ख़ुद को ख़ुशक़िस्मत मानना सीखना होगा।

ये बहुत ही आसान सा काम है, लेकिन अधिकतर लोग इस आसान से काम को करना नहीं चाहते हैं और यही वजह है की ना ही वो ख़ुश हो पाते हैं और ना ही आनंद में रह पाते है।"

सर की बात सुनकर मैंने सवाल किया "लेकिन सर, सिर्फ़ शुक्र करने से हम आनंद को कैसे हासिल कर सकते हैं, और इसका फ़ायदा क्या होगा?'

सर बोले "इसका फ़ायदा ये होगा की तुम्हें किसी भी कमी का अहसास नहीं होगा और जब तुम्हें ज़िंदगी में किसी कमी का अहसास नहीं होगा तो तुम्हें ख़ुशियाँ भी मिलती रहेंगी और आनंद भी। चलो यही बात मैं तुम्हें एक उदाहरण देकर समझाता हूँ, तुम तीनों इस कमरे को ध्यान से देखो और मन में ही याद रखो की कमरे में कितनी चीज़ें हरे रंग की हैं?"

हम तीनों ने ही पूरे ध्यान से कमरे को देखा और मुझे 9 या 10 चीज़ें हरे रंग की दिखाई दीं।

जब हम गिन चुके तो सर ने कहा "अब अपनी आँखे बंद करो और मुझे बताओ की तुम्हें लाल रंग कहाँ कहाँ दिखाई दिया था।"

हम एक भी जगह का नाम नहीं ले पाए थे क्योंकि हम तीनों को ही सिर्फ़ हरा रंग दिखाई दिया था, और उसके बाद जब हमने अपनी आँखे खोलीं तो हमें लाल भी दिखाई दे रहा था, हरा भी, नीला भी और पीला भी।

सर ने अपनी बत को समझाते हुए कहा "देखो तुम्हें सिर्फ़ हरा रंग दिखाई दिया क्योंकि तुम्हारा ध्यान सिर्फ़ हरे रंग की तरफ़ था, ये हमारे दिमाग़ की कमज़ोरी भी है और ताक़त भी की हम एक वक़्त में अपना ध्यान सिर्फ़ एक जगह ही लगा सकते हैं। जब तुम शुक्र करते हो तुम इस बात के लिए ख़ुश होते हो की तुम्हारे पास कुछ है और इस से तुम्हें आनंद मिलता है। लेकिन दूसरी तरफ़ अगर तुम शिकायत करते हो, तो तुम अपने दिमाग़ को कहते हो की हमारे पास कमी है और तब तुम उदास भी होते हो, निराश भी और तब तुम ख़ुशियों और आनंद से दूर रहते हो।"

"सर, अगर सिर्फ़ शुक्र करने से या ग्रेटीट्यूड से ही हमें आनंद और ख़ुशियाँ मिल सकती है तो फिर बाक़ी बातों को समझना ज़रूरी क्यों था?" वासू ने सवाल किया।

ख़ुश होते हुए सर बोले "बहुत बढ़िया सवाल, और इसका जवाब ये हैं की हम ना ही बुद्ध है और ना ही बुद्धु, हम आम इंसान हैं जो की आम ज़िंदगी

जीते हैं और इस आम ज़िंदगी में ख़ुशियाँ सिर्फ़ मानसिक हो तो वो लम्बे वक़्त तक नहीं चल सकती। तुम थोड़े वक़्त इस बात का शुक्र मना सकते हो की तुम्हारे पास जूते नहीं हैं तो क्या हुआ पैर तो हैं कुछ लोगों के पास पैर भी नहीं होते, लेकिन जब तुम नंगे पैर चलोगे और पैरों में काँटे और कंकर तुम्हें परेशान करते रहेंगे, कभी कोई घाव हो गया तो तुम अपने पैरों के होने से शिकायत भी करने लगोगे, इसीलिए पैरों के होने का शुक्र तो करना ही है, लेकिन ये भी समझना होगा की जूते भी ज़रूरी हैं।

हमें ख़ुश होने के लिए अपनी चाहतों और ज़रूरतों को तो पूरा करना ही होगा, वरना हम लोग कुछ दिनों तक तो ख़ुश रह सकते हैं लेकिन उसके बाद नहीं। इसलिए अगर हम ये कहें की आनंद और ख़ुशियों के लिए जो है उसका शुक्र करना सीखना होगा, उसके साथ ख़ुश रहना होगा, उसे इन्जॉय करते रहना होगा और जो नहीं है उसकी चाहत भी करते रहना होगा और उसे हासिल करने की कोशिश भी करनी होगी।"

अब यहाँ मेरे पास कोई सवाल नहीं बचा था, और वासू या श्रेया ने भी कोई सवाल नहीं किया तो सर उठे और बोर्ड पर उन्होंने लिखा -

तिवारी सर और बुआ आनंद में कैसे रहते थे?

सर वहीं खड़े रहे और इस सवाल का जवाब सर ने नहीं बुआ ने दिया और वो बोलीं, "हम हमेशा आनंद में रहते थे क्योंकि हम जो था उसके लिए शुक्रगुज़ार होते थे, भविष्य के लिए प्लान करते थे, ज़्यादा की चाहत रखते थे और जो नहीं था उसे पाने की पूरी ईमानदारी से कोशिश करते थे।

हमारी शादी के कुछ सालों तक हमारे पास ना ही अपना कोई मकान था, ना ख़ुद की कोई संपत्ति थी और हमारी आमदनी भी इतनी कम थी की हमारा गुज़ारा मुश्किल से चलता था, लेकिन हम उस वक़्त भी इस बात का शुक्र करते थे की आज हमारे पास रहने के लिए एक बेहतर घर है जो की हमारे गाँव के कच्चे मकान से बेहतर था, उस घर में एक जगह से बारिश में पानी टपकता था लेकिन उसके लिए हम शुक्रगुज़ार होते थे की सिर्फ़ एक ही जगह से ऐसा होता है जब की गाँव के मकान में तो हर जगह से छप्पर से पानी

आता था और इसके साथ ही हम कोशिश करते थे कमियों को दूर करने की, तो जब हमने थोड़े पैसे जमा कर लिए थे तो उस पानी के टपकने को भी बंद करवा दिया और हम इसके भी शुक्रगुज़ार रहे की हम इस क़ाबिल बन पाए। हमारी आमदनी कम थी लेकिन हम इस बात के शुक्रगुज़ार थे की हम कुछ तो कमा रहे थे, लेकिन उसके साथ ही हमने अपनी आमदनी को बढ़ाने की कोशिश भी की, मैंने सिलाई की, बच्चों को पढ़ाया, तुम्हारे सर ने पढ़ाने से अलग नौकरी भी की और अपनी आमदनी को हमने बढ़ाया और हम इस बात के लिए भी शुक्रगुज़ार रहे की हम इस क़ाबिल बन पाए।

हम भविष्य के लिए प्लान भी करते रहे, जो नहीं था उसे प्लान करके मेहनत से हासिल करते रहे और जब तक उसे हासिल नहीं कर पाए तब तक जो था उसमें ख़ुश रहते रहे। साथ ही जो जवाब तुम्हारे सवालों के हमने अभी अभी दिए हैं उनको भी हमने माना था और उसने हमें ख़ुशियों को हासिल करने में मदद की और इस तरह से हम हमेशा ही आनंद और ख़ुशियों के साथ जीते थे।"

मैं यहाँ कोई सवाल चाह कर भी नहीं ढूँढ पा रहा था तो मैं चुप रहा और हम तीनों के ही हाव भाव को देखकर सर ने बोर्ड पर मेरे इस सवाल का आख़री हिस्सा लिख दिया -

क्या मैं और श्रेया कभी आनंद को महसूस कर पायेंगे?

अब जवाब हमें देना था और शुरुआत श्रेया ने की "हाँ हम आनंद को भी अनुभव कर पाएँगे और ख़ुशियों को भी। अभी तक हमारी समस्या ये थी की हम अपने आनंद को पाने की कभी कोशिश करते ही नहीं थे और अगर हम कभी ये कोशिश करते भी थे तो हम इसे बाहर से पाना चाहते थे। अब आनंद को पाने के लिए हम सबसे पहले तो शुक्र करना सीखेंगे, जो हमारे पास है उसमें ख़ुश रहना सीखेंगे लेकिन ज़्यादा की चाहत भी करते रहेंगे, और इस चाहत को सच में बदलने के लिए हर ईमानदार कोशिश भी करते रहेंगे। जब हम ऐसा करेंगे तो निश्चित रूप से हम आनंद और ख़ुशियों को हासिल करने में कामयाब हो जाएँगे।"

अब जवाब मुझे देना था तो मैंने कहा “हाँ, हम दोनों ही आनंद को हासिल कर लेंगे क्योंकि अब हमारा ध्यान इस बात पर होगा की हमारे पास क्या है और इस बात पर होगा की जो नहीं है उसे अपनी समझदारी से कैसे हासिल करना है। हम ये समझ चुके हैं की हम चाहेंगे तो कुछ भी हासिल कर सकते हैं और उसके साथ ही हमारे बाक़ी के सवालों के जो जवाब हमें मिले हैं वो भी ख़ुशियों को पाने में हमारी मदद करेंगे।

मेरे जवाब देने के बाद सर ने वासू की तरफ़ देखा और बिना देर किए वासू बोला “मैं भी आनंद को हासिल कर सकता हूँ और इसके लिए सबसे पहले मुझे मेरे गुज़रे हुए कल की परेशानियों को छोड़ कर आज के लिए शुक्र करना सीखना होगा। आज मेरे पास भाई से ज़्यादा प्यार करने वाला दोस्त है, जान लुटाने वाली छोटी बहन है, हर शब्द के साथ आशीर्वाद देने वाले माँ पिता हैं, आप हो, दो बच्चे हैं, एक जीवनसाथी मेरे इंतेज़ार में है और मैं इनके लिए शुक्र करने की जगह शिकायत करने में लगा हुआ था, लेकिन अब मैं जो है उसका शुक्र करूँगा और अपनी ज़िंदगी में ख़ुशियों को हासिल करने के लिए सही क़दम भी उठाऊँगा और इसमें अब मैं ज़रा भी देर नहीं करूँगा।”

वासू की बात ख़त्म होने के तुरंत बाद मैंने वासू से सवाल किया “दो बच्चे हैं एक जीवन साथी मेरे इंतज़ार में है इसका क्या मतलब है समझाएगा मुझे, कौन से दो बच्चों की बात कर रहा है तू, और कौन जीवन साथी, और मुझे इस बारे में क्यों नहीं पता था?”

वासू कोई जवाब देता उसके पहले ही बुआ ने कहा बस मुझे आज शाम तक का वक़्त दे दो, तुम्हें सब पता चल जाएगा तुम्हें और कल तक अनन्त, अर्णव, पार्वती और अक्षर भी आ जाएँगे और उनके साथ कोई और भी आने वाले हैं तो कल से कुछ ख़ास भी होगा।

ये सस्पेंस मुझे परेशान कर रहा था लेकिन बुआ की बातों को मैं टाल नहीं सकता था तो मैं चुप रहा, लेकिन मुझे मेरे सवालों के जवाब मिल चुके थे और मुझे अब यक़ीन हो चुका था की श्रेया और मैं भी एक ऐसी ज़िंदगी को जी पाएँगे जो ख़ुशियों से भरी होगी, हम अपनी ज़िंदगी में सफलता को भी

हासिल कर पाएँगे और सबसे बड़ी बात मुझे ये मिली थी की वासू शादी के लिए राज़ी हो गया था।

और सुबह से ये पहला मौक़ा था जब हमने घड़ी की तरफ़ नज़र घुमाई थी। अब तक घड़ी में 10 बज चुके थे और मुझे ऐसा लग रहा था जैसे मेरी सारी चिंताए ख़त्म हो गई हों, और ख़ुद के अंदर एक ऐसी ऊर्जा का अनुभव हो रहा था जो मैंने पहले कभी महसूस ही नहीं किया था।

उसके बाद हम लोग घर जाने के लिए निकल गए क्योंकि देर भी काफ़ी हो चुकी थी, भूख भी लगी थी और श्रेया को जयंत की चिंता भी होने लगी थी। पर शायद वासू मुझसे और श्रेया से नज़रे नहीं मिलाना चाहता था तो वो हमें बताए बिना ही गाँव घूमने के लिए चला गया, और जब मुझे ये पता चला तो वो जा चुका था। मैंने अपने आप से कहा 'कोई बात नहीं घर तो आएगा' और घर आकर हम खाने पीने और बाक़ी कामों में लग गए, बुआ बिनती से पूछकर थोड़ी देर के लिए पास वाले पुराने मकान में ज़रूर गई थी और वापस आकर वो भी हमारे साथ ही घर के बाहर वाली बैठक में वासू का इंतज़ार करने लगीं। तब तक वहाँ और भी लोग आ चुके थे जो की हमसे इधर उधर की बातें कर रहे थे, सवाल पूछ रहे थे और हम अपनी ईमानदारी से जवाब देने की कोशिश करने लगे।

क़रीब 2 घंटे के बाद वासू आया तो मैं कुछ कहता उसके पहले ही बुआ ने जाने क्या कहा वहाँ बैठे सभी लोग उठ कर चुपचाप चले गए और बुआ ने उसके बाद बिनती से कुछ कहा और बिनती चुपचाप जयंत को लेकर पास वाले पुराने घर की तरफ़ चली गई। फिर बुआ श्रेया और मुझसे बोलीं, "तुम दोनों घर के अंदर वाले आँगन में चलो और वासू तुम जाकर अपनी डायरी लेकर आओ।"

हमारे पास ना करने की हिम्मत थी ही नहीं, तो हमने वही किया जो उन्होंने कहा हमारे साथ तिवारी सर भी अंदर आ गए और जब तक वासू ऊपर से नीचे आता तब तक बुआ एक लड़की और एक 3 साल के बच्चे के साथ घर के अंदर आईं। उस लड़की को वहाँ देखने की उम्मीद ना ही मुझे थी, ना ही

श्रेया को और ना ही वासू को। ये लड़की तुलसी थी जो की कॉलेज के दिनो में हमारे साथ ही पढ़ती थी, वासू से इसकी बहुत अच्छी दोस्ती भी थी, और फ़ाइनल एग्ज़ाम के कुछ महीने पहली ही तुलसी बिना बताए कहीं चली गई थी और फिर हमसे कभी मिली नहीं। उस पर वासू तो उसे देखने के बाद एक पल के लिए ठिठक कर जड़ हो गया लेकिन फिर उसने क़दम आगे बढ़ाए और बढ़ कर भरोसा दिलाने वाले अन्दाज़ में तुलसी का हाथ अपने हाथों से छुआ और फिर तुलसी की गोद से उस बच्चे को अपनी गोद में ले लिया और उसे बिल्कुल वैसे प्यार करने लगा जैसे किसी टूर से वापस आने के बाद वो जयंत को प्यार करता था।

यहाँ शायद सिर्फ़ मुझे और श्रेया को ही पूरी बात मालूम नहीं थी, लेकिन हम दोनों ही ये समझ चुके थे की ये बच्चा तुलसी और वासू का था जिसके बारे में इन दोनों ने ही किसी को नहीं बताया था, मुझे और श्रेया को भी नहीं लेकिन तिवारी सर और बुआ शायद सब कुछ जानते थे।

मैं कुछ कहता उसके पहले ही वासू ने अपनी डायरी मुझे दे दी, उस डायरी में बहुत से ख़त थे जो तुलसी ने वासू को लिखे थे, कुछ तस्वीरें भी थी जिसमें वही बच्चा था जिसका नाम इन्होंने ध्रुव रखा था और कुछ तस्वीरों में ध्रुव के साथ तुलसी भी थी।

मैं समझ नहीं पा रहा था की इस वक़्त वासू पर गुस्सा दिखाऊँ या ख़ुशियाँ मनाऊँ और मैं कोई फ़ैसला लेता उसके पहले ही वासू ने नन्हें से ध्रुव को मेरे हाथों में देते हुए कहा, "गोविंद तू ध्रुव को संभाल, मुझे तुलसी से कुछ बात करनी है", और वो मेरे जवाब का के पहले ही तुलसी का हाथ पकड़ चुका था और मैंने ध्रुव को गोद में संभालते हुए कहा, "तू जा रोमांस कर, बाक़ी सब मैं देख लूँगा और तुझ से लड़ना है वो बाद में लड़ूँगा।" मेरी बात सुनकर वासू सिर्फ़ मुस्कुरा दिया, तुलसी शर्मा गई और वासू उसे लेकर सीढ़ियों से ऊपर चला गया।

अब नीचे श्रेया, मैं, तिवारी सर, बुआ और ध्रुव ही थे। मुझे वासू से गुस्सा तो था लेकिन ख़ुशी और ज़्यादा थी और ध्रुव की मासूम मुस्कान के आगे मेरा

हर ग़ुस्सा बेकार था, तो मैं और श्रेया तो अपने इस नन्हें बच्चे के साथ खेलने में लगे हुए थे और क़रीब आधे घंटे बाद तुलसी और वासू नीचे आए। नीचे आने पर बुआ ने सिर्फ़ एक सवाल किया, "तो क्या फ़ैसला किया है तुम दोनों ने?"

दोनों का जवाब एक साथ ही आया, "हम शादी के लिए राज़ी हैं।"

उसके बाद वासू बोला "बस इंदौर जाकर माँ पिता जी की इजाज़त चाहिए और उसके बाद जब वो कहेंगे तब हम शादी कर लेंगे" (यहाँ वासू मेरे माता पिता की बात कर रहा था क्योंकि वो उनको ही अपना परिवार मान चुका था)

अब सर बोले "उसकी चिंता हम पर छोड़ दो, हमने मुहूर्त भी देख लिया है, अगले हफ़्ते का सही मुहूर्त है, अक्षर आने के पहले इंदौर जाएगा और वहाँ से भैया और भाभी को लेते हुए आएगा और वो इस बात के लिए ना नहीं करेंगे ये हमारा भरोसा है। तो बस तुम ख़ुद को तैयार कर लो।

अगले दिन वही हुआ जो सर ने कहा था, कुछ दिनो में ही तय मुहूर्त पर वासू और तुलसी की शादी भी हो गई थी और उसके बाद सर के स्कूल का उदघाटन भी।

सिर्फ़ उस एक सफ़र और उस सफ़र से जुड़े सवालों ने और उन सवालों के जवाबों ने हमारी पूरी ज़िंदगी को बदल दिया था, उस दिन के बाद से मेरे दफ़्तर में मेरा काम बेहतर होने लगा, मैं पैसे बचाने लगा, मेरी सेहत अच्छी हो गई, श्रेया से मेरे रिश्ते ख़ूबसूरत बनते गए, मैंने अपना ख़ुद का बिज़नेस शुरू किया, हमारे बच्चे सफलता की तरफ़ आगे बढ़ रहे हैं, हम ख़ुद सफलता को हासिल कर रहे हैं; वासू और मेरी दोस्ती और गहरी हो गई है, और आज हम हमेशा ही आनंद और ख़ुशियों के साथ जीते हैं और यही वजह है कि शादी के इतने सालों बाद भी हम एक दूसरे के ख़ून के नहीं सिर्फ़ एक दूसरे के प्यासे हैं।

कुछ आखिरी सवाल और जवाब

लोग सवाल सिर्फ तभी करते हैं जब वो जवाबों को सुनने के लिए तैयार होते हैं – जॉन इरविंग

अक्सर लोग सवाल इसलिए नहीं पूछते क्योंकी वे खुद ही मान लेते हैं कि हमें जवाब नहीं मिलेंगे।

आप दोनों एक दूसरे के प्यासे हैं वाली बात से अभी तक ट्रेन उस सीट पर मैं घंटो से बिना कुछ कहे जमा हुआ था, गोविंद अंकल की बातें सुन रहा था और उन्होंने अपनी बात ख़त्म करके मेरी तरफ़ देखा और बोले, "तुम्हारे भी कोई सवाल ज़रूर होंगे, चाहो तो बेझिझक पूछ लो।"

बिल्कुल मेरे पास भी सवाल तो थे ही, तो मैंने मेरा पहला सवाल किया, "आपका प्यार तो मुझे दिख रहा है, लेकिन क्या वासू अंकल के रिश्ते भी अच्छे हुए और क्या वो एक बेहतर पिता बन पाए?"

जवाब मिला "हाँ, बिल्कुल वासू ना केवल एक अच्छा पिता और पति बना बल्कि उसने अपनी बहुत सी ज़िम्मेदारियों को भी निभाया, उसके कुछ सम्बंध जो की ठीक नहीं थे उसे भी वासू और तुलसी ने ना केवल बेहतर बनाए बल्कि उन सभी रिश्तों को निभाया भी और आज वो एक मिसाल हैं।"

मैंने फिर कहा "आपने पैसे बचाने की बातें भी कही, क्या ये बातें आज भी प्रैक्टिकल है, और यहाँ मैं सिर्फ़ पैसे की ही नहीं बाक़ी बातों के बारे में भी यही सवाल करूँगा?"

जवाब मिला "बिल्कुल प्रेक्टिकल है, क्योंकि ये जो प्रिन्सिपल थे वो सर ने अपनी पूरी उम्र फोलो किए थे उनको फ़ायदा मिला, मैंने और वासू ने इन नियमों को मानते हुए सफलता पाई, हम ख़ुश हो पाए, और अपने हर सपने को पूरा कर पाए। यहाँ जेनरेशन बदली है लेकिन नियम वक़्त के दायरों से

बाहर हैं और शायद यही वजह है की ये नियम भविष्य में भी इसी तरह से फ़ायदा देते रहेंगे।

यहाँ पर ये ज़रूर हो सकता है कि हर नियम को हम वक़्त के हिसाब से थोड़ा सा बदल सकते हैं पर इसका मूल बिल्कुल वही बना रहेगा। उदाहरण के लिए, आज से 20-30 साल पहले सभी को पैसे नक़द मिलते थे और तब लिफ़ाफ़े बनाना ज़्यादा प्रैक्टिकल था, आज की तारीख़ में वही काम करने के लिए तुम चाहो तो बैंक में ही सेटिंग कर सकते हो और पैसे को उस तरह से बाँट सकते हो की हर खाते में एक तय रक़म चली जाए। और ये भी ज़रूरी नहीं है की जो तिवारी सर और बुआ ने किया या जो मैंने और श्रेया ने किया वही तुमको भी करना है। तुम्हें इस बात का मूल समझना होगा की अगर तुम्हें धनवान बनना है तो पैसे का पेड़ लगाना ही होगा, ख़र्च अपनी आमदनी से कम रखना होगा और पैसे मैनेज करना ही होगा।

संबंधो को बेहतर रखने के लिए भी वही नियम मानने होंगे और हर रिश्ते को दायरों में रखना होगा, अगर तुम चाहते हो की अपनी संतान को सफल बनाओ, अच्छा इंसान बनाओ तो पहले तुम्हें वो बनना होगा और इस तरह से जब तुम तुम्हारे बच्चों के लिए एक आयडीयल बन जाओगे, एक हीरो बन जाओगे तो तुम्हारे बच्चे वो करेंगे जो तुम करते हो और फिर उनको सफल होने में कोई परेशानी नहीं आएगी।

हम दस में से किसी भी सवाल को देख लेंगे तो हर जवाब वक़्त से परे हैं, तो तुम ये मान सकते हो की ये नियम हमेशा ही काम करते रहेंगे।"

गोविंद अंकल से मेरा अगला सवाल वासू अंकल के बारे में था "और वासू अंकल की क्या कहानी थी?"

"उसकी पूरी कहानी फिर कभी सुनाऊँगा लेकिन अभी इतना कह सकता हूँ की उसके माता पिता एक दूसरे के साथ ख़ुश नहीं थे, उसकी माँ कई बार उसके पिता जी से लड़ती थी और इस वजह से वासू ने अपने पिता जी को खो दिया था, नतीजन वासू ने अपनी माँ से सारे रिश्ते ख़त्म कर दिए थे। इस वजह से वो शादी और बच्चे की ज़िम्मेदारी से दूर रहना चाहता था लेकिन

उसके और तुलसी के बीच प्यार हो गया था जो की आगे भी बढ़ा और उसका नतीजा ध्रुव था। पर अपने डर के चलते वासू अपनी ज़िम्मेदारी से दूर रहना चाहता था लेकिन हमारे सवालों के जवाब मिलने के बाद वासू की सोच बदल गई और वो आज एक अच्छा पिता है, अच्छा पति है, उसने अपनी माँ से भी सम्बंध ठीक कर लिए और बहुत ही अच्छा इंसान तो वो पहले से ही था," गोविंद अंकल ने जवाब दिया।

गोविंद अंकल की बात सुनकर मैं निरुत्तर हो चुका था और मैंने ध्यान दिया तो पाया की मेरी ज़िंदगी में भी तो यही सवाल थे जिन्हें मैंने कभी पूछा नहीं, लेकिन इन जवाबों की तलाश मुझे भी थी और आज जब ये जवाब मुझे मिल चुके थे तो ये भरोसा भी था की मेरी ज़िंदगी भी अब एक बेहतर दिशा हासिल कर लेगी।

थोड़ी देर में हम इंदौर पहूंच गए तो मैंने गोविंद अंकल से उनका नम्बर लिया, उनसे मिलने का वादा किया, गोविंद अंकल और श्रेया आंटी के पैर छू कर आशीर्वाद लिया और अपनी ज़िंदगी की नई शुरुआत के लिए पहला क़दम बढ़ा दिया।

घर पहूँच कर मैंने यही बातें मेरी पत्नी के साथ की, वो भी इस प्लान के लिए राज़ी थी और जब हम दोनों ने मिलकर अपनी ज़िंदगी को बेहतर बनाने की कोशिश की तो महज़ 6 सालों में हम लगभग हर मुश्किल से बाहर आ चुके हैं, हमारी ज़िंदगी बहुत ही ख़ुशनुमा है और हमारा भविष्य बेहतर होगा ये भी तय है।

अपनी कहानी ख़त्म करते हुए मैं सिर्फ़ इतना ही कहूँगा की इन सवालों के जवाबों ने गोविंद अंकल और वासू अंकल की तरह ही मेरी ज़िंदगी को भी बदल दिया था और अगर आप इन बातों को समझ लेते हैं तो ये आपकी ज़िंदगी में सफलता और ख़ुशियों की बहार आ जाएगी।

धन्यवाद।